頼介伝《らいすけでん》

松原隆一郎

苦楽堂

頼介伝

松原隆一郎

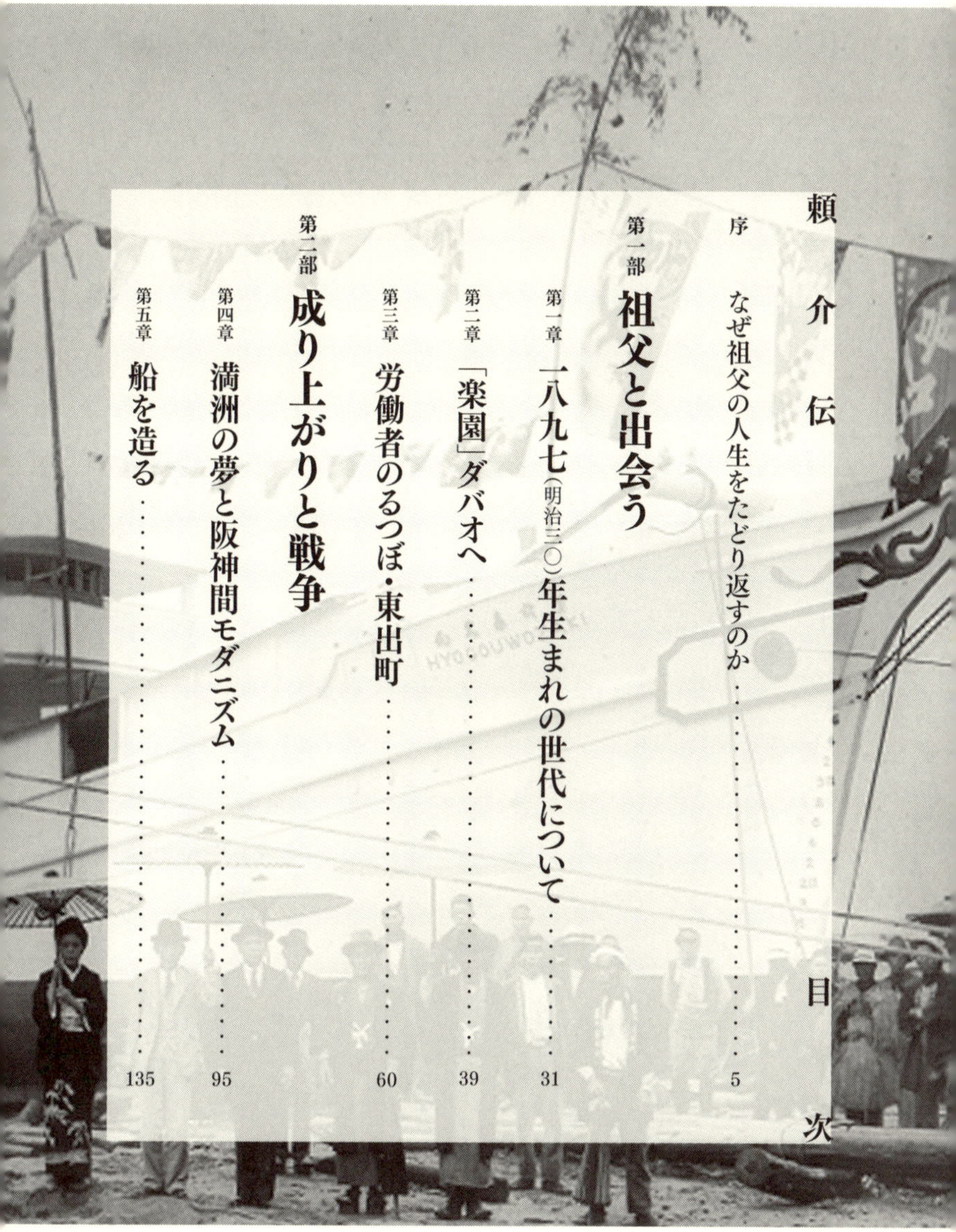

頼介伝　目次

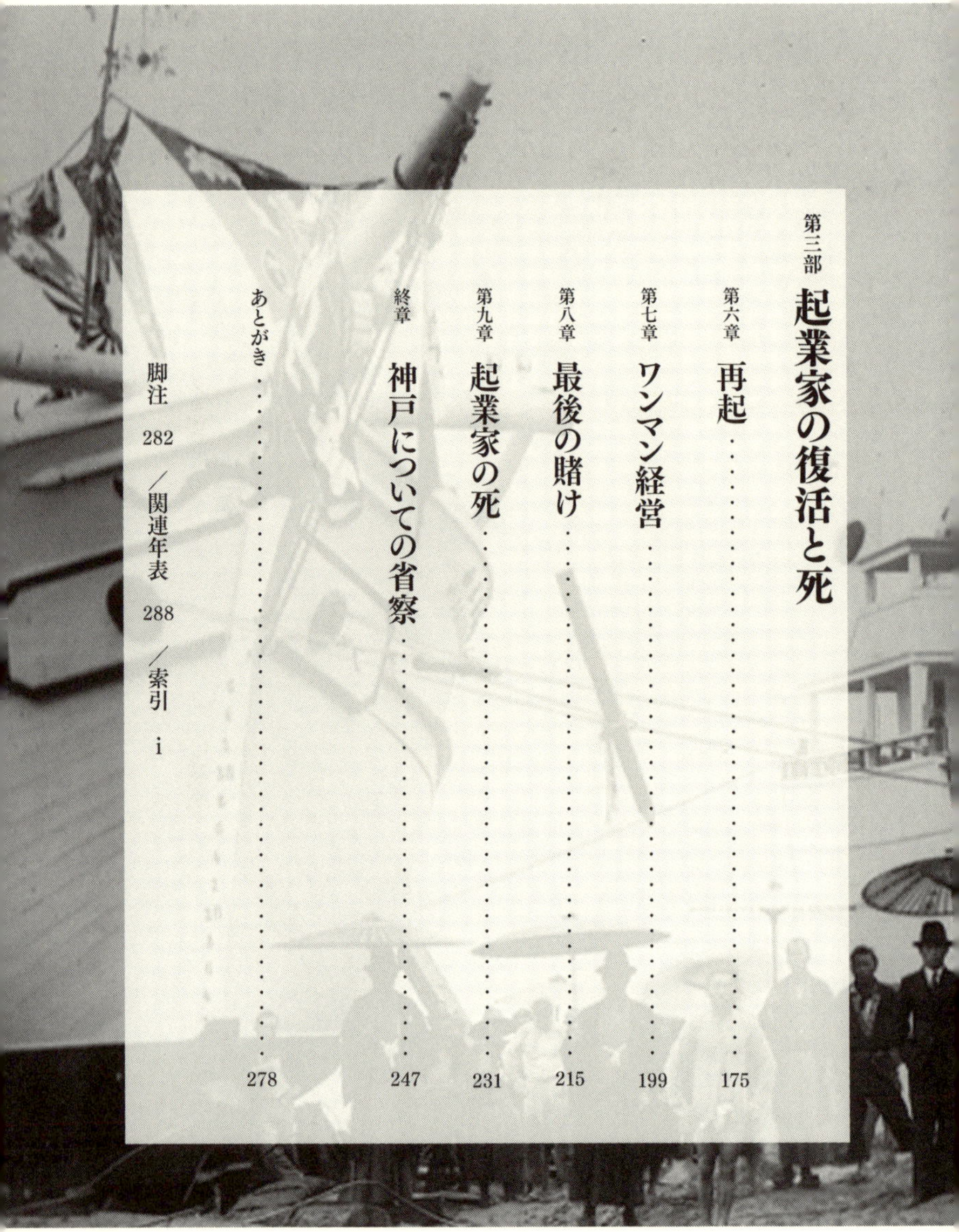

第三部 起業家の復活と死

◉著者が取材した人物の名称や肩書、ＵＲＬは、取材時点のものである。

◉引用文は読みやすさを考え、カタカナをひらがなに変え、現代文表記を基本とした。

序　なぜ祖父の人生をたどり返すのか

二〇〇八年九月二九日。父の孜《つとむ》が神戸のポートアイランド病院で亡くなった。父の死から、私は祖父・頼介の来歴と、故郷である神戸に向き合うこととなった。

それには、三つの謎めいた出来事がかかわっている。第一は私が区役所に父の死亡届を出しに行った際、戸籍謄本の出生地に見知らぬ住所が書かれていたことだ。「神戸市兵庫区東出町《ひがしでまち》3－13－3」。「東出町」というのは、まったく聞き覚えがない地名である。私は神戸市の東の外れ、芦屋市と接する東灘区の魚崎《うおざき》町で育った。小学校の同窓生に訊ねたら、口を揃えてそんな町名は聞いたことがないと答える。家族の事情に詳しい妹に尋ねても、やはり知らないと言う。

地図で調べると、神戸駅の西南に「東出」という町名があった。隣は西出町《にしでまち》、すぐ近くに川崎重工業の神戸工場がある。工場地帯なのだろうと想像された。

父の出生地について、私は当人からは生前に一度も聞いたことがない。恐らく父は、ものごころつくまで暮らした土地の名を知らなかったのだろう。役所で書類を得たりすることに縁遠い人だったから、戸籍を見ていなくても不思議ではない。祖父は自分の若い頃につき、息子である父にも詳細を喋らなかったと推測された。

第二は、船の写真である。祖父は戦時中、船を所有していた。それは私も直接に聞いている。

しかし写真は見たことがなかった。父が亡くなったあと実家を整理していたら、何冊かのアルバムが出てきた。その中に一冊、戦前のものがあった。綴じ代も朽ち、阪神淡路大震災で実家が全壊した際に圧迫されたのか、半分は台紙が崩れている。そこに一〇枚ほどの船の写真が含まれていた。クレジットはまったくない。本書のカバーに掲げたのがその一枚だ。

いったいこれは何なのだろうか。二隻の大きな木造船を背景に、中央には着物の女性が番傘をさし、左にソフト帽と洋服でキメた男性が立っている。周囲には、和服にソフト帽・番傘の男、褌《ふんどし》の男、蓑だけの男。進水式らしい。船体には「uwozaki 第弐喜久丸」と書かれている。船首に唐草のような模様があり、下に目玉のごときデザインがあしらってある。植田正治《しょうじ》の写真のようにシュールである。

着物の女性は私の祖母・松原菊枝(一九〇〇〜一九八二)だ。それは間違いない。しかし隣の男性は、祖父ではない。洋服で正装し、片手をポケットに突っ込んで、振り袖姿の少女が寄り添っている。その少女が誰かも分からない。この写真はどこの浜を撮したものなのか。男性と少女はいったい誰なのか、まったく想像がつかなかった。

第三は、祖父の経歴をまとめてみたことだ。私は二〇一〇年に魚崎の実家を売却することとなり、三人兄妹で売却益を三等分した。その際に祖父が祖母のために購入した浄土真宗の大ぶりな仏壇が宙に浮き、高井戸の倉庫に入れてあった。その仏壇と本を収めるため、私は書庫を建てることにした。そしてその経緯を、書庫を設計した堀部安嗣《やすし》氏との共著『書庫を建てる』(新潮社、二〇一四)に記すことになった。

［写真0-1］第一、第二喜久丸。1938年6月、怒和島（著者蔵）

書庫を建てるには資金が不可欠であり、本の中で私はその出所を説明する必要に迫られた。それは実家を売却して得た売却益だから、元はと言えば祖父が生み出した財産である。では祖父は、その財をいかにして成したのか。それを述べてみたら、とりもなおさず祖父の足跡をたどり直すこととなった。こうして私は祖父の来歴と、直接に向き合わざるをえなくなったのである。

私が頼介から直接に聞いていたのは、数少ない事実だけだ。列挙すると次のようになる。小柄ながらも太い声がいまなお耳元に蘇ってくる。

「フィリピンに行ったが木に登るのがつらくてのぅ」

「松原商會を起業して、魚崎の天上川沿いに工場があった」

「満鉄に幌を売って儲けた。そりゃあ、面白いように金が入ってきた」

「戦前は豪邸じゃった。住吉川沿いで灘校の南側に並んどった」

「工場は戦争中に国からの命令で、日出《ひので》紡績に売却した」

「船を造ったが、すべて軍に取られてしもうた」

共著では、それらの言葉と私自身の記憶を頼りに、未知であった祖父・頼介の人生をたどり直している。

私自身は一九五六(昭和三一)年、魚崎と阪神電車で駅が隣り合う青木《おおぎ》で生まれた(産院は魚崎の橋本産婦人科)。頼介が戦後に興した工場(大和電機製鋼)の敷地内に事務所があり、当初はその二階で暮らした。その後、父母と魚崎に引っ越し、物心ついてから私は毎週のように隣駅の青木まで歩いて、事務所隣の祖父宅に泊まった。やがて工場は青木から尼崎に移転し、小学校に上がると私は外車で会社へと連れられて、一〇〇人からの従業員が並ぶ前を歩かされた。「大きうなったら、隆一郎がここを継ぐんじゃ」、そう祖父は言った。

工場はさらに規模を大きくし、兵庫区和田山通へと移転した。そして一九七六年夏、私が東大理科一類に入学した翌年に経営破綻し、川崎製鉄に吸収された。

私の人生の転機は、間違いなく一九七六年の夏にあった。あの夏に大和電機製鋼が突然に遠ざかっていったせいで、私は東大では進路を冶金科から都市工学科に変更した。会社の不調が半年でも遅れていたなら、私は冶金科に進んだだろう。私がもっと早く生まれていたなら大和電機製鋼に入社し、頼介・孜とともに会社を手放す当事者になっていたであろう。いずれにせよ製鉄関係の道に進んだに違いない。

それまでの一九年間、私は父からも会社を継ぐように言われていた。東大に入学したのも神戸から東京に出たのも、すべて祖父と父の意思によるものだった。「継いでくれ」と求められはしたが、私に選択が委ねられたとはとても思えなかった。そこで会社を継ぐという重しが取れてからは、私は自分ですべての進路を決めることにした。それは自分の人生を頼介や父の孜《つとむ》から解き放つ作業だった。

私は大学院では経済学へと転進した。東大教養学部に職を得たのが一九八五年。頼介は三年後の八八年に没している。引退して以降の祖父から一〇年以上は話を聞く機会があったのに、当人は何も言わず、私も何も尋ねなかった。それ以降も私自身、経済学者としていかなる道を歩むのか模索するので精一杯で、経済学がほとんど扱わない消費論から景観論、経済思想史から貨幣論、経済政策論へとテーマを移していった。主流派の予定調和的な市場観では、祖父の大和電機製鋼が(私にとって)理不尽にも破綻した理由に説明がつかないと思えたからだ。そうした中で「利潤は将来の不確実性に耐えて商機を得た経済活動に対し与えられる」と考えるようになり、その経済観を『経済政策』(放送大学教育振興会、二〇一七)にまとめた。

頼介や故郷の神戸から目を背けつつ、私は自分の活路を見出すことに必死だったのだ。ところが頼介の人生をたどり返してみると、その人生は起業の繰り返しであり、不確実性に挑み続けるものであった。それは私の経済観においても主人公となるべきであり、現実に頼介のような起業家が神戸の経済社会を作り上げる原動力だったと分かった。

祖父の人生のあらすじを書き上げ、私は起業が人生そのものであるような世代があることを知った。祖父は近代日本における二度の高度成長期に立ち会い、二度挫折した人である。祖父が生きた時代は日本にとって青春というべき時期だったし、しかも祖父は常にその最前線にしてもっとも面白い場所に位置取りをしていた。それはとても偶然とは思われず、特異な嗅覚のなせるわざと評すべきであろう。私は頼介の後を追うことで、日本の青春を肌で感じたくなった。頼介は、時々の日本社会から何を感じて起業を企てたのだろうか。

日本史の教科書には、大きな成功を収めた会社もしくは現在に続く会社が名を連ねている。しかしこの国の経済は、現れては消える無名の会社の群れによっても作られている。頼介は無名の企業家であり、みずから起業した会社もいまは残っていない(戦後の製鉄所・大和電機製鋼は、施設としては川崎重工兵庫工場の半分ほどとして現存し、組織としては川鉄傘下でダイワスチールと改称され、JFE条鋼に吸収された)。そのように日本経済史の波間に消えた会社に込められた決意と失敗につき、描きたくなったのだ。

幸い戦後については、社史『ダイワスチール四十周年記念誌』(ダイワスチール株式会社、一九九三)がある。戦前については分からないことだらけだが、それでも遠戚を訪ね歩いて証言や写真を得ることができた。昔を知る方は数えるほどで、今が最後のチャンスだろう。こうして私は関連資料を介して頼介の人生をたどり、「神戸とは何か、自分はどこから来たのか」を考える旅へ出ることとなった。

まず手初めに、未知の町・東出に出掛けてみることにした。東出町はJR神戸駅で下車、南口か

[写真0-2]大震災後、大半の店舗がシャッターを降ろしたままとなった稲荷市場(2012年、著者撮影)

ら線路に沿う道路(阪神高速三号神戸線)を西に向かい、五〇〇メートルほど行って左折したあたりにある。西出町と一対で、川崎重工の神戸工場がある東川崎町に隣接、その三つの町が半径二五〇メートルほどに収まっている。こぢんまりしたエリアで、企業城下町的な土地柄といえる。神戸市内の他の地区の住民、たとえば私の実家があった魚崎ではこの町を知る人はほとんどいないが、例外は鮮魚店や寿司店の店主で、その南西に神戸市中央卸売市場が開設されているため自動車で通過する可能性はある。

私が目にしたその町は、公明党や共産党のポスターが目立つ下町であった。住宅が立ち並ぶので、「寂れた」と言い切ってしまうのは失礼ではある。しかし町の顔とも言える商店街の光景をご覧いただけば、その言葉に共感してもらえるだろう。

[写真0-3]取り壊し前の稲荷市場入口(2012年、著者撮影)

これは二〇一二年に撮影した東出町の稲荷市場商店街である。「稲荷市場」の文字が見えるが、最近に撤去された。アーケードは一九九五年の阪神淡路大震災で中央部の天井が落ち、復旧しないまま大半の店が閉店、二〇一七年に再開発の話がまとまった。私が訪ねた際に営業していたのは肉屋、乾物屋、菓子屋(六條商店)、ホルモン焼き屋(中畑商店)、お好み焼き屋(ひかり)くらいで、あとはみなシャッターを降ろしていた。いまだ復興していない地域は神戸にありはするが、地震の爪痕がそのまま残る場所は珍しい。

最後の一枚は、最近の稲荷商店街を内から外に向けて撮影したものである。箱に「涙が出る」と書かれている。住民の心の叫びだろうか。そして商店街を出て住宅地に入ると、エリアの狭さからすれば不自然なほどの数の酒屋がある。いずれも立ち飲み屋を兼ねていたようで、現在は閉店している。

［写真0-4］入口取り壊し後の稲荷商店街(2016年、著者撮影)

この商店街がかくも寂れたのにはわけがある。中国・韓国メーカーの攻勢により、川崎重工の主軸である国内造船事業の受注が激減したためだ。東川崎町の神戸工場では、事業を潜水艦や特殊な高付加価値船の建造に絞り込んでいる(「神戸新聞」二〇一六年四月二八日)。川重はアジアの経済発展を受けて不振を余儀なくされ、この町にカネを降らせなくなったのだ。

しかし聞き取りを重ねるうちに、この町が昭和いっぱい賑わっていたことが分かってきた。川重の工場は朝と夕方の二交代制で、工員は神戸駅から一斉に工場を目指して歩き、仕事後に工場の門から溢れだすと立ち飲みで疲れを癒やした。東出町三丁目の「光本酒店」ではベルトコンベアーでつまみを運び、自宅の居間にまで客が入り込むほどの盛況ぶりだったという。周辺には下請けの中小工場が点在し、従業員相手の喫茶店等が並んでいた。

この町の活気溢れる様子は、第二次大戦後を描いた灰谷健次郎の『太陽の子』や一九七九年にサンテレビ(神戸の放送局)で放映されたドキュメンタリー「膚色の町」で確認できるが、なかでも川重正門前の出勤風景をとらえた次頁の写真(『川崎重工業株式会社社史』一九五九、七七〇頁)は強烈だ。これだけの大人数が神戸駅から足早に川重の造船所へと吸い込まれていったのだ。昭和二〇年代、この町には人が溢れていた。

また次の写真は、昭和三〇年代まで湊川(貨物専用駅)から川崎重工をつなぐ臨港線が東出の住宅を縫って走っていた光景をとらえている。煙を噴き上げながら洗濯物を蹴散らすように下町を突進する蒸気機関車は、つげ義春「ねじ式」の夢めいた場面を連想させる。この路線は、現在は廃止されている。同じ場所の写真を掲げておこう。

このように東出町周辺は、二〇世紀の大半賑わっていた。だがさらに調べると、当地は明治から大正にかけ、神戸の、いや日本経済のるつぼとして沸き立った地域であったことも分かってきた。神戸には、この土地を火口とし、人口という溶岩が周囲に流出してできた都市という面があ

［写真0-5］川崎重工の出勤風景（昭和20年代。『川崎重工業株式会社社史』より）

[写真0-6]臨港線、東出町、昭和30年代(六條商店店主・六條進氏提供)

[写真0-7]現在の同線路跡(著者撮影)

る。神戸っ子の私が知らなかったそうした神戸の歴史については、おいおい述べていくこととしよう。

次に、船の写真について手がかりを探す。ふと思い立ちGoogleで祖父の名前「松原頼介」を検索してみたのは二〇一二年の初夏、早朝のことだった。かすかに窓から朝の光が差していたのを思い出す。頼介の名があるならば戦後に起業した製鉄会社がヒットするだろうと私は考えていた。ところがそこに現れたのは、「戦時日本船名録　き」という予想外の表であった。

無数の船名が書きこまれていた。驚いて文字を追うと、祖父の名前があった。第五喜久丸一八二トン貨物船・機帆、第七號喜久丸一八四トン機帆、十一號喜久丸一八四トン機帆、第十二號喜久丸二一三トン貨物船・機帆、喜福丸四九トン・機帆。これら五隻の所有者が松原頼介となっている。

背筋に冷たいものが走り、心臓がドクンドクンと音を立てた。船の名前を具体的に知ったのは初めてだ。そのうえ大きさや船籍まで、生々しい情報が付いている。これらの船名に共通するのは、いずれも「喜久丸」となっていることだ。「キク」は「きくゑ」すなわち祖母の名前であろう。

一九三四(昭和九)年以前に現在の王子動物園近くの「水道筋」に家があった頃、成金となって羽振りの良かった祖父は、神戸一の花街であった花隈《はなくま》の芸者を大勢引き連れて、一週間、青森旅行を企てた。三五歳前後の頃だろうか。さんざん遊んで芸者軍団を引き連れ神戸に戻ったところ、道でばったり祖母と鉢合わせした。「えらく怒られてのぅ」、と祖父は禿頭をなでながら何度も私にそう語った。船名を「キク」にしたのは、祖母にお灸を据えられたからに違いない。

それにしても、戦争中に徴用された船については、どうやら記録を集めている人がいるらしい。それには何種類かあるようで、さらに検索したところ神戸に全日本海員組合の「戦没した船と海員の資料館」があることが分かった。さっそく訪ね、館員の方に話を伺う。残念ながらこの資料館は「ぶらじる丸」など一万トンクラスの大型貨客船を対象に情報を収集するものとのことだった。戦前には財閥や川崎等大手の船会社が豪華客船の航行サービスを営んでいた。当館は戦争にかり出されたそうした貨客船の戦没状況を調査・展示しているのである。

しかし当館に在籍するほどの専門の研究者にも、中小の貿易会社の商船となるとほとんど行方が分からないという。それ以上は訊ねることもなくなって、私は仕方なく収蔵資料を案内してもらった。資料庫には一一巻からなる『戦時日本船名録』(戦前船舶研究会編)が置かれており、めくっていると、そこには注目すべきデータが掲載されていた。

第六喜久丸一八四トン貨物船・機帆の所有者は松原菊枝、第壱喜久丸一四一トン貨物船・機帆、第弐喜久丸一四一トン貨物船・機帆の所有者は石堂軍治。松原菊枝は頼介の妻・私の祖母であり、石堂は祖母の実家で、軍治は終戦後間もなく亡くなった菊枝の兄である。

さらに第壱・第弐は「怒和島《ぬわじま》造船所／愛媛・中島」、第五・第六が「大喜《だいき》造船所／徳島・撫養《むや》」、第七號・第十一號・第十二號が「兵庫・御津《みつ》」と建造地が記されていた。この三つの地名には、まったく聞き覚えがない。

『戦時日本船名録』は戦時に沈んだ民間船につき、日本の陸海軍や厚労省は言うに及ばず、アメリカ軍の記録までもあたう限り収集し、網羅的に情報を並列した資料集である。「戦前船舶研究会」が自費出版しており、一次資料ではなく船名の重複もチェックしていないと研究者には指摘されるが、戦没船名を手当たり次第に羅列してある点で遺族にとっては貴重である。遺族はみずからチェックするので、誤った情報であっても喉から手がでるほど欲しいからだ。

このデータには、それぞれ建造日付も付されていた。第壱「1938.6」、第弐「1938.6」、第五「1938.10」、第六「1938.12」、第七「1939.11」、第十一號「1940.5」、第十二號「1940.9」。カバー写真の第壱、第弐喜久丸は一九三八年六月に竣工している。その写真は同年の六月に「怒和島造船所／愛媛・中島」で撮影されたことになる。

菊枝が真ん中に写っており、船名が「キクマル」であるからには、頼介が資金を提供したのだろう。法被《はっぴ》を着た男の胸元には、かすかに「神戸出張所」の文字が見える。これは何を意味しているのだろうか。やはりネットに掲載されている「戦時船舶と徴用船・戦没船」[*1]を見ると、石堂はすでに一九二六(大正一五)年、岡山県・牛窓を船籍地として「龜峯丸」一七三トンを所有している。竹内源太郎との共同所有である。さらに一九二八(昭和三)年にも「第2双喜丸」六〇トンを兵庫県・飾磨《しかま》で関綾次郎と共同所有している。

飾磨港は一九三五(昭和一〇)年には第二種重要港湾に指定されており、瀬戸内海でも有数の港であった。飾磨市が姫路市に合併してからは広畑港・網干《あぼし》港とともに姫路港となり、現在は国際拠点港湾に昇格している。船舶所有経験の長い義兄には飾磨港の土地勘があるということで、頼介は船を所有してもらったのではないか。とすれば「第壱喜久丸」と「第弐喜久丸」を背景に菊枝とともに写る男性が石堂軍治であろう。

一連の船は三箇所の建造地で造られている。まずは「怒和島造船所・愛媛・中島」から調べてみることにした。愛媛県の島嶼部を見ると、西北側、広島の呉に向けて島が点在している。「忽那《くつな》諸島」である。その中央に中島《なかじま》があり、西隣に怒和島が位置している。私は松山市には一度だけ行ったことがあるが、中島や怒和島にはまったく土地勘がない。そこで二〇一四年の一月、愛媛出身の友達に尋ねてみた。

「怒和島って知ってる？」

「何？」

「中島の隣だけど」

「中島には中学の旅行で行ったことがあるけど、他の島は知らないなぁ」

どうやら愛媛人にもあまり馴染みのない島らしい。中島をネットで検索すると何箇所か造船所があるが、怒和島には造船所のデータが見あたらない。これらの島々は、中世まで「忽那水軍」が支配した、と解説がある。

そんな話を家内にしたところ、素っ頓狂な声を上げた。「怒和島って名前は聞いたことがある!!」。家内はカフェ経営、陶器販売などしており、高知の竹林寺に陶器の骨壺を納める仕事で何度か現地を訪れた際、愛媛まで足を延ばして地元のカフェ巡りをしていた。

「『四国の美しい店』（福岡美穂監修、コラボハウス一級建築事務所、二〇一三）の巻頭に『田中戸』って素敵なカフェが掲載されていてるの。ウチの店のお客様がそこに嫁いだ縁で行ってみた。そうしたらその壁に大きく怒和島ってポスターが貼ってあったの。不思議な名前だから覚えてる」

奇遇ではある。それでさっそく田中戸のご主人に電話をしてみた。現在は四国本島・愛媛の玄関口にあたる三津浜にカフェを構えているが、船で一時間半ほどの怒和島が出身地で、ご両親がそこにご建在とのこと。お父上の電話番号を聞き、かけてみた。そして二隻の船の写真を送る旨を伝えたところ、スマホの向こうでこちらの耳が吹き飛びそうな大声がした。

「その話は忽那水軍の造船だなぁ?」

こうしてそれから小一時間、水軍がいかにして船を造り繁栄したのかの講義を聞かされた。電話を切ってからネットで親父さんの名前を検索すると、「松山離島振興協会」の会長さんとなっている。

それから何回か親父さんとメールを交わしたが、忽那諸島の各島には中世以来、造船技術があったという。だが忽那水軍は小型船で大型船を襲う闘いを得意としていたため、一四〇トンの船は建造できないと思う、それが親父さんの推測だった。しかし島に残る造船所で喋っていて、ギリギリ一四〇トンまでなら造船可能と思えてきたという。

「昔のことを知っとる山田さんちゅう人が八八歳で、耳は聞こえんが頭はしっかりしとる。写真を見せたいから、あんたが直接に来なさい」。そう誘われ、翌日にはマイルを利用して航空券を入手、怒和島に向かった。愛媛の松山空港までは羽田から一時間半ほど。そこに田中戸のご主人が迎えに来て下さる。三津浜港まで送ってもらい、高速船で諸島を回る航路へ。一時間半で怒和島の「上怒和」集落の港に着く。港には親父さんが軽トラで来ていた。

「あんたらが来られるちゅうことで、釣りに行ったらデカイ鯛が釣れたわ。アオリイカもあるから、刺身でどうかの」。このあたりは好漁場として知られ、釣り好きもやってくる。そこに地元の川下《かわした》造船所の跡取りの方が来られた。写真を見せたが、写る人たちには心当たりがないという。そのまま深夜まで親父さんと宴会。この島は住民は七〇〇人ほど、家も小舟も五年間は新築がなく、島から若い者はどんどん出て行ってしまった。自信をなくしているのだが、戦前とはいえ一四〇トンものとてつもない大きさの船を建造できたのなら嬉しい、と仰る。

私はそれ以前に、日本郵船の歴史資料博物館関係の方にこの写真を見せていた。返ってきたメールには「戦前における民間の小型船の進水式の画像は実にマレ。この腰蓑の男たちはコロでしょう」とあった。専門家から一四〇トンの喜久丸は「小型」と言われ、私はそんなものかと思っていた。しかし日本郵船が扱うのは一万トン級の船舶である。怒和島で標準となる一〇トン以下の木造船から見れば、なるほど喜久丸は巨大ではある。

［写真0-8］山田吉弘さん（著者撮影）

陸で建造した船は丸太を並べてその上を転がし海に進水させる。丸太は転がって海に落ちるから、飛び込んで回収するのが「コロ卸進水屋」。「進水式の集合写真にある船二隻は、船尾からおろす一般的なやり方です」。

翌朝は九時になるのを待ち、あらかじめ親父さんが約束をとりつけておいてくれた島の老人を訪ねる。山田吉弘さんのお宅は玄関の横のドアを開けると急な階段になっており、私は手すりを伝って上った。吉弘さんは日頃、二階にこもっている。耳が遠いので、起きている間はテレビを大音量でつけているという。八八歳、大正末年生まれで、船が竣工した一九三八（昭和一三）年だと一二歳だった計算になる。

吉弘さんは耳がほとんど聞こえないが、写真を見せるとノートを取り出し、やおら絵を描き始めた。

「船は浜の上の陸《おか》で造るがよ。それで満潮の日は潮が陸のキリギリまで満ちるから、ロープで縛っておいて、船の下の砂を斜めに掘る。そこに丸太を敷いてロープを切ると、重みで斜めに降りていって進水じゃ」

どの船について語っているのか？　吉弘さんは農民である。それなのに、どうして大型船の進水式につき知っているのか。この島で造る船はおおよそ二～一〇トン。小型船は工場の外でレールに乗せて造り、そのまま押し出して進水させる。一四〇トンの船の進水式は、戦後は行われていない。描写は日本郵船の関係者なみに具体的だ。

「それで、木は余所から運んできたのを曲げて船の形にするんじゃ。そのために蒸気を当てるから、蒸気を出す釜を地面に埋めての。こんなんじゃ」

とリアルな絵を描いた。「釜の左右に二つ、船が置いてあったの」

船が二つ？　写真には、二隻が写っている。その二隻のことなのか？

「喜久丸かぁ。懐かしいのう」

ええーっ？　懐かしいって何ですか、と私。吉弘さんは耳が遠いから急いでノートに書く。

「この進水式を覚えていますか?」

「降りよるのは見に行った。でも、この写真のようなんは覚えとらん。顔も分からん。喜久丸は、造り始めから木を組んでできるまでを見に行った。懐かしいのう」

なんと写真の二隻が建造される現場を日々、見物していたと言っているのだ。耳が遠いだけで応答はしっかりしている。ボロボロのアルバムにあった七六年前の写真に写る光景を、裸眼で目視した人が生存していたのだ。私は胸が高鳴った。

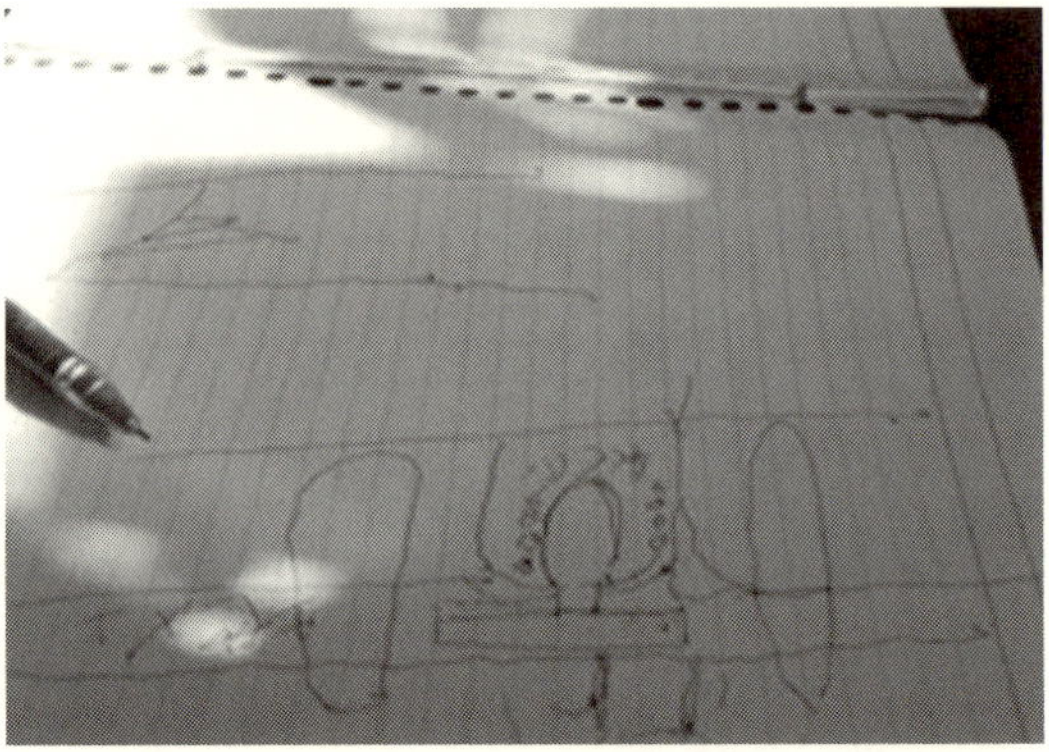

[写真0-9]吉弘さんが描いた喜久丸の建造現場(2014.1.21著者撮影)

「釜が埋めてあったのは、小原《こはら》じゃったな」

小原というのは山田家から少し行った浜である。いったい、それは本当なのだろうか。しかし、島から出たことのない農民が大型船の進水のし方や釜を埋めて船体の木をたわませるなどという技術を知っていることは、記憶がなければありえない。

田中戸の親父さんが解説してくれた。一般にこのあたりの木造船では、「ベンコ」と呼ばれる外板に、曲がりやすくて水を吸わず、軽くて浮く宮崎産の日向杉が用いられる。その集積地が山口県にある。船内を支えるのは「キール」(竜骨=背骨)で、それはこの島の木材で工面される。

とまどう我々の気配を察したのか「行ってみよう」と吉弘さんが言い出した。日頃二階の部屋から出ないというのに、驚いたことにスタスタと急な階段を下りる。「息子らが手すりを付けてくれたから楽じゃのう」。そして田中戸の親父さんの軽トラまで歩き、いきなり荷台に這い上がった。

「だ、大丈夫ですか?」

「いや〜、もう乗ってしもうたもん。行こう」

そのまま発車して、二〇〇メートルほど先の小原まで行った

「ああ〜ここじゃ。ここに釜が埋めてあった」

指さした先には、現在は離島された方の別荘が建っている。あたりはコンクリートで覆われている。ここに祖母があの着物を着て、誇らしげに立っていたのだ。七六年の時を越えて、写真がこの光景にかぶさった。

［写真0-10］山田吉弘さん（著者撮影）

［写真0-11］怒和島・小原の造船場跡地（著者撮影）

「ああ〜しんどいわ。帰ろう」

荷台の吉弘さんが言う。何しろご老体である。私のために記憶を振り絞り、日頃しない外出もして下さった。疲れて当然だ。急いでお宅に連れ戻った。

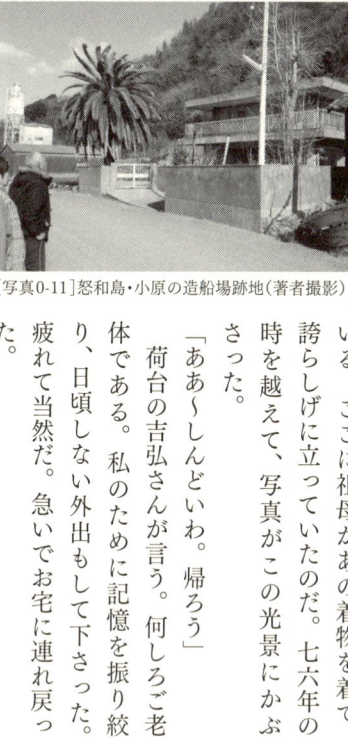

［写真0-12］川下造船所にて（著者撮影）

その帰り、「助田《すけた》造船所」と「川下造船所」を訪ねた。川下は一八六〇年というから江戸時代末期の創業、助田は一八七七（明治一〇）年創業である。それぞれ話を伺ったが、写真の船はウチではないと口々に言う。それに田中戸の親父さんが口をはさんだ。

「いや、違うんじゃないか。今の助田か川下に『お宅が怒和島造船所か』と聞けば『違う』と答える。でも株を共同で持って、合同で船を造った時に『怒和島造船所』を名乗った可能性はある」。忽那諸島の島々では戦時中にはいくつかの造船所で共同して船造りをさせられた。その場合、家系の固有名ではなく、地名が付けられたという。「そこに人を出したかもしれん。頭領は別の島から指導に来た可能性がある」。

川下造船所のある浜には何十艘か船がつながれていた。その一艘に、私の目は釘付けになった。船首に「目玉」のマークがある。写真の船と同じ

［写真0-13］助田造船所にて（著者撮影）

だ。川下造船所の明徳丸である。

しかも、目玉の周囲は、「長方形」ではなく、角が微妙に曲げてある。これも写真の喜久丸と同じだ。助田の船も見に行った。こちらも目玉だけでなく、角のへこみも同じである。

ということは、助田造船所と川下造船所は、ともにこのマークを持っていたことになる。さらに田中戸の親父さんによれば、七頁の写真の船の船首にある唐草模様のようなものは、助田造船所の得意な彫り方だという。やはり写真の船は、この島の二つの造船所の関係者が造ったのであろう。私はそう確信して、怒和島での一泊の旅を終えた。山田吉弘さんは、半年後に逝去された。お元気なうちにお会いできて、僥倖というしかない。

日本郵船関係の方からは、こうも聞いた。「船は一般的に女性に喩《たと》えられるのが常で、英語でも常に"she"と呼ばれます。こうした背景から、進水式に斧で支綱《しこう》切断する重要な役目を、振り袖姿の

［写真0-14］戦前の石堂家（菊枝の実家・たつの市。横田家提供）

若い女性にお願いする習慣がありました。大きな船会社などでは、代表者の男性が務めたりもしましたが、とりわけ小型船などでは、若い女性にお願いすることが一般的だったようです」

私は二〇一六年末、菊枝の姉（こふえ）が嫁いだ横田家に連絡し、兵庫県たつの市を訪ねて喫茶店で話を伺った。表紙写真の中央の男性は間違いなく軍治だということであった。その際、軍治一家の写真を頂戴することができた。上に掲げたのがそれで、菊枝の実家の石堂家である。軍治は二男六女をもうけたが、この写真には五女までが写っている。横田則彦・智子《さとこ》夫妻は、長女の昭子《あきこ》さん（後列左）が進水式の少女だと証言してくれた。この写真の右肩には、「石堂船舶部」の文字が見える。菊枝の実家である石堂家は、やはり船舶業を営んでいたのだ。

このように私は、少ない情報から次々にその背景をたぐり寄せていった。写真の光景を直接に目の当たりにした人物にも出会えた。こうして私は、頼介が一〇〇年近く前に見た光景を求め、闇の奥まで追う旅を開始することとなった。

第一部

祖父と出会う

第一章　一八九七(明治三〇)年生まれの世代について

バブルや戦争といった大きな社会的事件があったとして、それと何歳で直面するかによって人生はまったく異なったものになるだろう。松原頼介(一八九七〜一九八八)の世代にとって、直面した時代は近代日本においても他に類を見ないほど起伏に富んだものであった。頼介は人生で二度、巨大な右肩上がりの景気の波に出くわし、迷わず乗った。現在の日本人には、一度のバブルに熱狂しその崩壊後に立ち直れなくなったり、生まれて以来ダラダラと続く不況しか知らない人が大半を占めている。それに対し一八九七年生まれの世代は、世界秩序が急転する中、巨壁のように立ち上がる二度の景気の大波に出合ったのだ。それはどんな光景だったのか、以下頼介の人生を通して述べてみたい。

大波の一つめは、第一次世界大戦に伴う好景気から一九三七(昭和一二)年の支那事変(日中戦争)勃発までである。二つめは、戦後の高度成長期である。頼介はそれぞれの経済発展期に合わせて起業し、会社を大きくし、後に破綻の憂き目に遭った。とりわけ注目したいのが戦後に復活したことである。それはこの世代の幸運なところで、敗戦の時点で頼介は四八歳。まだ壮年期にあって、今一度起業する気力を持ちあわせていた。

いや、もっと若ければ普通に再出発できたんじゃないか、と思われるかもしれない。しかし実は、そうはいかなかった。というのも日本が敗戦への道を転がり落ちていた太平洋戦争末期、

［写真1-1］四辻の松原家（藤井よし子氏提供）

四十代までが徴兵されたからである。一八九七年生まれは、ギリギリ兵役につかずに済んだ世代であった。頼介の場合さらに幸運なことに、一九二七（昭和二）年生まれの一人息子（孜《つとむ》）が、戦争があと半年でも続いていれば徴兵されたところだった。この親子は紙一重で従軍を逃れることができたのである。そうした幸運が一八九七年生まれには与えられ、ここに私が孫として存在している。

さて松原頼介は一八九七（明治三〇）年、山口県鋳銭《すぜん》司《じ》村（現・山口市）に生まれている。鋳銭司村は山口県の中央部の瀬戸内海寄りに位置し、読んで字のごとく「銭」を大昔に鋳造していた場所である。現在の山陽新幹線・新山口駅（かつての小郡《おごおり》）から山陽本線で一駅東に行った四辻《よつつじ》駅にほど近い場所に、国の史跡「周防鋳銭司跡」がある。八二五年に創設され、藤原純友に襲撃され焼かれるまでの約一〇〇年間、日本で唯一の鋳銭司《ちゆうせんし》（銭の鋳造所）として栄えた。

四辻駅から東に一・八キロメートルほど行った

ところに大きなため池の「長沢池」がある。この地区で明治維新にかかわった著名人として特筆すべきは大村益次郎で、墓と大村神社がある。益次郎の墓近くに松原家の墓もあり、頼介が生まれたのはその脇の「古屋敷」(と家族が呼んだ場所)であった。父は弥造、母はクニ。ともに明治初期の生まれで、身体がさほど強くなかった弥造は一九三〇(昭和五)年で亡くなったが、クニは長命で一九五〇(昭和二五年)に九二歳で没している。兄妹は四人で、二男二女。長男の知一《ともいち》は一八八七(明治二〇)年生まれ、頼介は三番目の次男だった(二番目の長女・久子は早くに亡くなり、二女はちとせ)。以後、親戚筋の証言からその人生をたどってみる。

[写真1-2]黒山小学校(現・鋳銭司小学校)明治41年4月10日。東宮(大正天皇)の台覧(御覧)記念(鋳銭司小学校提供)

松原家は古屋敷に家と二つの山を所有しており、松茸やシメジが生えたという。昭和の初期に古屋敷の山の土を盛って四辻駅を建造した際、松原家も駅前に家を建て転居して、知一が継いだ。古屋敷から四辻までは松原家所有の田んぼだけを歩いて行けたといい、弥造の父は庄屋だった。弥造は学者タイプでものを良く知っていたが、仕事はとくにしていなかったというから、悠々自適の土地持ちだったのだろう。それに対し知一は酒豪で、三時間かけてちびりちびり一升飲んだり小郡で芸者を上げたりで、次第に土地を手放していった。さらに終戦後にはGHQ(連合国軍最高司令官総司令部)の意向による農地解放で、地所の大半を奪われてしまう。

頼介は一九〇四(明治三七)年、地元の黒山尋常小学校(現在の鋳銭司小学校)に進学する。一九〇八(明治四一)年四月一〇日に東宮(後の大正天皇)が訪問された折りに全生徒で撮影した写真が、現在は同小学校の校長室に飾ってある。私には、日の丸の左下で羽織を着ているのが頼介に見える。

頼介は地元の知識人として知られた坂倉恒介《いたくらつねすけ》が漢文や英語・数学などを教えた「南原塾《みなんばらじゆく》」にも通い、山口中学(現・山口高校)に進学した。黒山学校からは一学年に二〜四名だけが中学に進学したといい、まだ進学は珍しかったようだ(山口市立鋳銭司小学校編『郷土読本・鋳銭司』、一九九一)。

[写真1-3]松原頼介・山口中学時代(藤井よし子氏提供)

さて山口中学で頼介は、まったく同じ時代を生きながら、故郷を離れて以降は交わることのなかった人物と出会う。「昭和の妖怪」にして安倍晋三の祖父・岸信介《のぶすけ》である。頼介と同じく戦前・戦後で「二度生きる」数奇な人生を送った代表的人物で、戦前は官僚として計画経済を率いて満洲の運営に務め、「満洲は私の描いた作品」と豪語した。帰国してからは商工大臣として戦時経済における物資の動員に当たった。

しかし四八歳で迎えた敗戦でA級戦犯に指定され、巣鴨プリズンで三年収容された後、一〇〇〇人からの戦犯が処刑されたのを尻目に無罪釈放される。神が乗り移った近隣の主婦にして「踊る宗教」の教祖・北村サヨが岸の収監前、夫人に「三年間、魂を磨いて帰ってきたら首相にしてやろう」と予言したのは有名な話である。五年の後に議員に復帰、さらに一九五七年に首相に上り詰め、一九六〇年に安保改定の批准を断行した。退陣後は院政を敷き、解釈改憲によらない自主憲法の制定を目指した。現在の安倍首相が引き継ごうとしているのはその遺志である。

岸信介につき頼介は、「頭は良かったが乱暴者だった」と言っていた。教練にやってきた軍人が生意気だからと、寮で寝ている部屋の蚊帳を落とすような悪戯をしたという。実際、岸も晩年になって、小学校時代に貧しい同級生をイジメたことがあったと回想している。貧しくて毎日は学校に来られないMから岸は紐のような帯を取り上げ、捨ててしまった。翌日、Mはみすぼらしい紐を結んできたが、岸はこれも取り上げて捨てた。そうすると翌日、Mは藁を帯代わりに結んできたという。それでイジメはやめたのだが、Mは父親が急死したため退学してしまった。岸はながらくこの思い出に取り憑かれ苦しんだが、戦後総理になってからMの所在が分かり、京都で住職をしているのを訪ねて謝罪したという(岸信介『我が青春』廣済堂出版、一九八三)。頭が良く残忍でもある子どもにはありがちなエピソードではあるが、活字に残す岸には豪放磊落さも感じられる。

頼介は岸を同級だったと言っていたが、岸の生年は一八九六年である。岡山中学に入学してから山口中学に転校してきたためで、生まれが一年早く没年も一九八七(昭和六二)年と頼介の一年前。一八九七年から一九八八年まで生きた頼介とは完全な同時代人である。だが現在の山口高校では岸信介が卒業生でもとびきりの名士であるのに対し、頼介は現存する卒業者名簿にも名前が残っていない。仕事に関心が芽生えるや、中学は退学してしまったと思われる。

ここで岸に触れたのは、同級生の岸が日本史の表舞台を歩いたため、その足取りで時代と年齢の関係が明確になるからである。まずは岸の足取りを追ってみよう(工藤美代子『絢爛《けんらん》たる醜聞　岸信介伝』幻冬舎文庫、二〇一四等)。

幼少期の岸が意識した山口県は、政治家と軍人を輩出した郷土だった。生まれた一八九六(明治二九)年というと日清戦争(一八九四〜九五)勝利の翌年であり、小学校の低学年で日露戦争(一九〇四〜〇五)の報を聞いている。政治においては山縣有朋《ありとも》が長州閥の総帥であり、伊藤博文・桂太郎が首相に就いたことからも分かるように、長州閥の全盛期であった。国の実権は郷土の先輩たちが掌握していた。

さらに「陸軍の長州、海軍の薩摩」と言われるように、陸軍軍人も輩出している。日露戦争で活躍した乃木希典《まれすけ》・児玉源太郎も同郷であった。それのみならず野坂参三・宮本顕治といった日本共産党幹部、難波《なんば》大助というアナーキストまで同郷人であった。もっとも野坂や宮本によれば、吉田松陰や高杉晋作は革命家であり、自分たちこそ後継者ということになる。

日本は何度かのきっかけを経て段階的に経済発展するが、その一つが日清戦争で得た賠償金であった。日本はそれを基金としてそれまでの銀本位制を廃し金本位制を採用、国際経済に参入しである。日銀券を日本銀行に持参すれば、建前上は銀ではなく金と兌換できるようになったのである。折から進んでいた機械化によって綿糸輸出が輸入を上回るようになり、さらに重工業化にも取り組んでいた。官営の八幡製鐵所が鉄を増産したのも、日露戦争で使うためである。

こうして日本は貿易を拡大する。それは帝国主義の時代にあって、列強によって植民地化されることに怯えた幕末からの半世紀を越え、逆に日本が宗主国にもなりうると自意識を肥大化させた時期でもあった。実際に日本は日清戦争後の一八九五年に台湾を領土としている。また一九一〇年には韓国併合を敢行、漢城(現在のソウル)を京城と改称して朝鮮総督府を置き、第二次世界大戦の終戦まで朝鮮半島を植民地化した。

岸信介も、幼年期は軍人に憧れた。ところが身体が弱かったため、中学時代には官僚を経て政治家を最終目標とするというコースを思い描くようになった。山口中学を首席で卒業した岸は、郷土の先輩たちへの思いと日本という国家への責任を一身に引き受ける覚悟を固めていた。

上京したのは一九一四(大正三)年。高等学校入学の準備として予備校に通うためで、第一高等学校(私が奉職してきた東京大学教養学部)を経て、一九一七(大正六)年には東京帝国大学法科大学(現・法学部)に入学する。一高時代には活動写真(映画)や芝居を見たりもしたが、帝大時代はもっぱら法学に熱中し、同級生であった我妻栄《わがつまさかえ》(戦後日本を代表する民法学者)と三四郎池の畔《ほとり》やグラウンドの片隅に座り込んでは、日々法学について語り合ったという。

しかし一方の頼介は、この間、「長州閥」や「国家」とはまったく別の方向を見ていた。山口中学を中退したのだとすれば岸の卒業年である一九一四年よりも以前になる。頼介は経済畑での成功を目論み、郷土や国家からは距離を置くようになっていた。

実は私は、四辻の松原家を三度訪れている。一度目は一九六九年、中学に入学した夏で、知一は健在だった。居間には弥造・クニの写真が掛けられていた。二度目は二〇〇六年で、無人の家には草が伸び放題になっていた。三度目の二〇一四年には、屋敷は取り壊されていた。私はながらく、頼介はこの四辻の家を「実家」と意識していたものと思い込んでいた。一度目の訪問には頼介が同伴しなかったから、会話からは家屋との微妙な距離を理解できなかったのだ。

けれども四辻の家が建ったのは昭和初期であるから、中学を中退してまもなく出国し、帰国しても山口には帰らなかった頼介にとって、「故郷の実家」は「古屋敷」だったはずだ。頼介は故郷の長沢池や大村神社などを思い浮かべつつ、運をつかむ旅へと立ったのだった。

［写真1-4］左上：十代（？）の頼介。左下：兄・知一（藤井よし子氏提供）

第二章　「楽園」ダバオへ

「あった……!!」

心臓はドクンドクンと強く打ち、顔がカッと熱くなった。二〇一四年三月六日、元麻布にある外務省外交史料館。視線を早送りしていた目に「松原頼介」の文字が飛び込んできたのだ。ペラペラの紙にインクで丁寧な字が刻まれている。

「松原頼介　農民平
山口縣　吉敷《よしき》郡鋳銭司　明治卅(三十)年　十月四日生
年月日及出航港　大正六年三月十九日　長崎港
期間　三年」

大正六年といえば一九一七年。頼介が二〇歳になる年だが、三月ならまだ一九歳だ。

渡航地には、「米領比律賓《フィイリピン》群島　ダバオ」とある。

「やっぱりダバオだったのか……」

六本木一丁目の駅からしばらく歩く。昭和二〇年代に力道山が連日通い、大暴れしたことでも知られるイタリアンの「ニコラス」を越えると飯倉片町の交差点にたどりつく。そこを曲がると、左手に立派な建物が見えてくる。その右脇が外交史料館の入り口だ。身分証明書のチェックを受け、静かな閲覧室に入る。それを三回繰り返した。二回めまで頼介の名を見つけることができず諦めて帰ったが、執念で三回目に取り組んでいたのだった。

私は、「若い頃にフィリピンに行った」としか聞いていない。木に登る仕事がきつかった、話が違うので帰国したと頼介は言っていた。だが詳細は分からない。いつどこへ、何をしに行ったのか。

私の同僚である中西徹《とおる》教授は、フィリピン経済（経済発展論・スラム学）の大家である。ここ七～八年、私と中西さんはヨーロッパにおける有機農業の展開を調査している。その旅先で中西さんに、「大正時代にフィリピンのバナナ農園に行ったとしたらどこですかね？」と尋ねてみた。私はルソン島あたりでバナナの木に登ったと思っていたのだ。

一八九七年生まれで十代後半となると、大正期のことだろう。中西さんは、「一〇〇年前ならまずダバオで間違いない」と指摘してくれた。バナナが商品として開発されるのは一九六〇年代以降。戦前に日本人が集まったのはミンダナオ島のダバオである。*1 そこで東大の駒場図書館に行ってみた。ざっと移民関係の棚を見渡し、一〇冊ほど取り出す。そのなかで気になったのが、早瀬晋三『フィリピン近現代史のなかの日本人　植民地社会の形成と移民・商品』（東京大学出版会、二〇一二）だった。これは学術書だが、パラパラ繰っていて、脚注に目が止まった。

外務省外交史料館架蔵『移民取扱人ヲ経由セル海外渡航者名簿』なる資料があるらしい。六本木一丁目駅ならば駒場から渋谷、目黒と乗り換えてすぐである。さっそく飯倉の外交史料館に出向き、閲覧希望を出してみた。早瀬氏の本はこの資料から移民につき一定の傾向を割り出すものだが、私の関心は個人名が書かれているか否かにある。しかし司書の方は、早瀬氏が注に書いていた「三門二類八項三八目」という資料番号はありません、と言う。いぶかしく思い資料細目を繰ると、「三門八類二項三八号」がある。これは明治以来で全五五巻、手書きの史料である。こちらの番号が正しい。そのうちまずは五冊を借り出してみた。それぞれ五センチメートル以上の厚さがある。

机に重ねて、破らないように一頁一頁めくっていく。各頁に七人の個人記録が手書きで縦書きされている。幸いに個人情報を収録したものであった。行き先は多くが伯剌西爾、秘露で、米領比律賓も少なくない。それぞれブラジル、ペルー、フィリピンである。かび臭い古紙の臭いが漂い、目がしょぼついてくる。三時間頑張って、初日の検索では手がかりをつかめなかった。

一週間後、一九一五(大正四)年のものを見直す。山口中学を中退した祖父が一七歳くらいで出航したとすれば、そのあたりだろう。目を凝らしながら頁を繰り続ける。前回は渡航地が伯剌西爾、秘露とある頁の名前も一人一人凝視していた。今回は米領比律賓だけに絞って目を早く移動させる。出身県には、広島、山口、熊本、福岡が多い。全五五巻、これだけ膨大な青年たちがどんな決意で日本を後にしたのだろう。個々の名前の背後には、それぞれが故郷や両親を思う気持ちがあるはずだ。なまなましい気持ちが憑依したようで、気持ちが落ち込む。三時間がすぐに過ぎて閉館時間となった。

そして三回目。一時間ほど経って、疲れ始めた目に祖父の名前が飛び込んできたのだ。第37巻ノA。やはり祖父はダバオに渡っていた。一九一七年といえば今から一世紀前。その三月一九日に長崎を出航、一路ダバオを目指したのだ。まだ桜も咲かない早春、一九歳といえば私の息子が浪人し大学受験という決戦を迎えたのと同じ時期である。その頃、祖父は南洋を目指していた。私は他に調べ物をする人もいない史料館で、胸に熱いものがこみ上げてくるのを感じた。

さらに頁を繰る。「松原知一《ともいち》」の名前が見つかった。「生年月日明治廿年十月四日　四月三日長崎」とある。同じ誕生日で一〇歳上の兄、知一が、同じ長崎を出航している。

一九一七年の三月一九日といえば、第一次世界大戦のまっただ中。一箇月前の二月にはドイツが無制限潜水艦作戦を宣言、アメリカがドイツと国交を断絶している。一週間前の三月一二日にはロシア革命が勃発。四日前の三月一五日にはロシアで国会臨時委員会が臨時政府樹立を宣言、ニコライ二世が皇帝を退位して、ロマノフ王朝が滅亡した。この後、四月にはアメリカがドイツに宣戦布告する。そういった風雲急を告げる時期、祖父は南洋航路の人となっていた。

長崎市から旅立ったということで検索すると、長崎には移民収容所があったと分かった。さらに長崎市・編『我國移植民の現況と長崎移民収容所の將来』(長崎市総務課調査係、一九三二)がネットでヒットしたので目を通すと、一九三二年の時点で移民に関係する遠洋航路には二つあったことが判明した。日本郵船会社の濠洲線は、往路が

横浜―名古屋―三池―長崎―香港―マニラ―ダバオ―メナード―木曜島―ブリスベン―シドニー―メルボルン

である。復路はメルボルン―シドニー―ブリスベン―木曜島―ダバオ―マニラ―香港―長崎―

神戸—大阪—名古屋—横浜と戻ってくる。往路復路とも月に一度の航行であり、長崎—ダバオ間は一二日の航海である。

もう一つ、大阪商船会社の線は、往路が

横浜—名古屋—大阪—神戸—門司—長崎—基隆—高雄—マニラ—セブ—サンボアンガ—ダバオ

ところが復路は

ダバオ—サンボアンガ—セブ—マニラ—高雄—基隆—神戸—大阪—横浜

で「當港(注・長崎)には往航にのみ月に二回寄航して居る」とある。

知一が長崎を出航した四月三日は、頼介が出た三月一九日のほぼ二週間後に当たる。とすれば、出航の頻度が月に二度でなければならない。つまり松原兄弟は、後者の大阪商船会社比律賓線を使ったと特定できよう。

『移民取扱人ヲ経由セル海外渡航者名簿』の祖父たちの項目は、一つの束となって、他の束とともに綴じられている。そこに前書きが添えられている。

「米領比律賓群島ミンダナオ島ダバオ行　農業自由移民

男　弐百壱名

女　壱名

計　弐百弐名

右之通り移民保護法施行細則第参拾壱條ニ據《よ》リ別紙名簿相添ヘ此段御届申上候也

東京市京橋區新肴町拾番地　　東洋移民合資会社

大正六年四月五日　　社長　　川田　鷹

外務大臣法學博士子爵　本野　一郎殿」

頼介は移民の多い山口県の一人として、ダバオに渡ったのだった。では、ダバオには何を夢見て旅立ったのか。

ミンダナオ島のダバオは一年中春めいた穏やかな気候が続く南海の楽園である。現在はドリアンやマンゴスチンといった果物でも知られる島だが、当時はまだジャングルが残り戦闘的な先住民が潜む危険な場所でもあった。なぜ頼介は、山口で過ごすのをやめて波濤の彼方を目指したのか。

父親の弥造は身体が弱く勉強熱心な人だったといい、松原家は広大な土地を有する在村の地主で、農作業はしていなかったようである。土地を持たない小作人に土地を貸し、小作料(地代)を得ていたのであろう。大正時代は弥造が健在であり、二人の息子、長男の知一と次男の頼介は暇にしていたと思われる。

明治以降、日本の人口は急増していた。しかし家族制度は長子相続であり、次男以下の男子には土地が与えられなかった。工業化が進んではいたが、すべての余剰人口を吸収するほどの労働需要はいまだ存在しなかった。そこで海外に仕事を求め渡航する「移民」が次男以下の期待の的となる。

神戸の「海外移住と文化の交流センター」を訪ねてみた。ここは戦前、ブラジルへの移民が出航前に準備を整えた場所(「国立神戸移民収容所」)で、現在は移民全般とブラジル移民にかんするデー

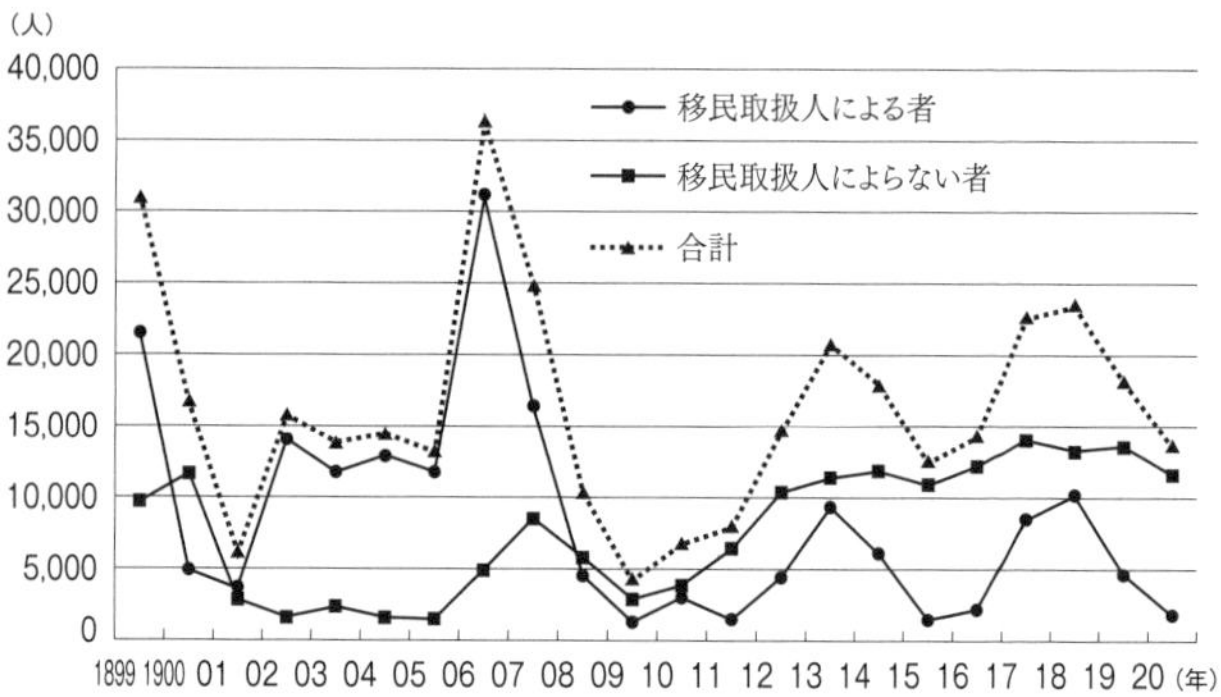

［図2-1］移民渡航者の推移(1899-1920年)。坂口満宏『誰が移民を送り出したのか—環太平洋における日本人の国際移動・概観—』立命館言語文化研究21巻4号［典拠：児玉正昭『日本移民史研究序説』(淡水社、1992)所収「表二—１　移民取扱人による移民数」(253頁)。元資料は外務省通商局編『旅券下付数及移民統計』(1921)］より作成

タを集めている。そこで知った概略によれば、海外に移住した人口のうち、出身県別に累計を見ると広島県が多く、熊本県、沖縄県、福岡県、そして山口県と続く。

日本人の海外移住は、ハワイへの「官約移民」を機に本格化している。日本とハワイ両国の間で一八八六年に締結された「日布渡航条約」にもとづき日本人労働者が三年の契約により砂糖プランテーションで働くというもので、一八九四年までに二万九〇〇〇人ほどが渡航した。[*2] ただしこの時期の渡航者は出稼ぎであって帰国を前提としており、永住を目指すものではなかった。

その後、図２－１で示されるように、一八九九年から一九二〇年まで移民総数は三六万人を数えた。そのうち一八万人が移民会社によるもの、それ以外が一七万人である。民間の「移民会社」(移民取扱人)は手数料と引き替えに渡航手続きを整えた。「移民取扱人ヲ経由セル海外渡航者名簿第37巻ノA」の松原頼介と知一の項目は日本郵船系の「東洋移民合資会社」が提出したとあるが、東洋移民はこの年に他の三社と統合さ

れて消滅している。

それにしても、なぜダバオなのか。ダバオにかんしては、古川義三《よしぞう》『ダバオ開拓記』(古川拓殖株式会社、一九五六)等多くの書籍がある。歴史について記述はおおよそ一致しているが、数量データは書籍により相当に異なっている。そこで数量データは蒲原廣二《かんばらこうじ》『ダバオ邦人開拓史』(日比新聞社、一九三八)の表と早瀬前掲書を参考にして、以下述べてみる。

ダバオは地図にあるように、台湾の南に位置するフィリピン群島において、マニラのある北のルソン島に対して南側にあるミンダナオ島の中心をなす街である。そこには一九世紀いっぱい民家は点在するだけで、ジャングルに覆われ、野生の水牛が穴を掘っていた。二〇世紀に入るとその地を日本人が麻畑の拡がる街に変えた。開発をリードしたのが「ダバオ開拓の父」太田恭三郎である。太田は一八七六年に兵庫県朝来《あさご》郡竹田に生まれ、高等商業学校(現・一橋大学)を卒業後、一九〇一年にフィリピンに渡った。

[図2-2]フィリピン各地域の位置と日本からの航路(推定)

アメリカは米西戦争でスペインを破

り一九〇二年の米比戦争終結を経て同国を占領すると、暑いマニラには閉口して、ルソン島北方のバギオに夏の執務地を求めた。ところが両地をつなぐ自動車道がなく、途中のベンゲットは断崖絶壁で、道路開鑿は世紀の難工事となった。太田は、この工事に日本人労働者を投入した。二〇〇〇人以上が海を渡り、彼らは「ベンゲット移民」と呼ばれて、二〇〇〇人とも言われる人々が工事中の事故や赤痢・デング熱等の病気で亡くなった。遺骸は布に包んで穴に投げ込み埋めたものの、雨が降って露出すると鳥がつつく。見るも無残な有様だったと伝えられる。

日本でもベンゲットの地獄はよく知られていたようで、一九五六年の川島雄三の映画『わが町』には、ベンゲットの工事から生還したことを誇る「ベンゲットの他あやん」(辰巳柳太郎)という主人公が登場している。ベンゲット移民は、実態としては契約移民による違法就労であったのだが[*3]。こうしてバギオへの道路は無事開通したが、その完成後、日本人労働者は失業者としてマニラに溢れた。「乞食同然」の有様は顰蹙を買った。この状況を憂えた太田は欧米人がプランテーションを持ち始めていたダバオに目をつけ、一九〇四年に一八〇人を移動させた。ここにダバオ開拓が始まる。太田は翌年にも移民をダバオに送り、一九〇七年には「太田興業」を設立した。けれども日本人はというと一九一二年の六五〇人からさほど増えなかった。

そうしたタイミングで、一九一四年七月に第一次大戦が始まったのである(一九一八年まで)。この戦乱で軍需物資として需要が急増したものに、マニラ麻(アバカ)がある。軽く水に浮き強靱なマニラ麻は、一九世紀後半から船舶用ロープの素材として注目されていた。アバカは高さが六メートルに達するバナナに似た樹で、植えつけから一年半後に成熟し、放置すると腐ってしまう。

そこで適宜収穫しなければならないが、先住民たちは平日に働いても土日には闘鶏の賭博に熱中し、気が向かないと働かなくなるため着実な労働力として適任ではなかった。アバカの幹を薄く剥皮し麻の繊維を取り出す手作業は一日働くと翌日は起きられないほど辛いものだったが、勤勉な日本人労働者たちは朝三～四時には起きて二三時頃に床につくという重労働をこなしていった。

マニラ麻の価格は、大戦の勃発で高騰した(『ダバオ邦人開拓史』)。一九一五年には担《ピクル》(中国の尺貫法の重さの単位、約六〇キログラム)当たり二〇ペソだったものが一九一六年には三〇ペソ、一九一七年には四〇ペソと上がっていった。この年までに日系企業は六五社へと急増、開拓された総面積は四万数千ヘクタールとなり、ダバオは空前の麻景気に沸いた。そこに移民会社がドッと日本人を送り込んだのである。ダバオの日本人は一九一七年に五三〇〇人、翌年には七三五〇人と急増している。新規渡航者のグループは、太田に率いられたそれまでの移民と対比して「新移民」と呼ばれた。

「移民取扱人ヲ経由セル海外渡航者名簿」のデータを分析した早瀬晋三前掲書によれば、一九一六(大正五)年までは一〇〇〇人を超えなかったフィリピンへの渡航者が、この二年に二八二二人、二七一〇人と急増している。また一九一七年の渡航者の年齢層は一六～二〇歳が三八・五%、二〇～二五歳が三一・八%を占めている。二〇歳以上は一二・八%で、若年労働者が渡航者の中心であったことが分かる。女性は一%。大半が農業従事を目的とする男子の単独移民であった。日本郵船系の東洋移民合資会社は、この年の移民の六九・一%を取り次いだ。頼介は、麻価格が高騰したことを受け、東洋移民合資会社が行った募集の呼びかけをどこかで聞きつけたのであろう。頼介はこの年の移民のごく平均的な存在だったといえる。

左のグラフは蒲原廣二『ダバオ邦人開拓史』に掲載されているもので、一九一七～一八年にマニ

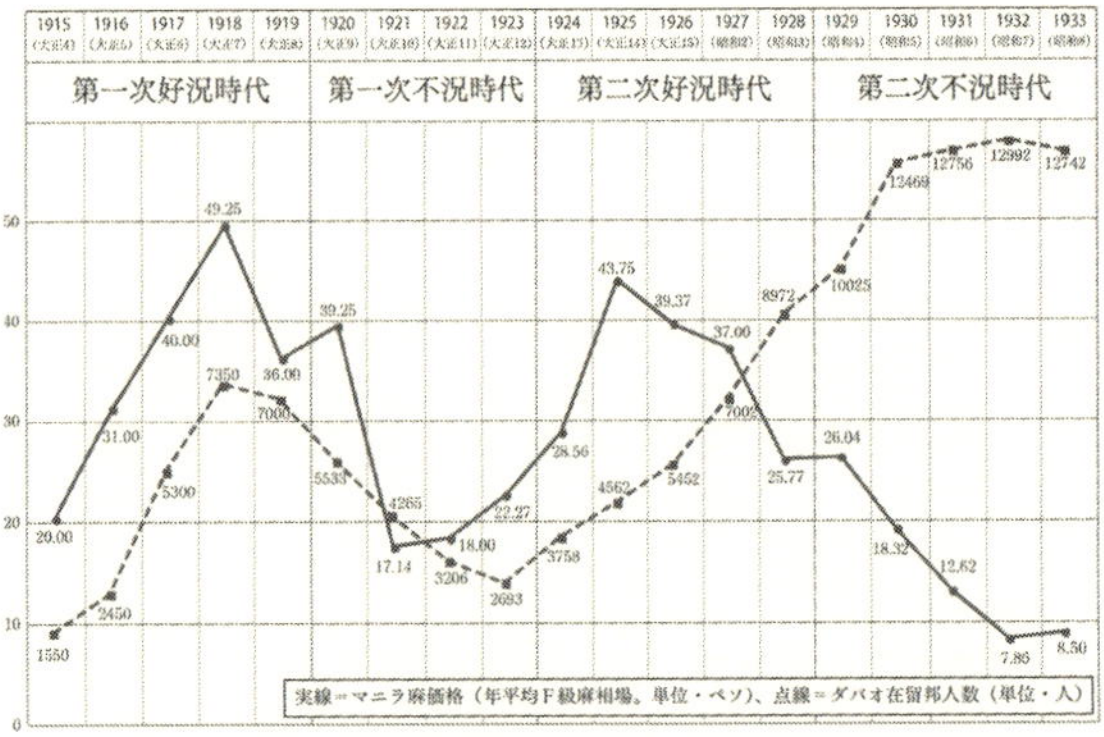

[図2-3]マニラ麻価格の推移。出典・蒲原廣二『ダバオ邦人開拓史』

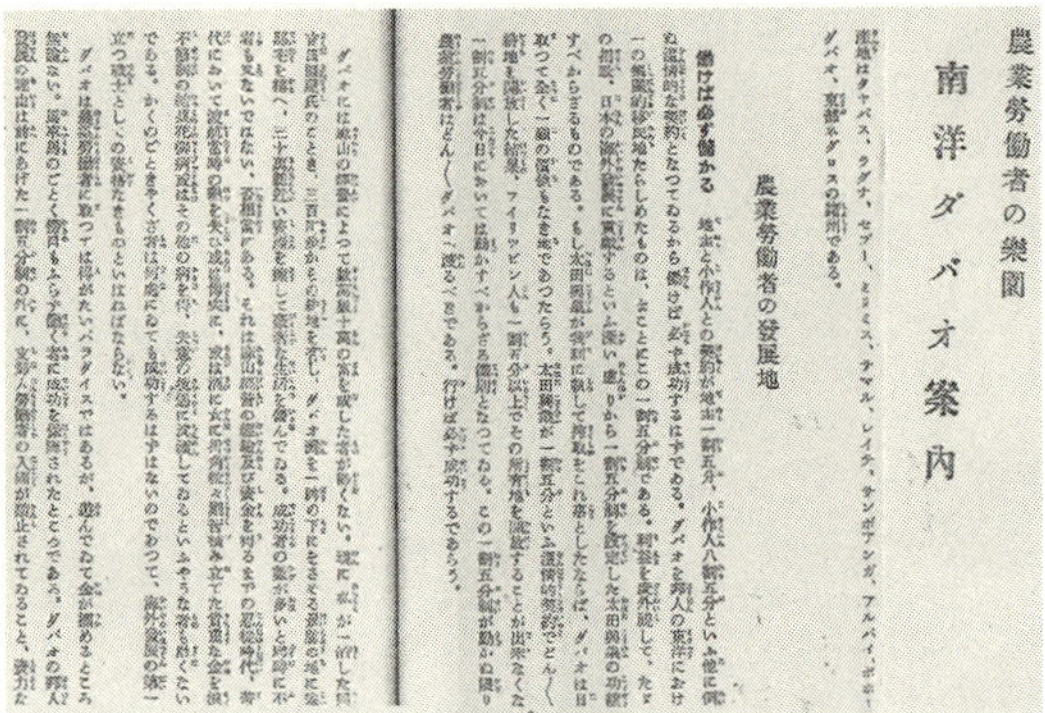

[写真2-1]菅野秀雄『南洋ダバオ案内 農業労働者の楽園』(実業之日本社、1931)

ラ麻相場が高騰するにつれ日本人移民がダバオに引き寄せられていく様子が手に取るように分かる。その下の画像は、昭和初期に出版されたダバオ移民を薦めるガイドブックである。当時の山口周辺でも飛び交ったであろう「農業労働者の楽園」「働けば必ず儲かる」といった惹句に頼介が心を踊らせたことは、想像に難くない。

こうして外交史料館に通い始めた頃、私は『椰子の血　フィリピン・ダバオへ渡った日本人移民の栄華と落陽』(原書房、二〇一三)なる本が出版されていたことに気づいた。著者はミステリー作家の司凍季《つかさとき》氏。司氏の祖父「清吉」は頼介の三歳歳下で、一九一九(大正八)年にダバオに渡航、現地で開墾事業に成功して財をなしたという設定である。ミステリーの書き手だけに小説仕立てだが、祖父夫婦とその子供たちについては事実のみ書いたとされる。

［写真2-2］山口県東洋移民合資会社出張所ポスター(「古書 古群洞」ウエブサイトより)

その司氏にメールで連絡を取り、情報交換してみた。そうしたところ、「このポスターはご存じですか」と驚くべき情報が寄せられた。古書店が二〇一二年に売りに出したもので東洋移民合資会社の山口県出張所とあり、なんと一九一六(大正五)年一月と記されている。「米領比律賓行き　至急取扱致候　詳細は面談の上」とあるから、ドンピシャだ。翌年三月に渡航するための募集で、頼介はまさにこのポスターを見

［写真2-3］松原知一一行によるアバカ（マニラ麻）の天日干し（藤井よし子氏提供）

たのだ。同じポスターを、一〇〇年後に孫の私が目の当たりにしている。

さて松原兄弟がダバオのどこに入植したのかだが、これは分からない。そこで二〇一四年の夏、知一の次女つまり頼介の姪である藤井よし子氏を山口市湯田温泉に訪ねた。藤井氏は九〇歳を越えるが健在で、頼介の晩年に世話をして下さった方である。藤井氏は、戦前からずっと開かなかったアルバムを思い出し、探し出して下さった。表紙には「支那事変記念」とある。そこにあったのが、次の四枚の写真だ。

一枚目の写真では、収穫し皮を剥いだマニラ麻を干している。二人の渡航目的は、やはりマニラ麻栽培だったのだ。藤井氏は右端が知一、頼介は写っていないと言う。

天野洋一『ダバオ国《クオ》の末裔たち』（風媒社、一九九〇）によれば、開墾作業は「一番地」とされる原始林で下払い、木切り、枝打ち、開墾焼き、寄焼き、植え

［写真2-4］ラワンの「木切り」光景。出所・天野洋一『ダバオ国の末裔たち』

つけの六段階をもって行われる。中でも危険なのが直径二メートル以上もあるラワンの大木を、地上六〜七メートルの高さに築いた棚を足場に切り倒す作業である。一本切り倒すのに一日かかり、倒れるとジャングルの天井に丸い穴があき、一条の光が差し込んだという。「木に登った」「あまりにもきつかった」と頼介が述懐していたのは、恐らくこのラワンの「木切り」だろう。自分から率先して出国したというのに音を上げたのだから、余程の苦行であったと思われる。これだけの大木をセミのようにしがみつきながら切り倒すのだから、さぞ恐ろしかったと推測される。天野著には、その様子が写真で掲載されている。

さらに重要なのが、藤井氏から見せられた二枚目の写真である。

ここには「開墾記念　大正七年五月植付　松原組」と記されている。約一年経ち、六段階を終えて植え付けに至ったものと思われる。ラワンの樹も、立っているもの、倒れたものが見える。そして全面を覆っているのがマニラ麻の株である。

この写真を司氏に送り、見ていただいた。司氏から返ってきたのが、こんな指摘である。

［写真2-5］松原組の開墾記念写真（藤井よし子氏提供）

ダバオでは耕地を呼ぶ際に、「太田組」「ギヒン組」というふうに土地会社名で呼ぶ、もしくは「パタダ組」と地名で呼ぶのが通例であった。これは当時の習慣で、日本人会（ダバオ会）もそれを継承していた。つまり安倍晋三さんが耕していても、「安倍組」というように耕地を人名で呼ぶことはなかった。とすると「松原組」は（地名ではないから）公式の（土地）会社名ということになる。当時ダバオには多くの日本の商社があった。大きいのは太田興業とライバルである古川拓殖だったが、他にもあった。

この推測には思い当たるフシがある。頼介は「儂《わし》の自慢は一度も人の下に立たなかった（雇われなかった）こと」と言っていた。また帰国しても大正年間に「松原商會」（後述）を起業している。起業は常に頼介の意識を占めていた。ダバオでも兄弟を中心に「松原組」なる会社が起業されていたとしても不思議ではない。

司氏のこの指摘が重要であるのは、ベンゲットへの移民を始めとして「日本人移民は日本国内で食い詰めた貧乏人ばかり」という偏見を覆すからだ。松原兄弟はそれなりの地主の息子たちだったし、単純な肉体労働ではなく起業を目的としてダバオに渡航したとするならば、通説からは外れている。司氏のお祖父様も大きな屋敷の次男坊で、親族からは日銀総裁も出ているという名家の出身である。この二例は、通説に対する反証例となるだろう。

そうだとすると、ダバオに固執することなくやがて帰国したことにも合点が行く。長男の知一も、不在地主のまま企業経営者となることを目指してフィリピンに渡ったのであろう。帰国しても家の田畑には仕事場がないと思い詰めた日本人労働者であれば、ベンケットの工事であれラワンの切り倒しであれ、歯を食いしばってしがみつき、そのまま現地に残留したはずだ。

またこの写真には白いシャツの日本人に混じって左下に民族衣装をまとった現地人が四人写っている。これは先住民のバゴボ族であろう。バゴボ族は日本人とともにマニラ麻生産に当たったが、開拓のフロンティアは彼らの住処でもあり、宗教や生活習慣の行き違いから激しく敵対もした。日本人が一人になると足音たてずに忍び寄り、投げ槍や蛮刀、毒矢や鉄砲で殺傷する事件が続発した。族長はアバカの着物を着、頭にしばりの鉢巻を巻く。鉢巻は何人かの敵を殺めた勇者の特権で、首を刈って帰ると英雄とみなされた。六〇〇〇人もの日本人が犠牲になり、集落の門には日本人の首が並べられたという。[*4]

三枚目の写真にも頼介はいない。司氏がこの写真をご覧になった母上から確認を得たところでは、日本人以外はすべて服装・体格・顔つきからしてバゴボ族に間違いないとのことである。中央

［写真2-6］松原知一一行とバゴボ族（藤井よし子氏提供）

の男性は族長か、それより上の「偉い方」（右隣が知一）で、二列目左端の二人の子どもと、右端の女性（夫人か？）は「とてもオシャレ」で、華やかな服装やアクセサリーにバゴボの特徴が表れているという。族長やその家族となると「ヘンテ（労働者）」ではありえず集落から出ることはない。松原組が集落を表敬訪問したのかもしれない。

この写真にはもう一点謎がある。丸髷の日本女性である。耕作地の日本人は大半が男性で、女性は珍しい。この女性は、もう一枚、現地民族との記念写真にも登場している。こちらの現地民族はジャングル奥地に住むアエタ族で間違いないとのことだ。

さて頼介は、移民につき「話が違った、あてが外れた」と言っていた。これは何を意味するのか。一つ考えられるのは、一九一八年の第一次大戦終戦とともに起きたマニラ麻価格の暴落である。四九頁のグラフによれば、松原兄弟が渡航し

［写真2-7］アエタ族をジャングルに訪ねて（藤井よし子氏提供）

た一九一七年には四〇・〇ペソ、一九一八年（松原組植付写真の大正七年）には四九・二五ペソまで高騰した麻価格は、そこから翌一九一九年には三六ペソまで暴落、いったん持ち直したものの一九二一年には一七・一四ペソへと底なしの急落をしている。それに合わせ、ダバオ滞在者は一九一八年から一九二一年までに三〇〇〇人も減っている（七三五〇人から四二六五人へ）。新移民たちは浮き足だって帰国したのだ。「開墾記念」写真は難業の成果ではあったけれども、その時点で兄弟のマニラ麻事業は危機に瀕していたのだった。

これら四枚には知一しか写っていないから、頼介は一九一七年内、もしくは一九一八年にも早々に帰国したのであろう。ダバオは昭和に入り南洋移民の中心地となり戦前には二万人の日本人がいたとされるが、それはマニラ麻価格が一九二二年以降に持ち直したことと、日本人が麻以外の生産・貿易に向かっていったことによる。司氏が提

［写真2-8］1920年頃のダバオ市内。建物は病院か（司凍季氏提供）

供して下さった写真2－8には、白いスーツでキメた男性と優雅に座る女性が自動車とともに写っている。まるで映画の一シーンのようであり、これほど格好良い日本人が大正時代のダバオに存在したとは驚きだ。一九四〇年頃のビデオ映像（TBS報道特集一九九四年八月放映）が残っているが、日本人たちはT型フォードに乗りゴルフやダンスに興じて、裕福な暮らしぶりであった。しかしその日本人たちは司氏の『椰子の血』が描くフィリピン全土での日米決戦（一九四四年一〇月～四五年九月）により、この世の地獄を見ることになる。それは松原組が引き上げてから四半世紀も後の出来事であった。

もう一つ考えられるのは、ブラジルなどとは異なり、日本人はフィリピンで土地を買えなかったことである。これは太田恭三郎の存命時に宗主国である米側知事が言い出したことで、フィリピンの土地法では外国人に土地所有権利なし、というのである。勤勉な日本人に土地所有を認めると根こそぎ取得されてしまうという恐れがあったのだろうが、しかし日本人にとっては地主になれないなら利益は不安定にすぎる。

そこで太田が「栽培請負制度」(パキアオ・システム)を考案した。買収していた土地は無償で政府に返すが、すでに入耕している日本人の開墾権は政府が認め、収穫の一〇%を政府に納めるという妥協案である。それにより日本人に自営者が生まれていった。また法人組織であれば外国人のものであっても官有地を買収できるということで、「土地会社」が増加する契機になった。

太田恭三郎は一九一七年の一〇月、つまり頼介が到着した半年後に四一歳で亡くなっている。

［写真2-9］ミンタルの太田恭三郎顕彰碑(著者撮影)

写真は二〇一五年に私がミンタル(日本人は民多留と表記した)で撮影した、太田の業績を称えた顕彰碑である。彼は流暢な英語とスペイン語を駆使して、日本人がアメリカ・フィリピンと掛け合うのに尽力した。

太田が開拓し、「日本人の麻山」とみなされたのがダバオ北西部に位置するギヤンガ高原で、同地は地味肥沃で施肥の必要なしとされる土地柄である。そこからはフィリピンの最高峰であり聖なる山とされるアポ山を仰ぎ見ることができる。何の根拠もないが、兄弟が麻を栽培したのはそのあたりではないかと思う。

松原組が土地会社であったとしても、やはり個人として土地を持つことはできない。多くの日本人はバゴボ族の女性を内縁の妻とし、しかし籍は入れないで女性にフィリピン籍のまま土地を持たせた。そうした道は帰国する意思のない日本人たちが選んだものであった。それに対し、もともと故郷の山口県に土地を持つ頼介らには、麻価格暴落を目の当たりにして、さらにダバオで活路が開かれるとは思われなかったのであろう。*5

こうして頼介は帰国することになるが、ここにも疑問がある。なぜ頼介は神戸に住み着いたのか。祖父はそれまで、まったく神戸とは縁がなかったはずだ。四二頁で述べたように、濠洲線であれば長崎を出るとマニラにつき、ダバオは次の港である。帰国はその逆で、長崎に戻る。それから鋳銭司に戻ったなら、土地勘のない神戸に住む理由が分からない。

しかし比律賓線の航路から、この謎は氷解した。その帰路は逆回りにダバオ―サンボアンガ―セブ―マニラ―高雄―基隆と台湾まで戻ってくる。ところがその次に、船は長崎には寄港しない。長崎を飛ばし、基隆から神戸に向かうのだ(基隆―神戸―大阪―横浜)。頼介は、日本に戻ってきた。そして未知の地である神戸に足を踏み入れたのである。

第三章　労働者のるつぼ・東出町

頼介はフィリピン・ミンダナオ島のダバオから、帰国した。一九一八(大正七)年であれば、一一月には第一次世界大戦が終結している。ダバオでマニラ麻の価格が暴落して、多くの日本人労働者がやはり帰国の途についていた。頼介は二〇歳であった。

さて乗船した大阪商船の外航客船は、がんぢす丸・めき志こ丸・しかご丸のいずれかである。[*1]ネットには豪華客船につき詳細に調べるサイト[*2]が公開されていて、これら三隻の詳細なデータが掲載されている。

がんぢす丸は一九一八(大正七)年六月に竣工しているから、少なくとも往路は除外される。「しかご丸」は一九〇九(明治四二)年に神戸の川崎造船所で建造された六一八七トンの客船だが、神戸・フィリピン航路に就航したのは昭和に入ってからとされる。とすれば頼介が乗船したのは「めき志こ丸」、一九一〇(明治四三)年に長崎の三菱造船所で竣工の六〇六四トンであろう。写真の巨大客船だ(一九四四年、フィリピン南方のセレベス海で米潜水艦JACK-SS259の雷撃により沈没、八四七名が死亡)。「起業の第一歩はうまく行かなかった」と、頼介は浮かぬ顔でこの煙突が吐く煙を見つめていたのだろうか。

そして二週間の航行を経て、上がった陸は神戸であった。大正時代いっぱい、移民には出航前に「移民宿」に宿泊して手続きを整える習わしがあった。だから頼介が長崎で移民宿に宿泊したことは間違いなく、帰国時にも移民宿にお世話になった可能性は小さくない。神戸についてはまったく土地勘がなかったからだ。

神戸には、一〇年後の一九二八(昭和三)年になって国立の立派な「国立神戸移民収容所」が開設されている。主にブラジルを目指す移民が渡航前の一〇日を過ごす施設で、診察室・薬局・身体検査室・治療室・医務室・検鏡室などの設備が整い、各種予防接種や寄生虫の検査、消毒が行われた。食堂や浴室も備え、大講堂ではブラジル事情や語学、洋服の裁縫から洋食の食い方に至るまでの講習が行われた。六〇〇人を収容でき、ブラジル移民を扱った第一回芥川賞受賞作である石川達三の『蒼氓《そうぼう》』には、この施設が描かれている。

[写真3-1]めき志こ丸(大阪商船)。同社発行の絵葉書より

《一九三〇年三月八日。

神戸港は雨である。……三ノ宮駅から山ノ手に向う赤土の坂道はどろどろのぬかるみである。この道を朝早くから幾台となく自動車が駆け上がって行く。……この道が丘につき当たって行き詰まったところに黄色い無装飾の大きなビルディングが建っている。……是《これ》が「国立海外移民収容所」である》

この建物が先に触れた「海外移住と文化の交流センター」で、トアロードを上がったところに現存している。威風堂々たるビルで、現在

［写真3-2］神戸館支店内航部

はブラジル移民との交流センターの役割を果たしている。どうしてこのような施設が建造されたのかというと、大正時代までの民間の移民宿は南京虫の巣窟であり、不衛生で費用も不当に徴収するものが多く、これから国外に移住しようかという人々にとって不適切とみなされたからである。それらの移民宿は港にほど近い栄町や海岸通、元町に点在した。しかし昭和に入り豪華な「移民収容所」が開場するといずれも経営が困難になり、消えていった。したがって船で一九一八(大正七)年頃に帰国した頼介が宿泊したとすれば、消滅前の移民宿であろう。西東三鬼《さいとうさんき》の『神戸』に登場するホテルのように怪し気な印象がある。

「神戸館支店内航部」(海岸通4丁目)、「移民宿神戸館」(栄町6丁目21)、そして「薩摩屋旅館」(海岸通3丁目、昭和一〇年)の写真を入手できたので掲げておこう。

頼介は私の妹(孫・弘子)になぜ神戸に来たのかと

聞かれて、「京都に出ようと思っていたが神戸にいつくことになった」と語ったという。ダバオから帰国する船を降りた地が神戸で、その場で何らかの手がかりを得たのなら、神戸に定住して不自然ではない。頼介は移民宿で南京虫の歓迎を受けたのかもしれない。

頼介はしばらくして東出町《ひがしでまち》に向かう。東出町周辺は、戦後においては川崎重工という大企業と浮沈をともにした町である。しかしそれは後年から見た話であって、大正時代のこの町を説明するには誤解を招く表現だろう。当地は、明治から大正期にかけて神戸の近代がそこに芽生え、発展するるつぼとなった土地であった。膨大なエネルギーをまき散らすこの町に、しかも第一次大

[写真3-3]移民宿神戸館(神戸市文書館提供)

[写真3-4]薩摩屋旅館(神戸市文書館提供)

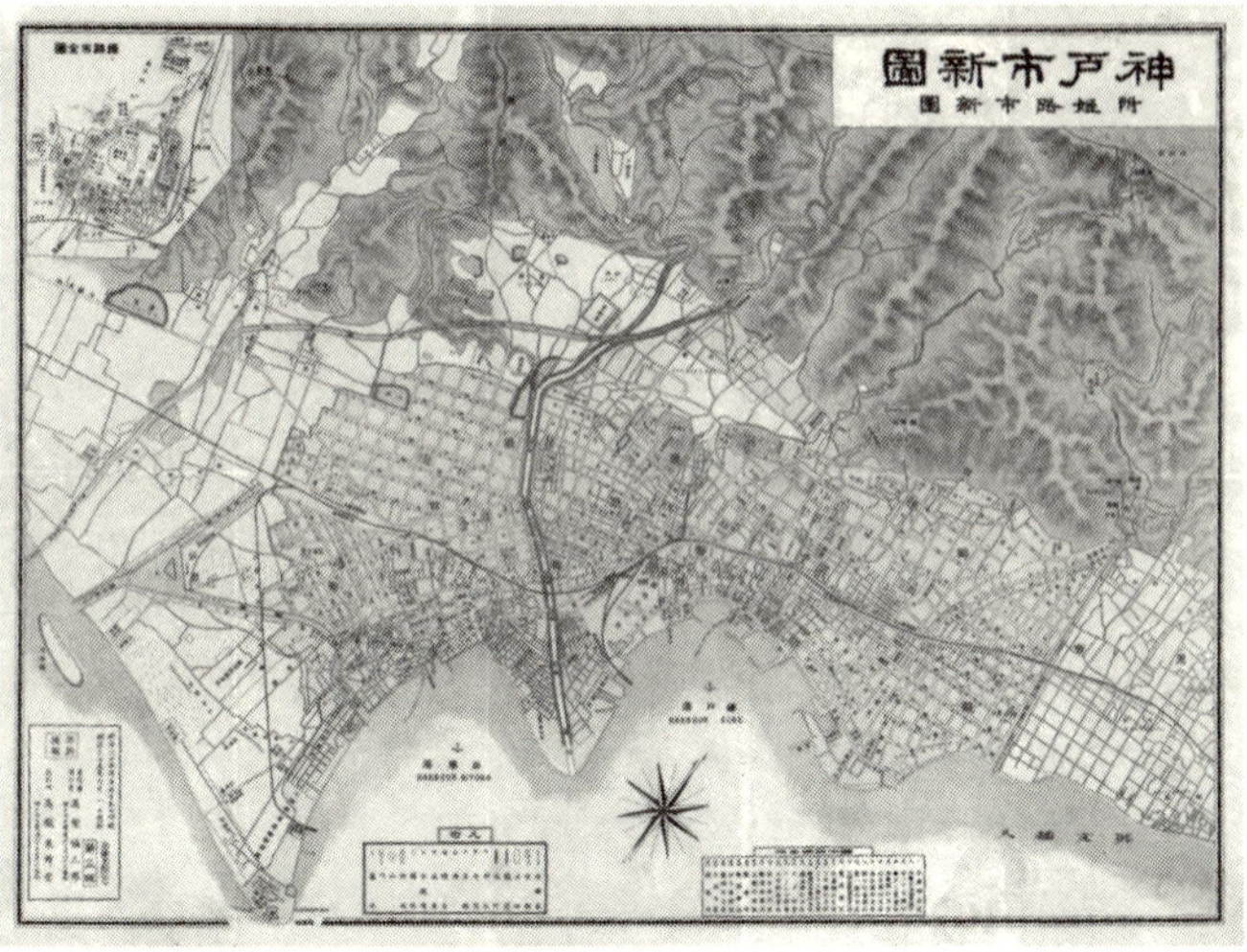

［図3-1］明治35年「神戸市新図」（国際日本文化研究センター所蔵）

戦でもっとも熱量が多かった一九一八（大正七）年頃、二〇歳になった頼介は住み着いたのだった。

明治期における日本の近代化を象徴する都市である神戸市は、二つの原動力によって発展した。一つが居留地の外国商館を通じた外国との貿易であり、もう一つが商品の製造である。この二つは地理的には二つの港が担っていた。神戸港と兵庫港で、併せて現在では神戸港と呼ばれているが、一九〇一（明治三四）年までは湊川で二つに分断されていた（図3－1）。湊川の西岸が平安時代には平清盛が日宋貿易を行うために整備し、室町時代には足利義満が日明貿易の拠点とした兵庫津《ひょうごのつ》である。東岸が神戸港だ。

かつて兵庫城を擁した兵庫津は、一八七五（明治八）年に一〇〇〇メートルの開削工事を行い、船溜や荷揚場としての新川運河を設け、兵庫港となって国内交易に当てられた（内務省指針）。

［図3-2］創生期の川崎造船所の通勤風景（川崎重工業提供）

兵庫港の東端すなわち湊川の西岸にあるのが東出町・西出町（兵庫城の城下町に対し、「出町」の意）、西端は和田岬で、一九〇五（明治三八）年、三菱合資会社の神戸造船所がそこに作られた。

湊川を渡って東岸に位置したのが一八八六（明治一九）年に官業貸し下げとなった川崎造船所だった。図３－２は創生期の川崎造船所の通勤風景を描いたタペストリーで、湊川の河口近くの橋を従業員たちが渡る様子を描いている。湊川東岸にあってこの川崎造船所とそこへ通勤する所員・職工が通勤で用いた神戸駅との間にあるのが東川崎町で、周囲は操車場に囲まれていた。

明治時代の神戸市は、人口が爆発的といえるほど増加した。二五七頁のグラフにあるように、一八九〇（明治二三）年には約一四万人、一八九七（明治三〇）年には一九・三万人、一九〇六（明治三九）年に三四・六万人、そして一九二〇（大正九）年ともなると六〇・八万人を抱える急成長ぶりである。頼介が移民に失敗して立ち寄った神戸には、余剰労働力を吸収し続ける利潤の泉が生み出されつつあった。

一九世紀初頭に蒸気船が開発され、一八五〇年代に鉄製汽船が製造されると、遠洋の航海が可能になる。ペリーの黒船に日本人が驚愕したというのは、それまで沿岸を航行する木造船しか見たことがなかっ

［写真3-5］明治末期の「メリケン波止場」（神戸市文書館提供［神戸港振興協会所蔵］）

たからだ。大きな汽船は港が整備されていないと着岸できず、国際貿易用に開港した神戸港の沖に碇泊させられた。上の写真は明治末期の頃の神戸港。沖の汽船が接岸していない様子が見てとれる。

そこで艀《はしけ》を汽船に近づけ、貨物を積み降ろし、艀を桟橋へ曳《ひ》いて戻り貨物を積み降ろす。そうした二段階の荷役が必要になっていた。

後者の艀から港へは浜仲仕《はまなかし》による従来通りの「沿岸荷役」だが、前者の汽船から艀への貨物積み降ろしとしての「船内荷役」や「艀荷役」はそれまでになかったもので、沖仲仕《おきなかし》が従事した。つまり沖仲仕は、明治の開港以降に発生した仕事なのである。重い荷物は艀で運ばれた。エンジンを積まず自力で航行できないため、タグ・ボートによって牽引される平底の船である。写真は神戸港の「はしけだまり」である。沖仲仕はこうした艀の上で作業を行った。何もない海岸に居留地が置かれた

［写真3-6］昭和40年頃の艀だまり（神戸市文書館提供［神戸港振興協会所蔵］）

ために外国船が沖に碇泊し、沖仲仕が艀で荷揚げを行って、神戸港は賑わっていった。

この沖仲仕は大変な重労働であった。一二時間といった長い労働はザラで、ネコと呼ばれる手押し一輪車で四〇貫（約一五〇キログラム）を引いたり、米を二〇〇キログラム近い麻袋（ドンゴロス）に入れて担ぎ、歩み板を渡ったり、一〇メートルを超える高さで積み降ろしたりと、危険と背中合わせの仕事であった。北九州・若松港では「沖の権蔵（ゴンゾ＝沖仲仕）が人間ならば、チョウチョ、トンボも鳥のうち」と謡われたほどである。しかし熟練は不要であったため、命知らずの力持ちであれば誰でもできる仕事ともいえた。

沖仲仕の供給は、何らかの組織が担当することになる。その経緯に触れた宮崎学『近代ヤクザ肯定論』（筑摩書房、二〇〇七）によれば、一八九九（明治三二）年に元請け（ステベ業）として認可されたのはニッケル商会、神戸桟橋、兵庫運輸、上組、クリステンセン商会、ライオンス商会の六社であった。そして下請けとして実際に荷役を行う労務者を束ねたのが「組」であった。

沖仲仕に対する需要は沿岸航路のように定期的なものではなかった。大型の外国船が入港すると人夫(人足)が二〇〇〇〜三〇〇〇人も必要になる。そのため沖仲仕を組織する組は固定的に頭数を抱えるだけでなく、繁忙期にも柔軟に対応しなければならなかった。元請けは変動する労働需要のリスク管理を下請けに転嫁した。それに対し下請けの「組」は、人足を類別することで対応した。正社員である「常人足」と人夫部屋に所属し必要に応じて部屋単位で仕事をする「部屋人足」を区別し、確保したのである。それに加えて繁忙期には、身元の保証もなく立ちん坊で日雇い仕事を求める「買人足」も古湊通《こみなとどおり》の木賃宿や貧民地区から連れていった。

部屋人足は、口入れ屋の紹介で親方が下宿屋に住まわせた。一四〜一五畳のひと部屋に二五人も押し込められ、せんべい布団で眠りについた。労賃は親方が預かり、下宿代・草鞋銭《わらじせん》を差し引いた残りが支給された。下宿屋では夜ともなると賭博が開帳された。

戸籍もない流れ者を騙したり脅したりするには暴力が用いられた。そうした下宿屋は神戸に三〇〇もあったとされる(正延哲士《まさのぶてつし》『昭和の侠客』ちくま文庫、二〇〇二)。下請けとしての「組」は大手元請けに直属し、「縄張り」を暴力で守った。そうした暴力による支配は、ヤクザがよくするものであった。近代労働市場におけるリスク転嫁をヤクザが担ったという主張は宮崎学(二〇〇七)によるが、同書の紹介する各種資料によると、一八九八(明治三一)年で神戸の人口は二三万五〇〇〇人で仲仕は約一万三〇〇〇人、うち沖仲仕は男七二五〇人・女二五〇人、一九〇五(明治三八)年に常用仲仕はその約一割で、九割が臨時雇いだった。「組」は神戸地区で九一組、兵庫地区で六九組を数えた。

一九一五(大正四)年、西出町二丁目で一家を構えた人物がいる。山口組の初代、山口春吉《はるきち》である。淡路島の元漁師である山口春吉は、買人足から倉橋組の部屋人足、棒心(現場監督)から組頭へと出世し、自立して山口組を開いた。山口組は瓦葺き・格子戸の民家で産声を上げたのだった。それは当初、下宿屋の一つであった。そこから沖仲仕を港湾に供給したのである。

こうしてみると、神戸港から湊川を渡ったあたりに位置する西出町で山口組が発足したのは必然ともいえる。しかし一九二五(大正一四)年になると春吉は仁義の道を二代目の登に譲り、「山口組合資会社」の社長に就く。一九三二(昭和七)年に神戸中央卸売市場が開場すると、鮮魚と鶏卵の運搬作業を独占する(宮崎学[二〇〇七])。外国人の経営する請負業者の下でリスクを押しつけられるのでなく、対等の契約を結びうる分野に進出したのだといえる。

もちろん神戸の産業は、貿易だけではない。東出町の周辺には巨大な企業が生まれていた。ひとつは川崎造船所、のちの川崎重工である。一九〇四(明治三七)年の日露戦争以降、二大海運企業である日本郵船・大阪商船が定期航路を拡張、所有船が大型化して、川崎造船所への需要が拡大した。反動恐慌によりいったん減ったものの職工数は一九一二(明治四五)年で九八六九人を数えた。一九一一(明治四四)年の神戸市内の職工総数が三万三〇〇〇人であるから、明治末には川崎造船所が神戸市内の職工の四分の一強を雇用していた(『新修神戸市史』産業経済編Ⅱ、五〇頁)。

川崎造船所は一九〇六(明治三九)年、鉄道車両生産を行うため和田山通に「運河分工場」を設けた。これは翌一九〇七年には鉄道部と鋳鋼部からなる「兵庫分工場」、一九一三(大正二)年には「兵庫工場」となった。この鋳鋼部が川崎造船所の製鉄部門で、戦後に川崎製鉄となった。水島(岡山県倉敷市)に工場を移した際、その跡地を松原頼介が買収することになるが、それは半世紀以上のちの話である。

川崎造船所に遅れて一九〇五(明治三八)年、和田岬に三菱合資会社が神戸造船所を開設した。これは日本郵船からの船舶修理需要に応えるためで、近辺の官有地・民有地を買収した。職人の期待も大きく、志願者が一日で一〇〇人も殺到したという。この頃になると神戸近辺では造船所にかかわる多様な熟練職人の労働市場が形成されていた。川崎造船所の内部でも製鉄・車両と工場が分化していったし、さらに神戸市内では紡績・羊毛・ゴム・製粉など様々な製造業が自立しつつあった。多様な職種が川崎造船所および三菱神戸造船所を起点として創出されていたのであり、この二社が位置したのが兵庫港の北端(湊川の東岸)と南端だった。東出町は神戸市の経済が離陸してゆく中心部に位置していたのである。

明治時代の地図に印を付ければ、□が居留地、○が川崎造船所、△が三菱造船所である。

さて明治期には最底辺の生活を送る窮民が神戸の巷に溢れた。彼らは日銭を稼ぎそれを最低限の衣食住に使うだけだった。そして現長田区あたりには次第に零細なマッチ産業が定着してゆく。明治も末に近づくと川崎・三菱造船所を中心とする重工業が自立し始め、労働者の家計にはいくらかでも楽しみに金を使う余裕が生じてきた。それを吸収したのが、つまり神戸が消費社会化する端緒となったのが、「新開地」であった。「新開地」は、湊川を埋め立てた跡に忽然と現れた。

新開地は、生産したものが賃金収入や投資によって消費されるという自律的展開を果たす時期に神戸の経済が至ったことを象徴する場所であった。

新開地を出現させた湊川の付け替え工事は、一八九七(明治三〇)年に起工している。それ以前から市内外の実業家により、神戸市を分断しており交通の便を妨げている湊川について、付け替え工事の出願がなされていた。そこへ一八九六(明治二九)年八月三〇日、悲惨な水害が発生した。

詩人で新開地の人情をこよなく愛した林喜芳《きよし》の『わいらの新開地』(冬鵲房《とうじゃくぼう》、一九八二)は当時の新開地周辺を生き生きと伝えてくれるエッセイ集である。林によればもともと東川崎町のあたりは湊川から流れ出る砂の作った洲を利用した埋め立て地であり、「しんでん」と呼ばれていた。東川崎小学校は「しんでんがっこ」であり、「どてした」とも呼ばれた。湊川は天井川で、堤防の高さは六メートルもあり川底よりも人家の屋根が低かったのである。それだけに、堤防が切れると急流が溢れだした。

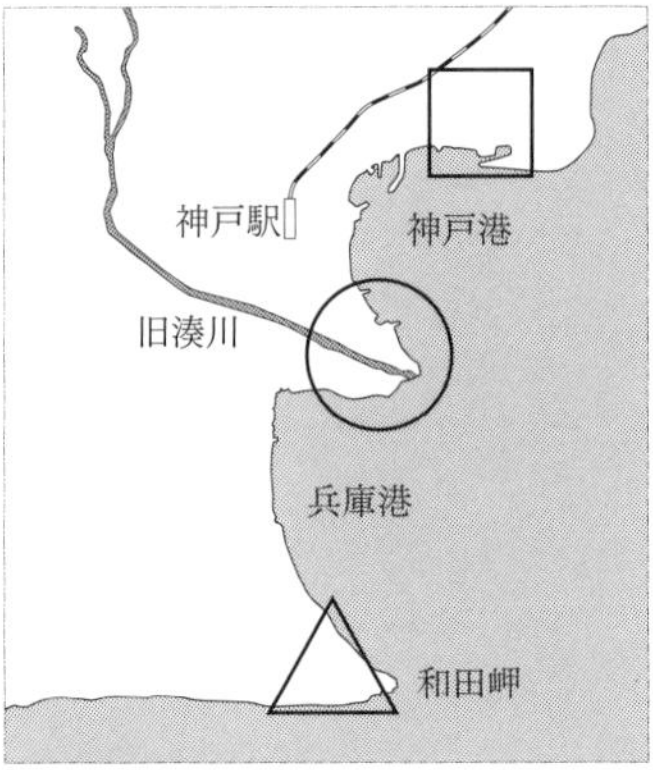

[図3-3]□＝居留地、○＝川崎造船所、△＝三菱神戸造船所

林の母親によれば、その水害で東川崎町まで「おやまがぎょうさん流れてきよった」。ぎょうさんとは仰山、たくさんのこと、おやまとは遊女・女郎である。鉄砲水が天井の高さで流れ込み、福原遊郭の娼妓には逃亡を恐れた楼主によって柱に縛り付けられ、溺死する者もあった。氾濫は一八七〇(明治三)年から一八九七

(明治三〇)年までに二一回も起きたというから、抜本的な対策はいずれ必要であった。

新湊川への付け替えは一九〇一(明治三四)年に完成した。湊川は山から下りてくる天王谷川《てんのうたに》と石井川が麓で合流して以南の名称だが、その合流地点で市街を南下させず、山に沿って西に這わせた。さらに日本初の河川トンネルである会下山《えげやま》トンネル(湊川隧道)を通し、苅藻川《かるも》と合流させて和田岬より西の海へ流すという大がかりな工事である。四五〇万個の煉瓦を泉州から船で神戸港へ運び、陸送して手積みしたという。当時の有数の土木技術者がかかわり、施行は大倉組、後の大成建設が担当した。

さらに旧湊川の埋め立てと堤防の切り崩しが一九〇五(明治三八)年に完成して、巨大な帯状の砂原が忽然と出現、「湊川新開地」と名付けられた。現在の湊川公園は一九一一(明治四四)年に開園している。新開地は、現在でいえばその南側からJRの線路あたりまでを指す。

さてこの湊川公園は、開園してまもなく香具師《やし》のたまり場となった。涼を求める客、当て込む女郎、屋台の関東煮(おでん)に燗酒、踊りや角力、ヘンな博覧会で、大賑わいを呈した。

やがて湊川神社が香具師を閉め出すと、賑わいの中心地はその南の新開地に移り、香具師の弁舌が群衆を招き寄せた。新開地には次々に芝居小屋や活動写真小屋が立ち並び、明治末頃の正月三が日には四〇万人の人出があり、一館で六〇〇〇人の入場者を得たという。

ちょうど日本映画の勃興期にも当たり、一九〇八(明治四一)年に初の本格的な劇映画である『本能寺合戦』が牧野省三によって制作され、初の映画スターとされる尾上《おのえ》松之助(目玉の松ちゃん)主演の『忠臣蔵』は一九一〇(明治四三)年に発表された。

一九一三(大正二)年には「西の帝劇」と呼ばれる聚楽館が神戸の有力者の出資で建設された。電気がようやく普及し始めたこの時期、新開地ではアセチレンガスから電灯、ネオンサイン、蛍光灯が光を放ち、聚楽館は時にライトアップされた。こけら落としには七世松本幸四郎が出演、以後、東京で評判を取った舞台の大半が再演された(戦後にはルイ・アームストロングも公演している)。毎日のように通って映画を観た映画評論家の淀川長治《ながはる》は、新開地を「神戸文化の噴水」と形容している。当時の「カツドウ写真」興行は、ニュース・喜劇・新派(現代劇)・旧劇(時代劇)によって構成された。小屋は昭和初期の最盛期には二四館を数えるまでになった。

[写真3-7] 1908(明治41)年の湊川公園あたり。『湊川新開地ガイドブック』(新開地アートストリート実行委員会、2005、24頁)より

次頁の写真は大正から昭和初期にかけての新開地本通り。左から朝日館、菊水館、松本座。

推理作家の横溝正史が旧湊川の埋め立てにより東出町に隣接するようになった東川崎町の様子と、幼少期を回想している(『横溝正史自伝的随筆集』角川書店、二〇〇二)。明治末から大正初頭にかけての情景である。

《……私の記憶にのこっている当時の東川崎という町は、およそ柄の悪い町であった。そこに住むひとびとは川崎造船所

［写真3-8］新開地本通り（大正期と思われる）。左から朝日館、菊水館、松本座（和田克巳編著『むかしの神戸』神戸新聞総合出版センター、1997、182-183頁より）

の職工さんか事務員、あるいは私の父のように造船所の下請け工場の従業員、あるいはそれらのひとびとに依存している商家、それにもうひとつ大きな特徴は、下宿屋というのがたくさんあった。

（中略）では、わが東川崎の町にたくさんあった下宿屋とはどういうものかというと、それは一種の人入れ稼業であった。親方がいて多いところでは二、三十人、少ないところでも四、五人、若い屈強な男を養っていて、親方が仕事を取っておき、仕事があると下宿人をそこへ差し向けるのである。仕事の多くは沖の荷揚げ作業で、こういうのを港湾労働者と呼んでいた。

（中略）若い屈強の男たちだし、たいていは知らぬ他国から流れてきたひとびとだから気性も荒く、喧嘩殺傷沙汰が絶えなかった。

（中略）大正三年、即ち私の小学校六年の年、第一次世界大戦がはじまってから、日本が漁夫の利をえて、おいおい経済力が充実してきたとみえ、そういうことも珍しくなってきたが、それ以前にはよく自殺騒ぎがあったものである。……トンネルから山陽本線の上り下りの列車をめがけて、飛び込み自殺をするのである。……轢断《れきだん》された四肢が散乱しているのを見たことがある。あたりはむろん血まみれであった。

(中略)私のうまれて育った町はそういう面白いといえば面白いが、貧しくて柄が悪く、殺伐な町なので、もしそこにうまれて育った子弟でも、県立商業学校でも出て、ふつう一般のサラリーマンにでもなろうものなら、さっさと他の町へと引っ越していくのであった。》

林喜芳も似た表現をしている。大正時代も第一次大戦が勃発するまでの東出町・西出町・東川崎町の住民は、「実にみじめ」な生計であった。「定職とてなく、沖仲仕やアンコと呼ばれる臨時人足」の男の収入では生活できず、多くの家庭は共働きであった。男は怠け者で博打を打ち、警官が博打場を急襲すると「あみがおりた」と一目散に逃げ、妻は「マチ貼り(マッチ函加工の手内職)」をやめて日銭の稼げる「ゆうひつ」(税関構内で穀類の袋の穴修理)や「豆より」(クズ豆を手撰りでつまみ出す)に職を換えるしかなかった。

それでも造船所やその東の蟹川を挟んでさらに東に位置していた鉄道の修理工場の職工であれば、給与は安定していた。しかし「どてした」には、それら大工場に勤める人が少なかった。というのも採用条件には体格検査や身元審査・義務教育修了証明が必要で、戸籍謄本や履歴書・身元保証人を得るには識字の怪しい人々はヒッシャ(代書屋)に手紙を書いてもらうしかなく、それが面倒な人たちは日銭がもらえる臨時人足やケレンケレン(修理船の錆落とし)に就くしかなかったからだ。横溝が述べるように、大戦前には自殺騒ぎも稀ではなかったのである。

現在は新開地から南下するとJRを越え、さらに阪神高速三号神戸線を潜ると、東川崎町と西出町を分ける道に出て、東川崎町七丁目となる。そのまま直進すると川崎重工(造船所)の正門に至る。この通りは神戸駅、新開地と川崎造船所を直線で結んでいる。一四頁の写真のように朝と夕、往復する人の波は奔流怒濤のようで、道に溢れる人で埋まった。その光景は戦争を経て昭和いっぱい変わらなかった。

とくに七時五分前のポー(汽笛)が鳴ると、我先にとみんなが駆けだし、足音が鳴り響いた。七時ちょうどに二度目のポーが鳴ると、重い正門が閉まり、それ以後は誰一人入門させない、遅刻を許さない決まりだった。正社員はそれだけの自覚が求められる職位であった。職工は木綿の菜っぱ服、油で汚れた作業衣だったが、大正時代に社長であった松方幸次郎は、馬車で造船所に出社していたという。

横溝家は東川崎町内で何回か転居しており、明治末頃にはこの通りの七丁目で薬箪笥を二、三並べ、氷嚢用の冷やし袋(牛の膀胱)を吊して生薬屋《きぐすりや》を営んでいた。母と正史は畳にちょこんと正座して客を待ち、深夜一二時過ぎまで店を開けていた。夜の人の流れはのんびりと流れ、新開地で活動写真の絵看板を眺めてから帰路についた。横溝の生薬屋は、そうした人の流れを顧客としていた。横溝はそれを「閉鎖されたような暗い町」の「暗い思い出」と呼んでいる。

都会というには雑然としたこの東出町に、第一次世界大戦による空前の好景気が訪れた。それにつられてか、松原頼介は住み着いたのだった。山口県鋳銭司《すぜんじ》の実家から分家して本籍を東出町に移したのは一九二五(大正一四)年一〇月三〇日。二箇月ほどで結婚しているからこの転籍は結婚に備えてで、この町にはそれ以前から、おそらくは一九一八(大正七)年の帰国頃から住んでいたものと思われる。

今にして思えば、頼介とともに大正時代後半にこの土地の空気を吸った人の顔ぶれが凄まじ

［写真3-9］東出町、稲荷市場前のサカエ薬局。1985年頃(流通科学大学提供)

い。西出町の山口春吉(一八八一〜一九三八)は一九三〇年に切《きれ》戸《と》町《ちょう》に組が転出するまで。東川崎町の横溝正史(一九〇二〜一九八一)は江戸川乱歩の招きで一九二六年に上京するまで。西出町の東山魁夷《かいい》(一九〇八〜一九九九)は東京美術学校に進学するまで。東出町の中内㓛(一九二二〜二〇〇五)は戦後に大阪平野町の「サカエ薬局」に勤務するまで。中内は四歳でこの地に転入しているから、その一九二六(昭和元)年には、のちに日本最大となる暴力団の創始者、昭和を代表する大ミステリー作家、洋画の巨匠、流通革命家がこの狭いエリアにひしめいていたのだ。そこに頼介も加わった。年齢でいえば、一九二六(昭和元)年の時点で山口春吉が四六歳、頼介が二九歳、横溝が二四歳、東山が一八歳、そし

て中内が四歳である。

実家のサカエ薬局が稲荷市場を出て筋向かいにあったダイエー創始者の中内㓛は、インタビューに応え昭和初頭の東出町につき回想している。[*3] 酒屋はカウンターで升に酒を入れて売り、落花生をつまみに泡盛を飲めば喧嘩が始まり、公衆浴場では男たちが倶利迦羅紋紋の入れ墨の自慢をし、稲荷神社のビリケン様には港湾人夫を相手とする福原遊郭の女性たちが夜な夜なお参りした、というのである。

彼らは一様にこの町の空気を吸って育ち、この町を後にした。この町は誰もが生きることを可能にするのと同時に、野心家はそこから出て行くことを願ったのである。それは神戸という大都会が成り立つ秘密にもかかわる論点で、本書の最後に再述することとしよう。

一九一四(大正三)年に第一次世界大戦の火ぶたが切られると、この町は好況に沸き立った。日本企業は欧州からの供給が途絶えたアジアへ食料や日用品・軍需品を土砂降りのように輸出し始める。日本は明治以来、国際収支の赤字に悩まされてきたが、この輸出増で貿易収支が一九一八(大正七)年まで黒字になり、初めて純債権国となった。これがどれほどのことかというと、次に純債権国となるのは戦後も高度成長期を経た一九七〇年代だったほどだ。

林喜芳によれば、立春ともなると、新開地では飲食店の仲居や女中・給仕人が仮装した。男は女装、女は男装で、「お化け見物」「お化けヤ、ちょうさヤ」と騒いで練り歩いた。「稲荷市場」の隣の松尾稲荷は水商売や艶福の守り神とされ、新開地の人がはける夜更けともなると芸伎やカフェーの女給、小料理屋の仲居が、客と連れだってお詣りした。狭い境内は脂粉の匂いと嬌声で大賑わいとなり、賽銭は湊川神社(楠公サン)が年間で一万円を平均とするのに対し六〇〇〇〇円に上ったとされる。双方の規模を知る人であれば、この稲荷神社の健闘ぶりは信じ難いだろう。東川崎町から稲荷市場まで三〇メートルほどの小路には辻占いが三軒立ち、「男心」「女心」と書いた紙を貼りだした「胡蝶屋文八」前には人が渦巻いて、歩けぬほどの大混雑となった。

このように騒然たる町の周辺で、頼介が目のあたりにしたのではないかと思われる事件がある。ひとつが、一九一八年に勃発した鈴木商店の焼き討ちだ。鈴木商店は鈴木岩治郎が一八七四(明治七)年、神戸の弁天浜(今のハーバーランドの弁天町交差点付近)近くの海岸通で創業した商社である。当初は居留地を介する洋糖商だったが、樟脳や薄荷も扱うようになり、明治中期には貿易商として名を知られるようになった。ところが岩治郎が一八九四(明治二七)年に五二歳で急逝、番頭格の金子直吉《なおきち》が実質的な支配人となると、同年の日清戦争で日本の植民地となった台湾で樟脳の生産にも乗りだし、以降、精糖・製粉にも手を広げ、工業の多角経営を目指すようになる。

金子の積極経営は当たった。第一次世界大戦が勃発すると、ロンドン支店に墨痕鮮やかな手紙を送りつける。「この戦乱(第一次世界大戦)の変遷を利用し大儲けを為し、三井三菱を圧倒するか、しからざるも彼らと並んで天下を三分するか、これ鈴木商店全員の理想とするところなり」という大号令(「天下三分の宣言書」)である。

鋼材・銑鉄・船舶・小麦などを一斉に買えと発破をかけたわけで、世界各地で買いつけた貨物を船ごと売り渡す「一船売り」の荒技を駆使し、鈴木商店は一九一七(大正六)年の絶頂期には売上で三井物産の一・五倍を記録するに至った。《スエズ運河を通る商船の半分が、船中に鈴木のトレードマークをつけた品物を積みこんどる、と言われた》（玉岡かおる『お家さん』新潮文庫・上巻、二〇一〇）ほどであった。

だが、出る杭は打たれる。終戦の一九一八年に特需がはげ落ち「反動恐慌」状態となると、鈴木商店は富山の主婦による米店襲撃から全国に拡がった「米騒動」の標的となった。朝日新聞は米の買い占めを書き立て、騒動をあおった。注目されるのはそのとき群衆に襲われた鈴木商店本店の所在地で、このとき東川崎町一丁目の「みかどホテル」に移転していた。

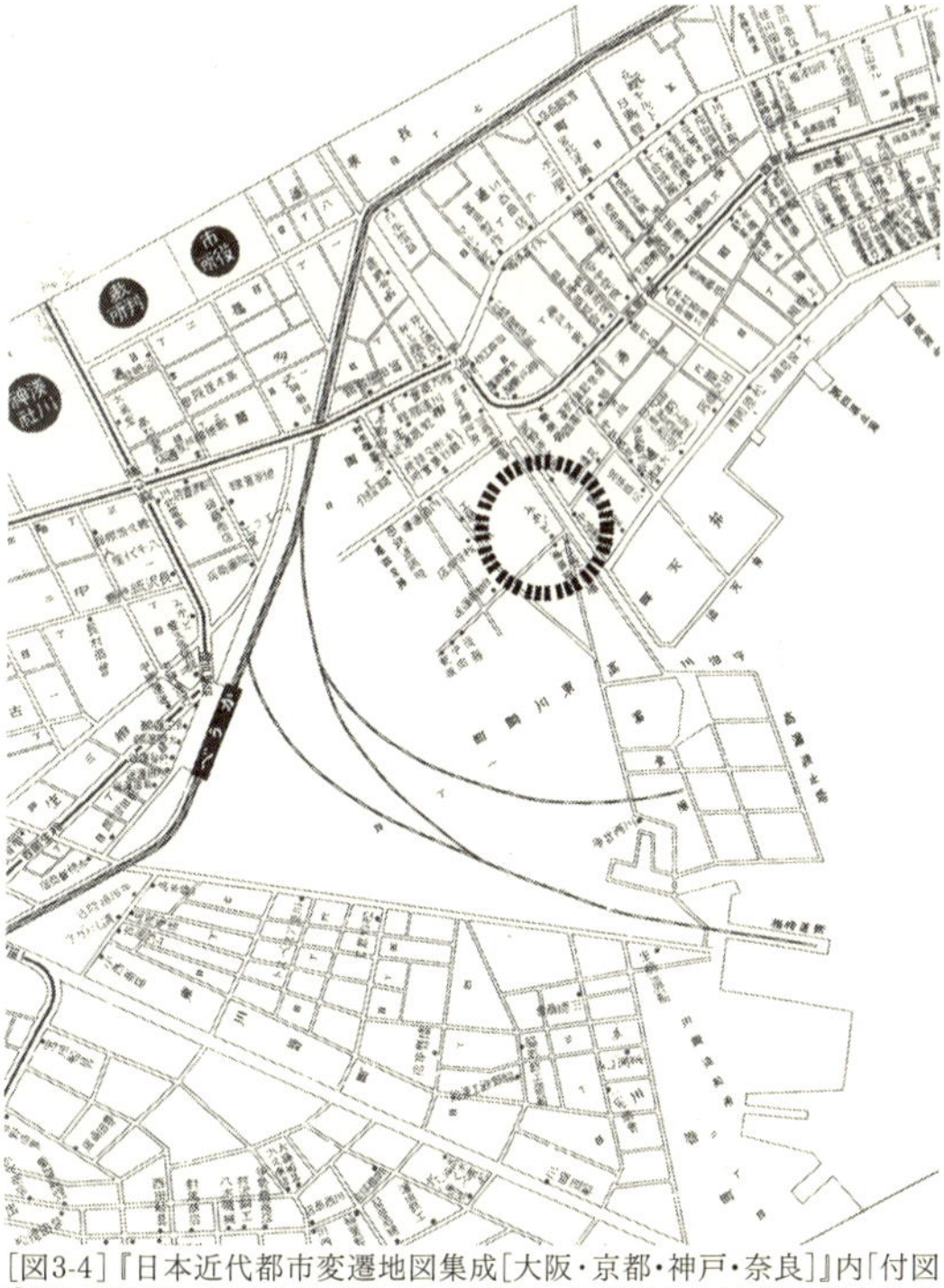

［図3-4］『日本近代都市変遷地図集成［大阪・京都・神戸・奈良］』内「付図②神戸詳細図 大正12（1923）年」（柏書房、1987）より（丸囲み部がみかどホテル）

柏書房『日本近代都市変遷地図集成』の神戸詳細図（大正一二［一九二三］年）に「みかど」の文字が見える。下部が東出町・西出町である。焼き討ちは八月一二日に勃発しており、頼介は早けれ

［写真3-10］鈴木商店本店が置かれたミカドホテル。ウエブサイト「鈴木商店記念館」より

ばこの頃には東出町に腰を落ち着けていた。つまり一キロ半ほどを歩いて焼き討ちの現場を目撃していた可能性があるのだ。

みかどホテルは絵はがきにもなるモダンなホテルだったが、この建物が暴徒に襲撃され、火を放たれた。宮崎学の『近代ヤクザ肯定論』がその様子を活写している。発端は湊川公園であった。米価高騰は庶民の懐を直撃しており、映画帰りの人たち、市電を待つ人たちを相手にアジ演説をする者が現れた。山本鶴松という印刷裁断工にしてヤクザの組員でもあった男で、「このごろのように米が高うては、労働者が生活にこまる。米屋に一升二五銭で売らせるようにと談判に行こう。もし聞きいれなんだら、最後の手段をとろう」と演説した。

次に演説に立った坂出敬信は東出鉄工所臨時仲仕、山口組組員でもあった。山口組は西出町にあったから、歩いてすぐである。坂出がアジると「米屋を襲おうやないか」となった。この二人が

［写真3-11］「炎上する鈴木商店」（神戸市『写真集 神戸一〇〇年』1989、54頁、神戸製鋼所提供）

群衆とともに米屋に押しかけた。一方、川崎造船所を辞めヤクザまがいになっていた本郷強《つよし》と友人のヤスらが率いた八〇〇〇人の群衆は、鈴木商店に放火した。

ヤクザといえども同じ町内で貧民とともに暮らす彼らは、下層民の憤怒を代弁していたと宮崎は解釈する。憤懣やる方ない群衆の心情は、何かでガス抜きするしかなかった。荒くれ者のヤクザはその心情をすくい取ったのであろう。鈴木商店側もヤクザの明石組を雇っていたが放火は止められず、向かいの神戸新聞社にも延焼した。

東出町近くで起きたもうひとつの社会事件とは、我が国で初めてとなる大労働争議である。一九一九（大正八）年には各国の戦後復興需要が湧き起こり、貿易黒字を反映した通貨膨張に加えて原敬《たかし》内閣（高橋是清《これきよ》蔵相）が財政拡大・金融緩和を講じたため、地価・株価が高騰、物価も五年前の二・五倍に跳ね上がった。「大正バブル」の発生である。

同年九月には、川崎造船所で増給を求め、所員・職工が約一〇日間のサボタージュを敢行した。大戦中に臨時支給されていた割増しを本給に繰り入れること、特別賞与を分配する期日の明示等が要求内容であったが、松方社長は前者を受け入れた上で「八時間労働制」を提示した。ここから全国に八時間労働制が拡がったのである。ハーバーランドには現在、「八時間労働発祥の地」の記念碑が設けられている。

当時の輸送手段はまだ船が中心であったから、大戦中から引き続いて船舶の所有者は大儲けしていた。「船成金」である。内田信也《のぶや》や山本唯三郎《ただざぶろう》、山下亀三郎《かめさぶろう》が有名で、日本史の教科書にもお札に火を付けて履き物を探したといった逸話が紹介されている。株成金の岩本栄之助は一〇〇万円を寄付して大阪の中之島公会堂を建設させたが、公会堂の完成前に株式相場は破綻、岩本は自殺を遂げている。

バブルは弾けること必定という理屈は、一九八〇年代後半を体験した人であれば知っている。同様のことが一九二〇(大正九)年に起きたのだ。物価高から輸出が減ると、貿易収支も赤字へ陥る。外貨減から通貨流通が縮小し、株式や生糸・綿糸・コメの商品相場も大暴落した(「二〇年大不況」)。これを受けて日本経済はマイナス成長に向かう。いったん鎮火した労働争議がここで再燃した。

サボタージュは一九二一(大正一〇)年六月二八日、川崎造船所の電気工作部から始まった。七月二日には増給および労働団結権の保障を要求、八日には争議は川崎・三菱各工場に波及して、「三菱・川崎大争議」の開幕となった。作業衣の職工が大幟を掲げ、灯油缶を打ち鳴らした。カンカン帽に詰め襟のリーダーに続いて参加者三万人、五キロメートルとも一〇キロメートルとも言われる大デモンストレーションを展開した。デモ隊が新開地筋を通ると、道筋の商売人は大事な顧客である職工たちにラムネやカチワリを振る舞い、応援した。

争議は五〇日にわたったが、今回はバブルが弾けた後だっただけに会社側も簡単には折れなかった。労働者による工場の自主管理は、たんなる企業内の労使交渉とはみなされなかった。軍隊も出動しリーダーが検束され、「組」からかり出された人々が妨害に回って死者が出た。結局八月一二日にリーダーが「惨敗宣言」を出し、この争議は終焉を迎えた。[*4]

当時、マルクス主義が拡がりつつあり、その方面からは資本家が国家権力と団結して労働組織を弾圧したと解釈された。また後に神戸購買組合・灘購買組合(現・生活協同組合コープこうべ)の結成にかかわるキリスト者の賀川豊彦は、こうした労働運動を相互扶助の精神でとらえた。

だが、資本主義経済において需要は不確実なものであり、そのリスクは企業が担うものである。企業にとって有利なのは、労働者にもリスクを負わせることである。もともと「下宿屋」や「組」にたむろしていた日雇い労働者は、毎日仕事をもらえるとは限らないという意味でリスクを負わされていた。ところが企業にとって長期に勤めてもらいたい技能を持つ者が増えてくると、彼らに譲歩しなければならなくなる。その表れが八時間労働制と給与の割増であろう。

神戸の資本主義経済は、正規雇用に八時間労働を許すほどには成熟していたのである。けれども利潤が得られるか否かが不確実という事実は変わらない。特別賞与の額や期日を明示すること

［写真3-12］1921（大正10）年三菱・川崎大争議における「示威行進」（神戸市『写真集 神戸一〇〇年』1989、56頁、神戸市文書館提供）

は経営側にとってリスクが大きすぎるし、まして管理権の労働者への譲渡などありえない。ここでリスクは日雇い労働者に集中することとなった。日雇いの人々、つまり非正規雇用にとっては、正規雇用の労働者がサボタージュして工場が閉鎖されると、日銭も稼げなくなる。彼らが争議に参加した労働者の弾圧に荷担したのには、正規雇用と非正規雇用という対立もあったのであろう。

このような情勢にあった東出町で、松原頼介は何をしていたのか。「荷車で商売しよったらしい。油を売るとか」と聞いたと記憶する人もいるし、台湾と綿の取引をしたという説もあるが、定かではない。事実として確かなのは、一九二二(大正一一)年二月一日、「合資会社松原商會」を設立したことである。[*5] 法務局で法人登記を取ると、設立の目的は「船具品の卸賣」とある。帰国後約四年、頼介は二五歳になっていた。「船具商」は東山魁夷の実家の家業でもあったが、中内の回想によれば、「あのへんは外国航路の機材を販売する船具商というのがいて、食品から医薬品から、納入する業者[*6]」ということになる。この地で頼介は、そうした商売を始めたのだ。

松原商會の会社登記には、興味深い名前が記されている。「兵庫西出町参丁目八拾弐番屋敷　石堂軍治」。軍治は私の祖母・菊枝の兄である。頼介が結婚したのは、石堂軍治とともに会社を興した四年後の一九二六(大正一五)年である。とするならば、頼介は先にこの狭い地域で軍治と知り合い、(もしくは他所で知り合ってこの地に誘われ)懇意になってから妹を紹介されて、結婚したのであろう。軍司には後に「キク」の名を冠した喜久丸を贈ったほどであるから、両者には強い絆があったことが窺われる。

頼介の息子であり私の父である孜の出生届に記された住所、「東出町3－13－3」の家とはどのようなものだったか、探してみた。約一〇〇年前の大正時代のことであり、当時を知る人はさすがにいない。面倒なことに、3－13－3が住民の住んでいる場所を指す「住所」と確定しているわけでもない。というのも、この数字は土地の番号として不動産登記される「地番」である可能性があり、そのうえややこしいことに、昭和初期まで「屋敷番号」なるものも使われていた。これは住宅の番号であり、現在は使われていない。しかも東出町・西出町のあたりはその後何度か区画整理が行われ、川が埋められたり道が新設されたりしている。

［写真3-13］20代（？）の頼介（藤井よし子氏提供）

そこでまず法務局に行き、地図を確認すると、地番は別の場所を示している。稲荷神社から路地を入り、銭湯に出る直前のさらに細い路地、現在は物置が置いてある場所だ。だが私には、この場所には強い違和感があった。頼介は一九二六（大正一五）年に結婚しているが、頼介の性格からしてある程度は成功してから結婚しただろう。妻（祖母）の菊枝も普段から高級な着物を纏うような人だったから、この路地を出入りする様子は想像できない。

では屋敷番号はどうか。水道局や電話局に連絡してみたが、昭和初期に廃止されただけあって、屋敷番号を描いた地図はすでに失われていた。しかし松原商會の登記をよく見ると、所在地は「神戸市兵庫東出町参丁目弐百参拾八（２３８）番屋敷」となっている。

合資会社松原商會が住居に併設されたとすれば、三丁目の付近の他の住居にも近い屋敷番号が振られているはずだろう。それで東出町三丁目の土地台帳をくまなく閲覧してみたところ、屋敷番号で書かれる場合と住所が記される場合が混在している。そして２２０番屋敷、２４８番屋敷、２８８番屋敷と記された土地が見つかった。それぞれ、現在の住所では3－13と3－10に相当している。ということは、２３８番屋敷および3－13－3は、現在の住所とも重なるとみなしてよいであろう。

この場所には現在、一〇軒ほどの家屋が建ち並んでいる。呼び鈴を押して事情を話すと、このうち数軒は築一〇〇年を超えると教えてくれた。二階に黒い格子が見える。このあたりにもこうした家はさすがに少なくなっている。頼介は当時にもあっただろうこうした格子窓のある家並みを走り回り、なんらかの成功を収めたのである。

昭和いっぱい、この界隈は川崎重工の地元そして労働者の町として活気に溢れていた。けれども平成も約三〇年を経た現在、ハーバーランドにもほど近い便利な場所にあるにもかかわらず、往時の賑わいは見られない。

［写真3-14］西出町２丁目、東出町境界。1981（昭和56）年（六條進氏提供）

山口組にしてからが、この町を出て行った。山口組は二代目の登が新開地の浪花節興業を手がけ、三代目の田岡一雄が西出町の西側に置かれた鮮魚市場で勢力を拡大した。港湾建設や沖仲仕の派遣に需要がなくなっても、新境地を開拓したのである。消費社会化が元町から三宮に広大な飲食店街をもたらし、ショービジネスも花開くと、そちらにも進出した。昭和の歌謡界で山口組が一定の支配力を持ったのは、先見の明のなせるわざであった。

新開地から東川崎・東出に至るほぼ一本の道筋は、時が移り経済の重心が神戸駅周辺から元町・三宮方面に移動するに従って、繁栄からは置き去りにされていった。人口の過密ぶりは大正時代に頂点を極め、昭和に入ると定住者は減っていく。それでも灰谷健次郎『太陽の子』が戦後のこの町を描いたように下町としての賑わいは残り、昼間には通勤客が大群となって押し寄せて、飲食店に立ち寄った。そうしたひとけが失われたのは阪神淡路大震災以降、とりわけ川崎重工が造船事業を縮小してからである。

新開地も第二次大戦の空襲で灰燼に帰し、復興しはしたものの、あらゆる物資をうずたかく積む「日本一の闇市」元町高架下や、そごうのごとくより高級な消費生活に訴える百貨店を擁する三宮との競争に敗れると、客足がとだえていた。平安末期の都の名を冠した福原は風俗街となっている。二〇一三年に私が訪れた際には、「飲む・打つ・買うなら新開地」というあけすけな標語が道端に貼り出してあり、度肝を抜かれたものだ。

頼介は生涯、孫たちには一度もこの町の思い出を喋ることはなかった。だが私は、日々の暮らしに流されず裸一貫でこの地で成り上がったことには無条件に感動してしまう。この町は人情が濃く不器用な土地柄ではあるが、お洒落な都会と評される神戸に「下町」があるならば、ここを置いては他にないのだと思う。この町を訪れ稲荷神社近くの「ひかり」で「豚玉」のお好み焼きを食べるたびに、私はここから頼介の松原家が出発したという意味で第二の故郷と感じてしまうのである。

合資会社松原商會は一九二六(大正一五)年に解散。同年一月一四日に頼介は菊枝と結婚している。頼介は二八歳、菊枝は二五歳であった。翌一九二七(昭和二)年には東出町で父が生まれた。

次の写真は孜が三歳頃に見えるから、おそらくは一九三〇(昭和五)年頃の安芸の宮島であろう。白いスーツの頼介に洋傘・着物の菊枝、そして半ズボンの孜。成功者然とした奇妙な家族写真である(頼介三三歳)。この写真を現在の東出町でお年寄りに見せたところ、「ここから出て行った人がしよる格好やな」と笑われた。頼介は成功し、昭和に入るとこの町を後にした。さらに成功への野心をたぎらせていたのである。

［写真3-15］松原頼介と菊枝。（著者蔵）

［写真3-16］松原頼介、孜、菊枝。（著者蔵）

第二部

成り上がりと戦争

第四章　満洲の夢と阪神間モダニズム

昭和に入ると頼介は現在の王子動物園近くの「水道筋」に転居する。そして一九三一(昭和六)年五月、それから六年にわたって巨大な収益をもたらすことになる松原商会の紡績工場・加工場を武庫郡本庄村西青木《おおぎ》(現在の神戸市東灘区本山南町五丁目)の地、魚崎《うおざき》と青木の間を流れる「天上川」沿いに設立する。[*1] この頃の頼介は絶好調で、それは一九三八(昭和一三)年の阪神大水害の頃まで続くのだが、こうした堅調ぶりは日本経済・神戸経済の趨勢とは相当に異なっている。この時期の日本と世界の経済史は恐慌を経験、そこから日本では市場を統制すべしという計画経済思想と軍部の国家主義が台頭するのだが、それを尻目に頼介は着実に上昇気流に乗ったのだ。まず日本経済の趨勢から一瞥しておこう。

好況から不況へと転じた大正時代から元号が昭和に替わると、一九二七(昭和二)年には三波かなる「金融恐慌」が到来する。関東大震災の後、被災企業が支払われることになっていた手形を銀行に持ち込むと銀行は割引(支払期限までの利息を差し引いて現金化)し、銀行がこれを日本銀行に持ち込むと日銀は「震災手形」というスタンプを捺して再割引することになっていた。優良企業の手形であるにもかかわらず大震災のせいで支払われなくなっていたものを救う策である。

これに対し震災前には不良手形だったものまで再割引されているという疑惑が浮上する。それを野党から執拗に追及された片岡直温《なおはる》蔵相は、答弁の中で唐突に「現に今日正午頃に於て渡邊銀行が到頭《とうとう》破綻を致しました」と口走った。直前に東京渡辺銀行が大蔵次官に「支払い不能になりました」と報告しており、大臣は渡されたメモの内容を説明したのである。ところがこの短時間に渡辺銀行には資金繰りがついており、まだ破綻していなかった。つまり息をしていたのだが、これをきっかけに預金者が一斉に預金を引きおろしに詰めかけ、同行は本当に息の根を止められてしまった。取り付け騒ぎはその後も拡大、二週間で一二行が襲われ、休業に追いやられた。当時は「預金保険機構」(一九七一年設立)が存在せず休業銀行の預金は多くが払い戻しされなかったのだから、預金者を責めることはできない。金融恐慌の第一波がこの「失言恐慌」である(中村隆英《たかふさ》『昭和経済史』岩波書店、一九八六)。

続く第二波は、巨大商社を破綻させた。神戸で創業され、一時は日本を代表する企業と目された鈴木商店である。一九二二(大正一一)年のワシントン軍縮会議で英米日の海軍が主力艦を五対五対三の比率に抑えることが決まると、国家財政の裏付けをもって海軍の建艦競争方針を遂行していた神戸製鋼所は突然の受注ストップに見舞われて、大きな損失は親会社である鈴木商店にも波及した。ところが実質的経営者である金子直吉は積極経営の進軍ラッパを止めず、大正末期には借金のための借金を重ねていた。国家予算が一四億〜一五億円の当時、鈴木商店の借り入れは四億円近くに膨張していたのである。支えるのは台湾銀行だけになり、その台湾銀行にしても融資総額の六〇〜七〇%を鈴木商店が占めるという異様さで、互いに腐れ縁というしかない。

その台銀も一九二七(昭和二年)にはいよいよ鈴木商店を支えきれなくなり、金子に退陣を求めた。しかし創業者夫人も社員も、「財界のナポレオン」と呼ばれた金子を切ることはできなかった。金子への退陣要求が拒絶された台銀は鈴木商店との取引を停止、さらに資金難に陥った台銀は日銀に頼るしかなくなり、政府は二億円の「台銀救済緊急勅令」の公布を決断する。ところがそれを枢密院が否決してしまうのである。こうして鈴木商店はあっけなく倒産してしまった。

さらに近江銀行への日銀融資が打ち切られると、取り付け騒ぎは全国へ波及してゆく。なかでも衝撃的だったのが十五銀行の破綻である。同行は公爵松方正義の長男が頭取を務め、宮内庁の公金を扱う「華族の銀行」であった。十五銀行の破綻は予想外で、いち早く察知した武家華族は財産を他に移したものの、公家華族は大損害を被った。

その十五銀行は、川崎造船所の機関銀行でもあった。頭取の弟は当時の川崎造船所社長の松方幸次郎で、国際汽船の社長も兼任、いずれも第一次世界大戦の終了で深刻な経営難に陥っていた。幸次郎はこれを機に一八九六年以来就いていた社長の座を降りることとなる。これが金融恐慌の第二波であった。

第三波の取り付け騒ぎでも多くの銀行が破綻に追い込まれた。預金者保護と資本金額の最低額を引き上げて銀行を容易に作らせないことを重視する銀行法、および蔵相であった高橋是清がすべての銀行に対し三週間にわたって講じた預金者への五〇〇円以上の支払い猶予(モラトリアム)により取り付け騒ぎはやがて沈静化したが、それでも一九二七(昭和二年)からの三年間で一七一行が破綻した。

こうして日本経済は一時的に小康状態になったが、井上準之助蔵相が一九三〇(昭和五)年に景気回復の切り札と意気込んで金解禁・金本位制復帰に踏み切ると、一気に深刻なデフレに陥ってしまう。一等国になったという自負が金解禁を決断させたとはいえ前年の一〇月二四日にはウォール街で株価の大暴落があり、アメリカへの輸出は激減していた。同年だけで卸売物価は一七・七％も下がり、翌一九三一(昭和六)年にも一五・五％の下落。娘の身売りや大卒者の高失業率、自殺の流行が取り沙汰されて、井上蔵相は交代に追い込まれた。

ここで高橋是清が蔵相として再登場(五度目)、金本位制からの離脱と管理通貨制の採用、積極財政と金融緩和の内需拡大策を立て続けに断行する。それによって総需要はＶ字回復、地獄の蓋を開ける直前で昭和恐慌は沈静化に向かう。これで不況には一段落がつくのだが、同年九月、満洲事変が勃発する。板垣征四郎と石原莞爾《かんじ》の謀略により関東軍が柳条湖付近でレール爆破、そのまま張学良軍に猛攻撃をかけ、奉天・長春等を占領したのである。翌一九三二(昭和七)年には満洲国が建国される。この後の日本は、高橋是清が一九三六(昭和一一)年の二・二六事件で暗殺され、その財政拡張路線は軍事費に充てるよう悪用されて、日中戦争から太平洋戦争へとなだれ込んでゆくのである。

話を頼介に戻そう。金融恐慌の大波は、頼介の商売には関係なかったようだ。それはまだ小さな規模の成功に過ぎなかったからだろう。頼介の松原商会は織布《しょくふ》を手がけるようになり、日中戦争が始まるまで拡大を続けた(注・昭和以降も「松原商会」は個人事業の通称として使われている)。主要な取引相手は南満洲鉄道(満鉄)になっていた。日露戦争終結後、日本は一九〇五(明治三八)年のポーツマス条約により東清鉄道南部支線をロシアから譲渡された。満鉄は鉄道経営のみならず鉱業・水産業・電気業など多種多様な事業を営む（実質的には中国東北部支配のための）機関として翌一九〇六年に設立され、満洲国の成立で一気に経営を拡大した。満鉄を顧客とすることで、松原商会は拡大の波に乗ったのである。

ここで松原商会と満鉄とのかかわりに話を移すことになるが、その前に時計の針を戻して鈴木商店の金子直吉に触れておきたい。というのも鈴木の「大番頭」金子直吉の態度には、頼介を連想させるものがあるからだ。それは明治の起業家・経営者に共通する性質なのかもしれない。

一九一八（大正七）年の鈴木本店の焼き討ちは、いまなお左翼からは人民の革命的蜂起であるかに評されている。だがこれに待ったをかける書がある。城山三郎の『鼠　鈴木商店焼打ち事件』（文春文庫、一九七五）だ。城山は大量の証言から、焼き討ちは大阪朝日新聞による執拗なデマと風評が引き起こした盲目的な暴動であったことを論証している。だがそれが事実ならば、金子はなぜ「鈴木商店が米を買い占めた」といった風評被害に敢然と立ち向かわなかったのかという疑問が残る。

大正時代の企業には、いまだ非近代的な体質が残されていた。その権化のような存在が金子直吉だった。金子の手腕により鈴木商店は世界に名を轟かすまでになったが、その没落もまた、金子を中心とする組織が近代化されていないことに起因した。

私には、頼介がなぜ戦前・戦後に大きな事業をやり遂げておきながら、詳細については私にも伝えなかったのか不思議でならなかった。だからこそ私は国会図書館や外交史料館、各地の法務局で資料をあさり、日頃はつきあいを怠ってきた遠戚の助力を仰がねばならなかった。だが部下だった人たちを含め、松原商会や戦後の製鉄所にかんして誰もが重要な経営・財務情報を把握していない。その謎を解くヒントが、『鼠』では述べられていると感じたのだ。

金子直吉は、算盤で殴りつけるほど厳しかった先代の鈴木岩治郎が急死した後、二九歳で番頭にあたる地位についた。未亡人のよねは「お家さん」と慕われたが、経営には一切口を出さず、放蕩者の息子たちも愚昧だとして経営にタッチさせなかった。金子は小学校も出ず丁稚上がりであったが、世界を相手に樟脳や薄荷の投機で成功する。ロンドン駐在員との間で暗号電報を交わし、時々刻々変動する世界の相場を知るという手法によって上昇気運をつかんだ。輸出先国で仕入れた産品を第三国に売るという当時にしては離れ業をもやってのけ(手がけたのは部下であるロンドン駐在員・高畑誠一)、この三国間貿易は鈴木商店の十八番となった。

第一次世界大戦が始まると、ドイツ・イギリスからの造船用の鋼材供給が停止する。日本の造船各社はアメリカの鋼材に切り替えるが、アメリカもまた参戦するとともに一九一七年に鋼材輸出を禁止した。アメリカへの発注は鈴木商店がもっとも多く、それに応じて川崎造船所が造船計画を立てていた。これに窮した日本政府はアメリカから鋼材を受け取る代わりに船舶を引き渡す「船鉄交換」を申し入れたが、交渉は進まない。これを打開したのが金子直吉で、金子はロンドンにいた川崎造船所社長・松方幸次郎から寄せられた電報を携えてアメリカ大使館に駐日大使モリスを訪ね、交渉を妥結した。造船・鉄鋼を中心に胎動を始めたばかりの阪神工業地帯は、金子の活躍により「鉄飢饉」で息絶えずにすんだのである。

金子は松方幸次郎と意気投合、松方が滞欧時に西欧絵画・彫刻二〇〇〇点、流出していた八二〇〇点の浮世絵を買いあさるに際しては、ロンドン支店で立て替えたりもした(「松方コレクション」)[*2]。だが一九二七(昭和二)年の金融恐慌に際し主要取引先である十五銀行が取り付け騒ぎから経営破綻・倒産すると、資金繰りを助けるため松方は私財を提供、日本にあったコレクションは十五銀行の担保として散逸した。[*3] 国外のコレクションは戦火で減少したが、フランス政府の押収を経て国立西洋美術館に返還された。今日、日本にある西洋名画は、松方コレクションを経由するものが少なくない。金子と松方は神戸駅南のこの狭い地域で、一時期は間違いなく日本の経済と文化を動かしていたのだ。

ところが鈴木商店は、組織としての形態が不明瞭であった。金子は鈴木商店において「事実上の大将」であり、ワンマン経営者でもあるのに、正式の役職が何であるのか社員も知らなかった。公式の役職よりも人と人のつながりや信用に頼るのが直吉の経営術であった。当時のカネで一億円の内部留保があったとされるのに、金子は鈴木商店を資本金五〇万円の合名会社のままにしておいた。株式会社になれば、多くの他人が経営に口だしをするからだ。

金子は、財務を公開したがらなかった。財務状態が明らかになれば部下が言うことを聞かなくなったり、競争相手が足下を見るかもしれない。手品のタネを見せず行動の自由を確保することが、金子が巨額の投資を差配するための必要条件だった。こうして金子は樟脳を起点に、人絹・製鉄・造船・ビールと矢継ぎ早に資本を投下していったのである。

ところが世界の趨勢はそれを許さなかった。合名・合資企業の多かったイギリスでも一九世紀半ばには会社法が成立し、株式会社が普及しつつあった。会計士の証明なしでは決算諸表を公開できないのが近代的な市場取引のルールである。本店が貸借対照表を駐在員に見せないようでは、海外での商売は成り立たない。ヨーロッパに駐在する鈴木商店員には、株式会社への改組を求める声が高まっていた。

主力銀行である台湾銀行からも経営組織の近代化を求められると、金子は重い腰を上げて一九二三(大正一二)年に合名会社を貿易部門の「株式会社鈴木商店」と持ち株会社の「鈴木合名会社」に分割、前者の社長は鈴木よね、金子は専務となった。ところが金子は実権を手放さず、よねは信頼するばかりで金子の独断専行を看過した。東京商科大(現・一橋大)や神戸高商(現・神戸大)から多く入社していた若手の合理派によって経営の立て直しが画策されたものの、財務管理の失敗から鈴木商店はあえなく倒産してしまうのである。[*4]

城山のこうした記述を読んで、私は「頼介に似ている!」と唸った。私が知っているのは第二次大戦後の製鉄所だが、そこでも会計は部長一人に集中させ、その部長は情報を漏らさなかった。父の孜《つとむ》は、一時は社長であったが傀儡で、会社の経理をほとんど把握していなかった。戦後の頼介は、朝八時には会社に出社するのだが昼には帰宅してしまう。和服に着替え碁を打ちながら、思いつくことがあるとそのたびに会社に電話して指示を出す。社員は碁石に過ぎず、誰も経営の全容を理解していなかった。それでいて儲かると、年に何回もボーナスを出したりした。

最後に一万坪近い工場(現在の川崎重工兵庫工場)の土地を購入した際も、一〇人もの大手一流企業の専門家を相手どり、機械設備の購入は密室で一人で決めてしまった。徹底した秘密主義である。商工会議所などにも一切出入りせず、それでいて趣味や物欲がなく、浪費も出歩きもせず、ゲームに熱中するように商売に没頭した。相撲や祇園、宝塚を愛し、画商から絵を買ったのは、もっぱら祖母の菊枝だった。だから、松原頼介の足跡については誰も詳細を知らない。写真嫌いでもあった。

独断専行および財務にかんする秘密主義という金子直吉と松原頼介の共通点が明治人の企業家として一つの類型をなすのかは、よく分からない。けれどもそうしたやり方が通用した時代があったということは確かであろう。

それがとくに問題となるのは、昭和に入ってからの松原商会である。一九二二(大正一一)年に会社登記した「合資会社松原商會」は、四年後の一九二六(大正一五)年には清算してしまっている。それからの一三年間ほどが頼介の人生でもっとも華々しい時期だったが、その間の会社情報は法務局では得られない。終戦までの通称「松原商会」は個人事業だったからだ。納税額が四〇円以上の人名を掲載している昭和一一年の交詢社版『明治・大正・昭和　神戸人名録』(日本図書センター、一九八九)によれば、松原商会は「防水製帆商」であり、所得税は一〇〇一円と、他に掲載された人と比して抜群の額である。それが町の魚屋や居酒屋と同じ個人事業だったのだから、やはり奇妙としか言いようがない。

わずかな情報から、頼介の軌跡をたどってみよう。頼介は西青木の「松原商会加工場」を一九三一(昭和六)年五月に個人経営で創設する。そのときには主な業務を防水製帆に転換していた。石堂家の表札には「石堂船舶部」と記されていたように菊枝の実家である石堂家がもともと船具の製造に携わっており、義兄の石堂軍治とともに松原商会を起業したのだから、軍治から製帆につき示

［写真4-1］帝國帆布株式会社全景（出所『ダイワボウ60年史』）

唆を受けていたのかもしれない。

ダイワボウの社史を読んでいて、私が瞠目した箇所がある。松原頼介個人経営の「帝國帆布株式会社」が、翌一九三二（昭和七）年に創業されているのだ。これも祖父の生前にはまったく聞いたことのない会社名である。父も知らなかったのではないか。所在地は「飾磨《しかま》郡荒川村土山《つちやま》参百五拾七番地」とあるが、現在は住所表示が変わっている。

ダイワボウの社史には、上の写真が掲載されている。私は二〇一六年一一月、姫路駅へ出向き土山の周辺をタクシーで回って、土山三丁目からは写真に近い形状の山が西に見えることを確認した。姫路の法務局で土地台帳を閲覧したところ確かに松原頼介の名前があり、この土地が現在の「姫路市土山3丁目3－10」に当たることが判明した。かつては畑の中に工場がポツンとあったが、現在はマンションとレンタカー・ショップに置き換わっている。

この工場は何のためのものか。会社登記によれば帝國帆布の取締役にも石堂軍治が就いており、業務は「綿布麻布ノ製織販売並ニ綿糸布麻糸ノ賣買」とある。帝國帆布は「製織」工場で、帆布を製造したらしい。ダイワボウ社史によれば敷地面積が一〇二六坪、織機は一〇〇台備えられていた。「全国工場鑛山名簿」(財団法人協調會産業福利部)には、一九三六(昭和一一)年の段階で帝國帆布には男一六名、女六四名が勤務と記されている。計八〇名が帆布を造り、それを「松原商会加工場」に運んで加工したのである。

[写真4-2]日出紡績青木工場となってからの元松原商会加工場(出所『ダイワボウ60年史』)

「松原商会加工場」は現在の神戸市東灘区本山南町五丁目で、摂津本山駅近くの天上川沿いにあった。戦後は関西帆布の工場になり、現在は大きなマンションが二棟建っている。敷地面積は一二〇一坪、設備は染色機一二台、防水加工マングル(水絞り機)四台、乾燥機五台、酸化機一台、その他重布の染色・防水・縫製加工設備一式であった。加工の目的は「防水」。一九三七(昭和一二)年に松原商会に入社した山本竹治《たけじ》氏の記憶によれば、裁縫工場が二棟、紡績工場が一棟、川をはさんで寮が建っていた。

ところが同年に神戸市役所産業課が発行した『神戸市商工名鑑』によれば、松原商会の所在地は「神戸区三宮町一丁

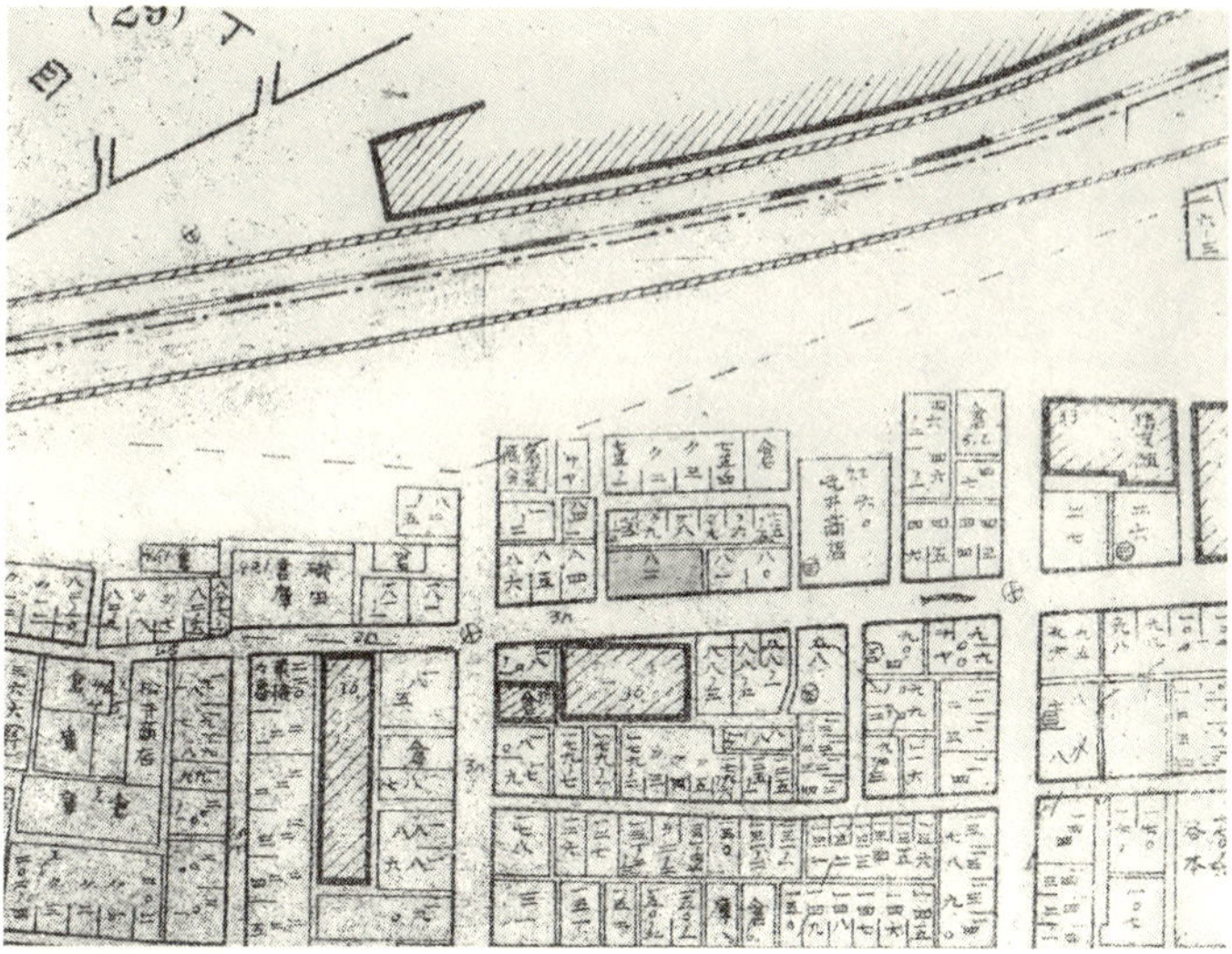

［図4-1］『神戸市戸番図(神戸区)』26 ～ 47頁、昭和３年11月から。平成２年３月編冊(神戸市文書館提供)

目八二」とある。米軍が一九四六年に撮影したフィルム(神戸市文書館所蔵)によると、三宮駅周辺は空襲で焼け野原になった。復興に際して区画整理が行われたが、地番は65までしかない。とすれば82は屋敷番号であろう。昭和初期の地図には屋敷番号で82がある。これは現在は道路になっている場所で、三ノ宮駅南西、さんプラザとの間に当たる。

　図４－２は終戦前の三宮復元図(厳密な時期は不明)。一九三九(昭和一四)年まで松原商会があった位置に、その後「三木クリーニング」が入ったと類推できる。

　ここで頼介の事業が朧気ながら見えてきた。頼介は一九三〇(昭和五)年から三九(昭和一四)年まで、三つの拠点を持っていたのだ。姫路の工場で帆布を製造する。それを西青木の加工場で防水加工する。そうして

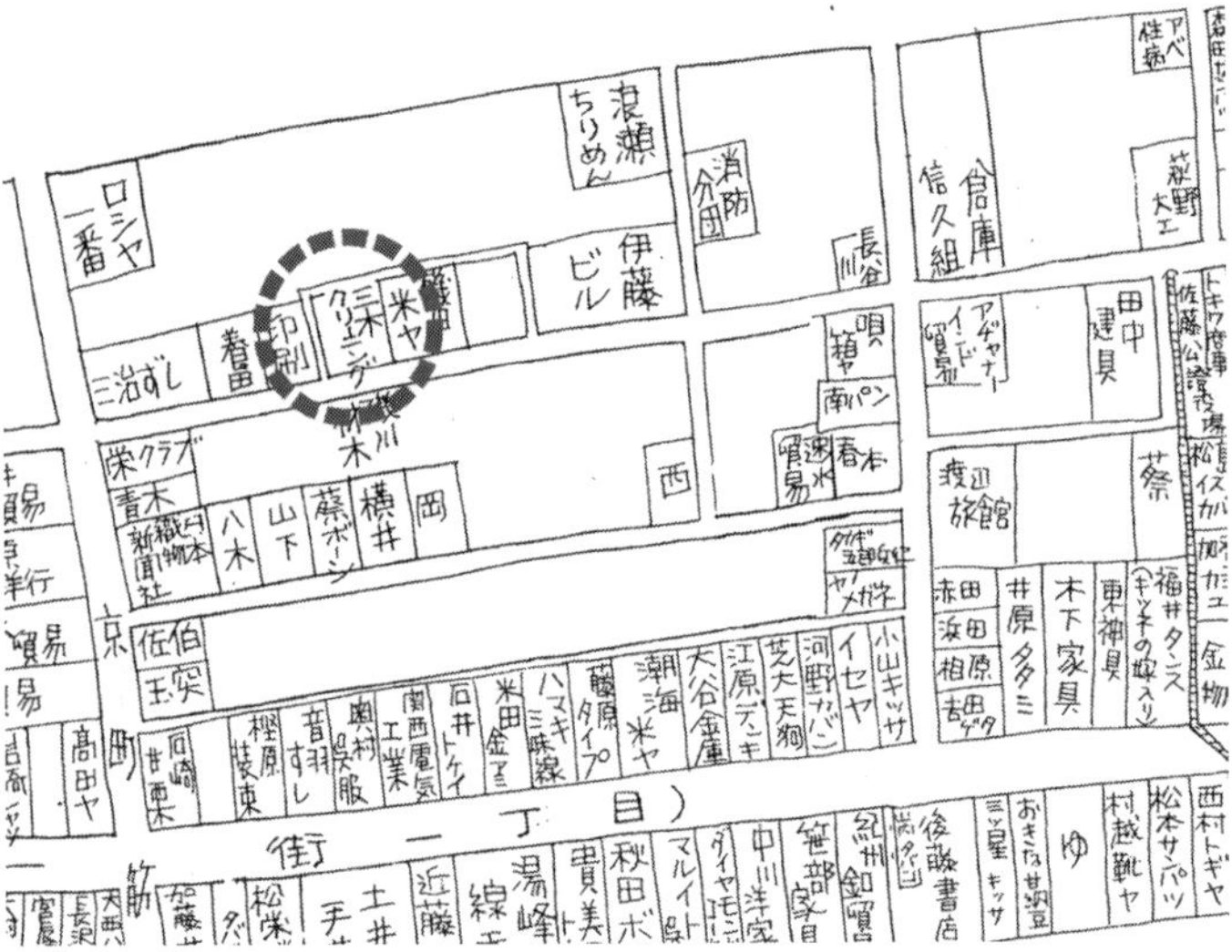

［図4-2］終戦前の三宮復元図（部分。出典：三宮センター街連合会『三宮センター街三十年史』1978。丸い点線部が図4-1の屋敷番号「八二」の位置）

できた製品を輸出する商社が松原商会だったのだろう。

『神戸市商工名鑑』には、松原商会は「綿帆布・防水帆布」を扱い、取引銀行は「住友・安田・三菱・朝鮮」、卸輸出に携わり「満鮮　内地」が「販売地」すなわち取引地域となっている。取引銀行が一流であるところを見ると、すでに相当な信用があったのだろう。

では頼介は、どのような織布を満鉄に卸したのか。これは私が当人から聞いている。それは貨物列車にかけるシートで、満鉄の貨物列車は厳寒期には零下一〇〜二〇度の地を走っていた。シートに水滴がつくと凍って折りたためなくなる。そこで頼介は織布にコールタールを塗布し、水分をはじいて折りたたみを可能にした。それが頼介の開発した寒冷地用防水シートだったのだ。

要するに帝國帆布で帆布の下地を製造、加工場でコールタールを塗布したのである。私は頼介がその技術で特許を取ったのかと思い、特許庁に五回通った。大正末から一九三五(昭和一〇)年までに取得された特許の請求者名を一〇冊分すべて通覧したのだが、残念ながら頼介の名前は見出せなかった。その件で頼介は勲章のようなものをもらっており、私が幼少時にいじって壊してしまった記憶があるのだが。

［写真4-3］三宮の松原商会(横田家提供)

さて私は子どもの頃から頼介と菊枝・孜がよく回想していた西青木の加工場だけが「松原商会」と思い込んでいた。ところが三宮の事務所と帝國帆布もまた、松原商会であった。もちろん私は三宮の「松原商会」がどのような外観であったのか見たことがなかった。

二〇一六年九月に祖母・菊枝の姉方の親族に話を聞きにたつの

市に行った折、その横田家から写真(4－3)を頂戴した。横田夫妻はこの写真を横田家の家族写真として私に譲って下さったのだが、その背景を見た私は仰天した。そこには明瞭に「松原商会」と記されているではないか。これが空襲に遭うまでの三宮の松原商会である。写真4－3では右端に「アベ花柳病科」の看板が見えるが、図4－2の地図上では「アベ性病」があり、図4－2のどこかに松原商会が存在したことを傍証している。

ダイワボウの社史には、もう一点興味をそそられる記述がある。「日出《ひので》の神戸出張所、京城出張所、大連出張所は、こうした松原商会の拠点でもあった」(四六頁)。日出紡績とは一九三九(昭和一四)年に帝國帆布および松原商会加工場を合併吸収し、さらに合併されて大和紡績となる紡績会社である。そこで思い浮かぶのが、カバーに掲げた一九三八(昭和一三)年の愛媛・怒和島《ぬわじま》の進水式の写真である。そこで正面右の男性が着ている法被《はっぴ》を拡大すると、「神戸出張所」と書かれているのだ。

上掲の三宮・松原商会の写真でも、左下の鉄扉には「神戸出張所」、見えにくいがその上には「日出紡績」とある。また上には「スワン印化學防水帆布」の字も見えるが、これは日出紡績のブランド名である。とするならば、日出紡績と松原商会は合併前から業務提携を行っており、神戸出張所、京城(ソウル)出張所、大連出張所を共有していたのであろう。また怒和島の進水式には神戸出張所からも人が出ていたのであろう。

頼介の姪・藤井よし子氏によれば、頼介の長兄・知一はしばしば満洲や朝鮮に飛行機で渡っていたという。とすれば知一が出張したのは日出紡績と松原商会共有の大連および京城の出張所だったことになる。たった一枚からこれだけつながるのだから、写真の持つ情報量は計り知れない。

では、頼介を成功に導いた満鉄とは、どのような存在であったのか。[*5] 満鉄(南満洲鉄道株式会社)とは、手短に言えば一九〇六年から敗戦の一九四五年まで現在の遼寧・吉林・黒龍江の三省にまたがる中国東北部に存在した、旅順・大連から新京(現在の長春)をつなぐ路線を中心に一帯の鉄道を運営した日本の国策による株式会社である。

頼介が防水シートの取引を大々的に行ったのは、一九三一(昭和六)年の加工場と翌年の帝國帆布の設立頃から一九三七(昭和一二)年の日中戦争勃発まででであろう。そこで当時の満鉄が松原商会と取引を行った記録を探してみた。たとえば京都大学農学部に「旧植民地関係資料」が約五〇〇〇冊収蔵されており閲覧したが、大半は国の白書や満鉄の決算書・社史で、松原商会との取引を記載するような詳細な記録は見当たらなかった。

さらにネットを探っていたところ、満鉄にかかわった日本人やその子弟が運営する「財団法人満鉄会」(二〇一六年に解散)なるサイトに出合ったので、連絡してみた。満鉄会が所有する資料に「松原商会」や「松原頼介」の名は記載されていないか、満鉄との取引の金額等を示す資料は存在しないか、京城や大連の支所に心当たりはないかといった質問をメールで投げかけてみたのである。そうしたところ同会の元専務理事であり『満鉄を知るための十二章』(吉川弘文館、二〇〇九)の著者でもある天野博之氏から返事をいただいた。

天野氏によれば、満鉄にかんし詳細な研究が困難なことには理由がある。「ソ連軍の予想外の侵攻で地方の満鉄資料は四散したうえ、引き揚げの際も書類帳簿の類は一切持ち帰りを許されませんでした。敗戦直後から満鉄が作成し、現地に託して帰国、昭和二五年六月に返還された書類も、在籍社員のその後に必要な履歴を記した人事関係書類・帳簿がほとんどです。東京支社にあった帳簿書類も米軍が本国に持ち帰り、多くは議会図書館に収められていますが、悉皆調査は行われてはいませんので、リストも不完全ではないかと推測されます」というのである。そして商取引関係の個別資料を見た記憶はまったくないという。そのせいで満鉄関係の書籍は概説ないしは満鉄調査部関係者への聞き取りにもとづくものに限られているのか、と得心がいった。ただし天野氏は、国際地学協会編『満洲分省地図　地名総覧』(一九四二〔昭和一七〕年七月発行)には大和紡績株式会社大連出張所が関東州大連市丹後町にあったと記載されていることを指摘してくれた。頼介と満洲をつなぐ情報としては、それが唯一得られたものであった。

こうした事情から私は松原商会と満鉄との取引を直接に調べることは断念し、満鉄にかんする書籍を元に満鉄が防水シートを採用した背景を間接的に探ることとした。天野前掲書は満鉄の四〇年弱の歴史につき、期間を四区分している。

前期　1　建設時代　初代社長・後藤新平〜二代目社長・中村是公《これきみ》　一九〇六〜一九一三
　　　2　政党容喙時代　三代社長・野村龍太郎〜一二代社長・内田康哉《こうさい》　一九一四〜一九三一
後期　3　関東軍との蜜月時代　満洲事変〜一九三七末
　　　4　関東軍支配の時代　一九三八〜敗戦

この区分案は分かりやすい。ちょうど第三期の満洲事変・満洲国の成立から日中戦争の勃発まで、すなわち「満鉄と関東軍の蜜月時代」が「松原商会と満鉄の蜜月時代」でもあったことになるからだ。第二期までの満鉄は対ソ戦の兵站もしくは石炭・大豆の輸送に用いられたが、第三期からは日本人が内地からの農業移民や経済活動に利用し始め、しかし第四期の日中・太平洋戦期には軍部が民間の自由を奪ったのである。

概説書に従ってもう少し敷衍しておこう。第一期は、日露戦争後のポーツマス条約(一九〇五〔明治三八〕年)によりハルピンから大連・旅順までの「東清鉄道南部支線」、後の南満洲鉄道がロシアから日本へ譲渡されたことに始まる。当時の日本の政府・財界は満鉄経営で採算を上げる自信が持てず、英米から門戸開放・機会均等を要求され、実際にアメリカの鉄道王・ハリマンと投資や経営につき交渉を持ったが、最終的には経営と投資を独占的に行うこととなった。一九〇六年に満鉄が政府監督下の株式会社として発足、政府は株主への配当につき基準に満たなければ補給するとしたところ満鉄株は高騰、経営も予想外に早く軌道に乗った。勢いに乗った満鉄は、鉄道業のみならず付帯事業としての水運業・電気業・倉庫業から撫順《ぶじゅん》・煙台《えんたい》の炭鉱採掘、鞍山《あんざん》の製鉄所、鉄道付属地における不動産業・ヤマトホテル経営まで、幅広く産業開発を受け持つこととなる。

もともと朝鮮から満洲という中国東北部は、ロシアや英米が注目する地政学上ホットな地域であった。ロシアは大連を貿易港、隣の旅順を軍港とし、中国全土の支配権を握るという壮大な構想を有しており、そこで「遼東半島租借条約」を清に押しつけた。遠く離れているはずのアメリカも同様で、鉄道王のハリマンは満洲からシベリアを抜けヨーロッパに至る大陸横断鉄道を敷き、北米大陸横断鉄道と併せて世界周遊が実現することを夢見ていた。そこに割り込んだのが日本だった。

満洲軍総参謀長・児玉源太郎らが、鉄道を対ソ戦の兵站・補給に利用しようと思いついたのである。その中核を担ったのが南満洲鉄道で、児玉の意を受けた後藤新平は、半官半民の国策会社・南満洲鉄道を介して満洲経営を進めた。一九一〇(明治四三)年に韓国を併合してからは、陸軍の希望を容れて日本・朝鮮・満洲を連絡する「鮮満一体化」が実現した。京城—釜山の朝鮮半島縦貫鉄道とあわせると、日本国内から下関・釜山をつなぐ関釜連絡船を経由して朝鮮半島を横断し、中国東北部へと至る一貫輸送体制を構築したのである(戦前には東京駅で満洲国内のチケットが買えた)。

第二期前半の満鉄は、その収益に目を付けた政友会から社長を送り込み利権をあさるという介入を被った。満鉄はコンツェルンとして多様な産業を経営していた。当初は鉄道が中心だった投資は撫順炭鉱や鞍山《あんざん》製鉄所にも及び、満洲は日本を重化学工業化するために不足していた資源を補う一大供給地とみなされた。神戸の外国人居留地が消滅したのは一八九九年だったが、そこからわずか一七年で日本の立場は一転、台湾・朝鮮でアジア初の植民地保有国となり、満鉄沿線にも「付属地」という名の居留地を得て、植民地投資は活発化していった。

こうして満洲は日本人の夢を乗せる「外地」となっていく。内地では、一九一八(大正七)年の米騒動の頃には「ビール瓶に粥を入れてすする」ような大戦後不況にさいなまれていた。一九二〇年代になると、中国においては満洲も含めて全土を統一しようとする蒋介石の国民革命軍に対し東北部を支配する張作霖らの軍閥が反発する情勢となり、日本政府は中立を装いつつも張とも良好な関係を保とうとした。ところが一九一九年に創設された関東軍は満蒙(満洲と内蒙古《ないもうこ》)を中国から切り離して日本の支配下に置こうと目論み、張の抱き込みに失敗するや爆殺する(一九二八、昭和三年)。

第三期は、柳条湖事件(満洲事変。一九三一、昭和六年)を経て、一九三二年三月一日には日本の傀儡国家・「満洲国」が建国された。満鉄は鉄道と港湾・炭鉱と着々と勢力を拡大し、従来の満鉄線を満洲国鉄の経営と一体化、傍系会社は七七を数え、国内資本のはけ口となっていった。その背景としては、一九二九年のウォール街の株式暴落以来の世界不況において、先進各国が植民地や連邦のブロックごとに保護体制を敷いたことを挙げるべきであろう。イギリスは一九三二年のオタワ会議でインド・ニュージーランド・オーストラリア等といったポンド通貨圏に特恵関税を設定し、オランダやフランス、アメリカも自由貿易に反する経済ブロックを構築した。日本にとっての満洲には、そうした経済ブロックの意味があったのである。

満洲国の初期の経済運営には満鉄の経済調査会が当たり、一九三三年には「満洲国経済建設綱要」をまとめた。けれども関東軍司令官が全権大使と関東長官を兼任し満洲国の最高支配権を握るようになると、満鉄も関東軍の監督を受けるようになる。関東軍には満鉄による中国東北部の重工業化を「独占資本による支配の強化」と批判的に見る向きがあり、しかも国として成立した満洲国には治外法権を撤廃する必要が生じていた。こうして鉄道付属地は委譲を余儀なくされ、満鉄は鉄道・港湾経営と調査研究に特化させられた。「満鉄コンツェルン」は解体されたのである。[*6]

だがそれは、満鉄の経営にとってはむしろ僥倖というべきであった。というのも交通・流通以外の多角経営は、必ずしも成績が良好ではなかったからだ。鉄道についてはそれまでの新京(長春)・大連間の連京線の「社線」一一四〇キロに加えて満洲国内の「国線」二九七〇キロが委託され、巨大な鉄道網を傘下に収めていた。*7 満鉄を知る人なら誰もが思い出すのが一九三四年から稼働した特急列車「あじあ」であろう。最高速度一一〇キロを誇り、流線型のデザインが卓抜な蒸気機関車「パシナ」は、最初の車輛は沙河口《さかこう》の満鉄大連工場で三両、神戸で川崎造船所の南西に位置していた川崎車両で八両が製作されている。

内地からは、満洲国建国から一九三五(昭和一〇)年まで「試験移民」が行われた。関東軍と拓務省の移民案に反対したグループの重鎮は高橋是清だったが、彼が一九三六(昭和一一)年の二・二六事件で殺害されると、その後は本格的に「開拓移民」が送り出されてゆく。

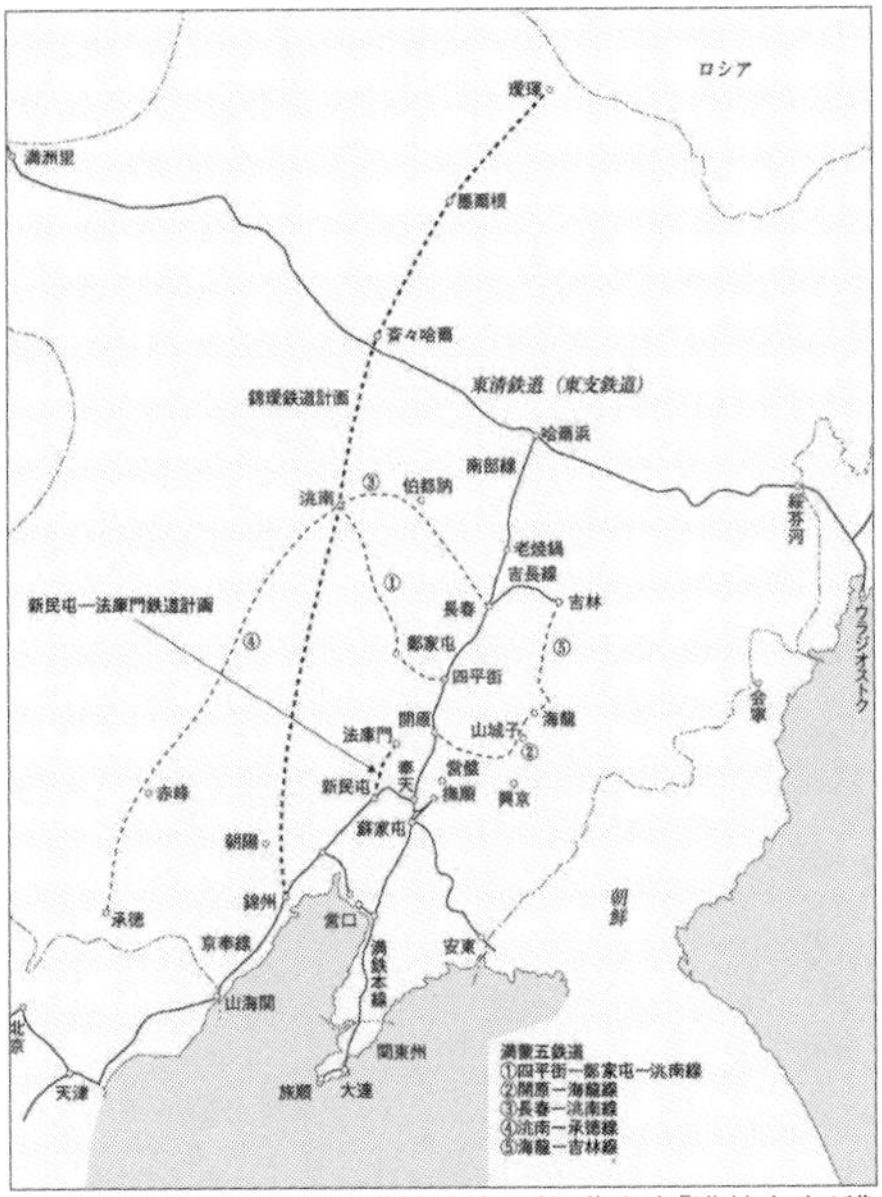

［図4-3］第一次大戦前の満鉄路線図（加藤聖文『満鉄全史』講談社選書メチエ、2006、6頁より）

ここで一九三六年に渡満したのが岸信介であった。商工省の官僚だった岸は、二度にわたる渡独を経て、一九二九(昭和四)年の大恐慌以来続く不況に対し、アメリカ型の自由経済ではなくドイツ型のカルテル主導経済によって乗り切ることを唱えていた。国家統制にもとづく経済運営法につき報告書を作成しており、これが陸軍関係者の目に止まって、満洲経済の運営を任されることになったのである。陸軍は、計画経済の方が軍備拡張に馴染み戦時体制にも移行しやすいと期待した。そこで満洲経済を運営する中心人物として岸に白羽の矢を立てたのである。与えられた肩書きは満洲国実業部総務司長であった。

エリート官僚が関東軍と二人三脚で国外の大日本帝国づくりを目指したのである。東大出のエリート官僚でありながら芸者待合に出入りし、アヘン密売業者とも酒を酌み交わして「満洲は私の描いた作品」と豪語する岸は、さながら怪物を思わせた。*8

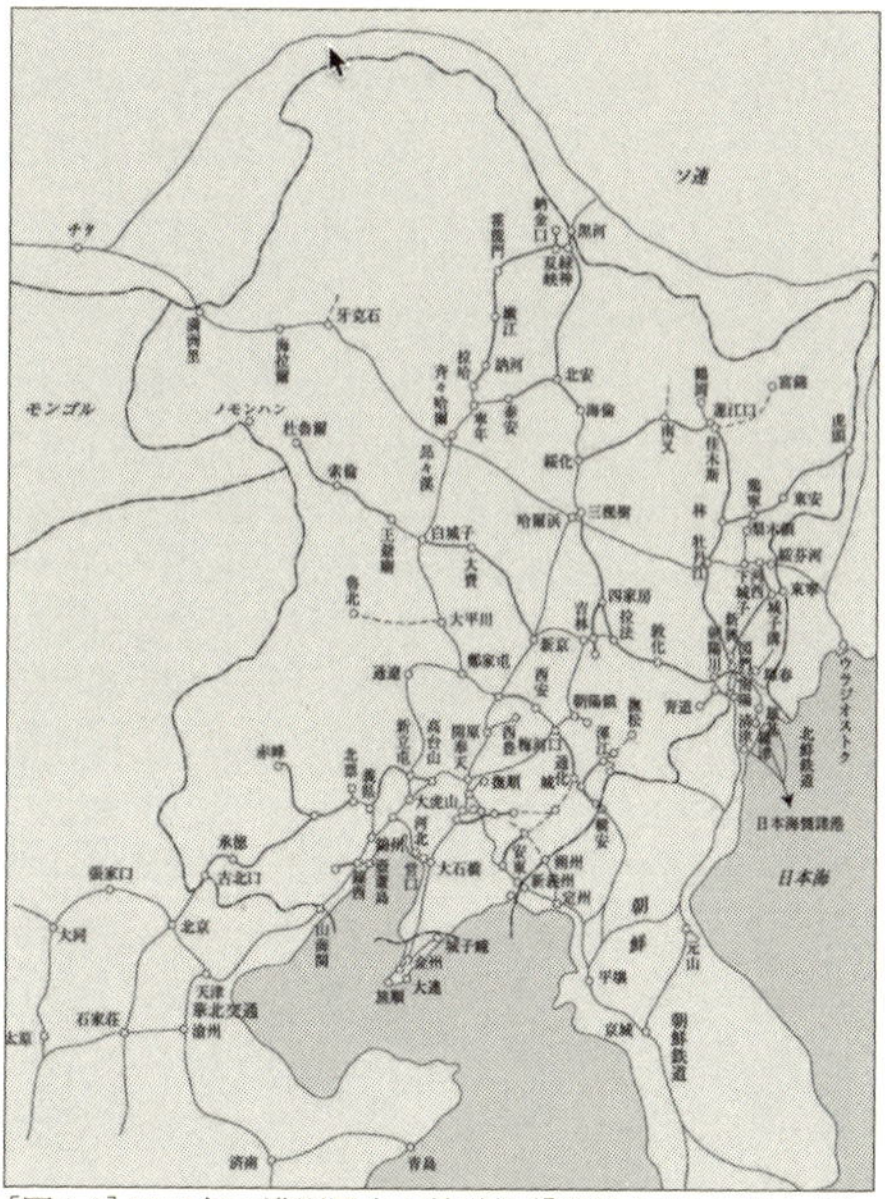

［図4-4］1945年の満洲国内の鉄道網（『満鉄全史』7頁より）

第四期は一九三七年の盧溝橋事件を機に日中戦争が始まってから太平洋戦争の敗戦に至る時期で、この時期には日本本土から有力な官僚・政治家・財界人が続々と渡満した。満洲重工業開発会社（満業）が設立されると岸信介は満洲国総務庁次長となってソ連の社会主義経済を模したかのような「満洲産業開発五カ年計画」を推進、星野直樹（総務庁長官）・東條英機（関東軍参謀長）・松岡洋右《ようすけ》（満鉄総裁）・鮎川義介《あいかわよしすけ》（満業社長）を加えた「満洲の二キ三スケ」が満洲経営に当たった。満鉄は鉄道・港湾経営に専念し、敗戦に至って閉鎖された。

こうして概観すると頼介が防水シートを納入した頃の満鉄は、炭鉱や鉄鋼といった産業を手放したものの、社線に加えて国線も委託されて、鉄道の総延長が倍加した時期であった。第一期に当たる第一次大戦前の満鉄の路線図は、図4－3のようなものであった。大連・旅順から長春(満洲国では新京、現在は長春)までという満鉄本線を中心に、「社線」が周囲に伸びているのが分かる。

そこから満洲事変、さらに終戦まで満鉄支配下の鉄道網が急拡大した様子は右の図4－4に示されている。天野の分析によれば、満鉄は本線が収益の大半を上げ、世界不況の一九三一年を除いて毎年黒字で、鉄道敷設や旅館といった他部門の経営赤字を埋めていた。

こうした社線・国線を汽車が縦横無尽に走ったのであるから、寒冷地用の防水シートに対する需要も増え続けたと推測される。では、防水シートは何に掛けたのであろうか。鉄道を走ったのが主に客車であったとすれば、防水シートは必要ない。図4－5は満鉄の客車収入と貨車収入を折れ線グラフにしたものである。両

大豆・大豆粕と石炭の輸送

	輸送量[千トン]		運賃収入[千円]	
	大豆・大豆粕	石炭	大豆・大豆粕	石炭
1907	338(23.7)	147(10.3)	2253(37.3)	247 (4.1)
1908	801(32.0)	462(18.7)	5342(57.4)	750 (8.1)
1909	802(24.1)	774(23.3)	5300(48.6)	1218(11.1)
1910	824(21.0)	1105(28.2)	5468(47.0)	1485(12.8)
1911	822(17.5)	1423(30.2)	5212(41.8)	1957(15.7)
1912	789(16.9)	1885(40.3)	5056(36.3)	3030(21.8)

『第1次十年史』から作成。(　)内の数字は全輸送量に対する割合と、全運賃収入に対する割合。

[表4-1]天野前掲書27頁より

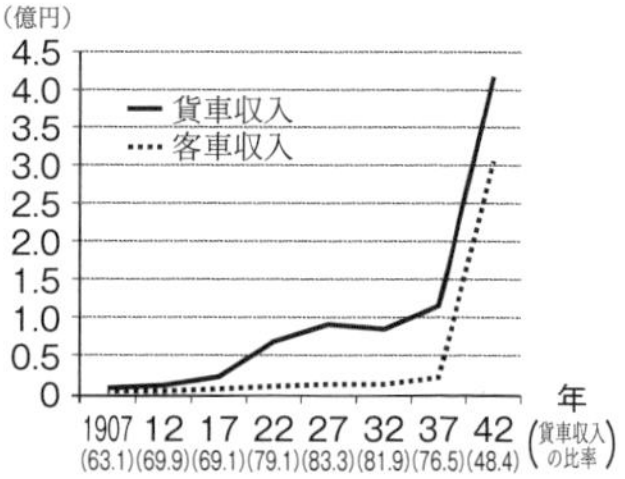

[図4-5]天野前掲書33頁「客車と貨車の収入」から筆者作成。元データは『第1次～第4次十年誌』から天野が作成

収入の和である鉄道収入に占める貨車収入の割合は、年次とともに示した。昭和に入ると貨車収入が全体の八〇％を越え、一九三七年の段階でも七六・五％と高率である。悠然と走る客車旅行が印象的な満鉄であるが、実は日中戦争が始まる頃までは客車ではなく貨車収入に大きく依存する鉄道だったのだ。貨車であれば、防水シートが必要になる。一九二七年から一九三七年までの間に貨車収入は九四〇〇万円から一億一五五〇万円に伸びているのであるから、防水シートの販売を独占していたなら頼介が「面白いように儲かった」と言ったのも当然ではある。

では、貨車には何を乗せていたのか。実は満洲は大豆の一大産地で、生産量は一九四〇年の段階で世界の七〇％に及び、油脂分に富む「満洲大豆」は大豆・大豆油・大豆粕として内地のみならずヨーロッパにも輸出された。第一次世界大戦前後の表4－1によれば、重量では石炭が上回ることがあるものの、運賃収入は四〇～五〇％が大豆の輸送によるものであった。ここから推察する限り、頼介の防水シートは貨車に掛けられ、多くは大豆・大豆粕を保護したのであろう。広大な寒冷地を走る貨物列車の防水シートは飛ぶように売れていった。「湧くようにカネが入ってきた」と頼介は言っていた。満洲国の成立は一九三二（昭和七）年であり、松原商会加工場は前年の一九三一（昭和六）年に創業しているから、満鉄・鮮鉄との取引はそれ以前から、つまり大正末期から一九三〇（昭和五）年までのいずれかの時点で開始されたと考えられる。

頼介の姪である藤井よし子氏が、一枚の記念写真を見つけ出してくれた。一九三三（昭和八）年、松原商会の「春期運動会」のもので、伊勢の二見浦《ふたみがうら》に旅行したとある。すでに二つの工場を稼働さ

［写真4-4］1933年、松原商会「春期運動会」。伊勢二見浦にて（藤井よし子氏提供）

せていた松原商会には、この人々が従業員として働いていた。

頼介は故郷である鋳銭司《すぜんじ》の出身者を多く雇った。母のクニは長命で戦後の一九五〇(昭和二五)年に没しているが、頼介はちょくちょく神戸に呼んでいた。父の弥造は一九三〇(昭和五)年には亡くなっているが、やはり神戸に招いて寺に連れて行ったことがあるという。頼介は親孝行であった。というか、それ以外には消費の楽しみ方を知らなかった。

その代わりに頼介は、住吉川沿いに邸宅を建てることにした。息子の孜は、生を受けた東出町から東に四キロメートルほど移動したところにある王子公園西南の宮本小学校に入学して、住まいは水道筋(場所は不明)に移転しており、さらに一九三六(昭和一一)年に魚崎小学校に転校する。当時、東北地方では冷害によって飢餓や娘の身売りが頻発していた。日本史の教科書には暗く描かれる時代である。ところがこの時期にあっても、阪神間のブルジョワの暮らしは「陽」であった。「阪神間」というのは、大阪と神戸に挟まれ六甲山を背景とする地域である。そして住吉川は芦屋川と並び、「阪神間」の中心と目される場所であった。

この地域には明治時代に官営鉄道が開通し、とりわけ六甲山と瀬戸内海に挟まれたゆるやかで明るい斜面には、早くから大阪商人が別荘を持つようになっていた。もともと六甲の山々は秀吉が大坂城築城のために木を切ったとされ、明治の初めまで丸坊主であった。雨が降ると花崗岩の山肌には山崩れが起き、鉄砲水が山麓を襲った。しかし植林とダム建設によって六甲山の治水事業が進むと、みるみる高級住宅街が形成されていった。

開発の出発点となったのは、一八七四(明治七)年に官営鉄道に設けられた住吉駅である。その北側の丘陵(御影町郡家《ぐんげ》)や住吉村観音林《かんのんばやし》、住吉川沿いの反高林《たんたかばやし》に、関西ではもっとも豊かな人々が千坪に及ぶ広大な邸宅を建設していった。紡績業関係会社のオーナー、住友家関係の本家、有力商社の社長、船場《せんば》の富商たち、地元酒造会社の本家等である。御影町・住吉村・魚崎町は「富豪村」と呼ばれ、なかでも住吉村は「日本一の成金村」と評された。*9

さらに大正時代から昭和初期にかけ、私鉄である阪急電鉄・阪神電鉄による住宅地経営が活発化する。東京でも東急や小田急が行ったことではあるが、先鞭をつけたのはこの時期の阪急であった。阪急社長の小林一三《いちぞう》は鉄道を敷きながら、沿線の住宅地の開発と分譲に着手した。両端にデパートや行楽地をつくり、その間の沿線には駅ごとに宅地を開発して売るという戦略である。岡本駅周辺においては一九二九(昭和四)年、斜面に雛壇形式で入母屋・瓦葺き・杉皮張りの和風住宅を分譲している。

阪急・国鉄・阪神は、南北に狭い丘陵地帯を併走するように敷設された。阪神間といえば夙川《しゅくがわ》や苦楽園、香櫨園《こうろ》なども早くから開発されているが、とりわけ華やかだったのは阪急沿線の御影から岡本・芦屋川に至る区間で、それは現在のJRでは住吉から摂津本山・芦屋に相当している。阪神では御影から魚崎・青木《おおぎ》・芦屋だが、浜側を走る阪神は漁師町や酒蔵、工場地帯も通っていたため庶民的であった。阪神は阪神甲子園球場と阪神パークを核として、一九三〇(昭和五)年には甲子園住宅を開発している。

阪神間は当初は別荘地として、阪神電鉄の開通とともに通勤圏の生活居住地として、脚光を浴びていった。人気の理由は、どの立ち位置からも山と海が眺望できる、明るい自然環境にあった。そこに大正末の関東大震災の影響で東京から文化人が移住してくる。西洋文化の浸透もあり、ハイカラでモダンな文化が形成されていった。戦後ではあるが一九六一(昭和三六)年に発表された山崎豊子の小説『女の勲章』でも、船場生まれの主人公である服飾デザイナー・式子《しきこ》が「老婢《ろうひ》」(中年の女中)とともに反高林近くに暮らすという設定になっている。

「阪神間モダニズム」は、オリエンタルホテルに代表されるホテル文化、「昭和ベル・エポック」と呼ばれたファッション、御影石の塀と茶室を有する近代和風建築、松と花崗岩から成るランドスケープ、美術家や蒐集家、灘校や甲陽学院、小林聖心や甲南女子といった私学教育を含む特異なモダニズム文化として成立したのである。*10

図4-6の住吉・岡本・摂津本山・魚崎の各駅は、私が通った魚崎小学校や灘校から徒歩圏内にあ

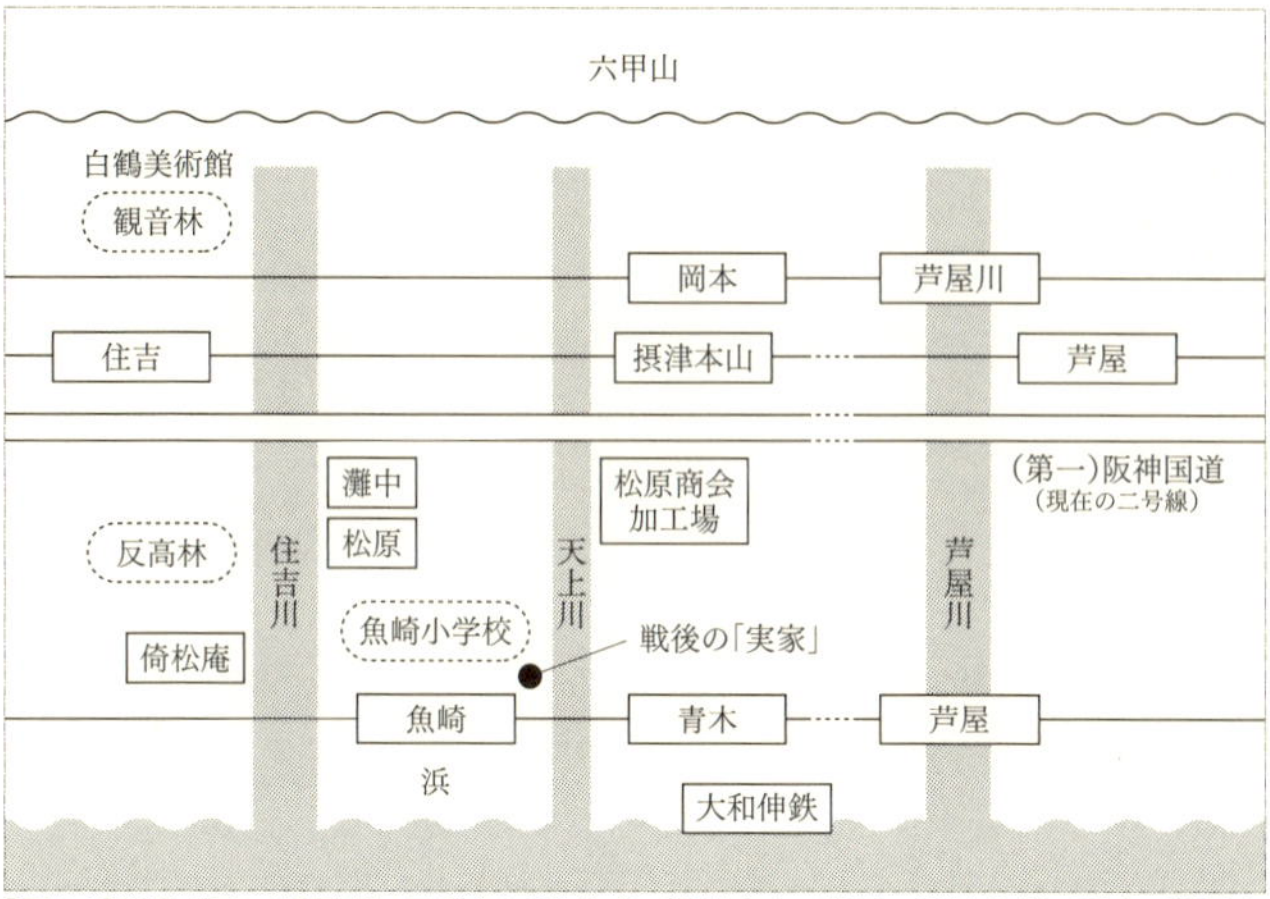

[図4-6]阪急岡本、芦屋川、国鉄(ＪＲ)住吉、摂津本山、芦屋、阪神魚崎、青木、芦屋および松原家の居宅、工場の位置関係

る。松原商会加工場は、一九三一(昭和六)年に摂津本山の南で創業されていた。そして頼介は一九三六(昭和一一)年、灘校の南隣(魚崎町横屋字大川原771−8)の七六七坪に住宅を建設し、移住した。

土地台帳によれば、この土地は一九二三(大正一二)年までは「山林」であり、魚崎町が所有していた。それが開墾されて一九三一(昭和六)年には「畑」となり、個人に売却された。宅地としての登記は一九三七(昭和一二)年だが、孜が魚崎小学校に転校したのは一九三六(昭和一一)年四月だから、この時点で頼介は借地して住宅を建てていたのだろう。土地を頼介が取得したのは一九三九(昭和一四)年の二月二七日である。母屋は木造・瓦葺の二階建で、建坪は六二・九坪。二階建で建坪二八・九坪の木造・瓦葺家屋が併設されていた。

戦後、一九五〇(昭和二五)年に頼介はこの土地と家屋を最高裁判所に売却している。一四年間をこの広大な家屋で過ごしたのだった。継承した家を

[写真4-5]住吉川沿いの家。応接室の前庭に立つ藤井よし子氏(藤井よし子氏提供)

[写真4-6]住吉川沿いの家、庭、椅子(藤井よし子氏提供)

実際に利用したのは大阪高裁で、木造家屋は三一年後の一九八一(昭和五六)年に解体、コンクリート三階建ての公務員宿舎が建てられた。私が灘校に通っていた一九七五(昭和五〇)年以前にはまだ木造家屋が建っていたはずだが、内部は見ていない。これは応接間の前の庭だという。

藤井氏は一九二四(大正一三)年生まれ、女学校(五年制の高等女学校)二年の春休暇中、山口の鋳銭司から夜行で頼介の家に遊びに行ったという。一九三七(昭和一二)年の春であろう。阪神電車に乗り、甲子園球場に行って下関商業が出場するのを観戦した。当時は中等学校野球(現在の高校野球)もまた大きな娯楽であった。この年、一四回選抜大会で下関商業はベスト8に進出している。

藤井氏の記憶の中では、庭が母屋の何十倍もあった。「広い、広い庭でした」。現実には七六七坪のうち家屋の建坪が九〇坪ほどであるから、六五〇坪あまりが庭という計算になる。決まった植木職人二人が一年中通って植木を刈っており、番犬が二匹いた。それでも不用心で、再三泥棒が

［写真4-7］「松原御殿」と謳われた住吉川沿いの家（昭和50年代。『ダイワスチール四十周年記念誌』より）

入った。孜は夜に屋内で鉢合わせたことがあり、泥棒は窓ガラスを突き破って逃げたという。庭には葡萄や柿・枇杷がなっていた。菊枝は晩年まで自宅で枇杷や無花果を採取するのが好きだったが、当時からの習慣だったのだろう。鶏も飼い、採卵していた。

女中さんは四、五人が同居、毎朝、食事を一〇人分用意した。役員や工場長が広間で大きなテーブルを囲み一緒に食事するためである。客は昼間も多く訪れた。菊枝は盆暮れに神戸の三越や大阪の高島屋で品物を買って置いておき、社員の家人がやってくると手土産として持たせた。親戚も呼び、贈り物を配った。

仕事の虫である頼介は、文化には興味を持たなかった。出歩くことを好まず会社との行き来だけで、帰ったら着物に着替えて碁を打った。浪費をせず、暮らしに阪神間の文化を取り入れたのは菊枝だった。書画の本を買っては研究し、中川一政《かずまさ》の薔薇、奥田元宋《げんそう》の赤富士などを蒐集した。藤井氏はよく宝塚少女歌劇に連れて行ってもらったという。

『ダイワスチール四十周年記念誌』に、最高裁所有期の外壁の写真が掲載されている。樹木が伸び放題に葉を生い茂らせているが、菊枝ならば植木職人に整えさせただろう。大阪高裁に電話で確認したところ、内部の写真はないとのことであった。

だが推測の手がかりはないでもない。谷崎潤一郎が『細雪』を執筆した「反高林の家」(一九三六[昭和一一]～一九四三[昭和一八]年居住)が、「倚松庵《いしょうあん》」(谷崎の雅号)として現存している。それは頼介の家から住吉川の対岸を二〇〇メートルほど下ったところにあった。

しかも、物語としての『細雪』は一九三六年一一月から始まっている。同年四月に住吉川沿いに住み始めた頼介と菊枝・孜の暮らしと同じ空気を描いた作品といえよう。

[写真4-8]現在の倚松庵(著者撮影)

『細雪』の舞台は芦屋で、中心人物は三姉妹の幸子《さちこ》・雪子・妙子(長姉・鶴子は東京在住)であるが、モデルは「反高林の家」とそこで谷崎と同居した三人目の妻・松子と二人の妹、重子・信子である。この小説における筋らしき筋といえば三十路まで行き遅れた雪子が何度も見合いを重ねることであるが、それよりも三姉妹を京都の桜やこの家の庭に置いて描写することに谷崎は情熱を傾けた。平安神宮の枝垂れ桜を描く著名なシーンは、こうだ。

《あの、神門を這入《はい》って大極殿《だいごくでん》を正面に見、西の廻廊から神苑に第一歩を蹈《ふ》み入れた所にある数株の紅枝垂《べにしだれ》、――海外にまでその美を謳《うた》われていると云う名木の桜が、今年はどんな風であろうか、もうおそくはないであろうかと気を揉《も》みながら、毎年廻廊の門をくぐる迄《まで》はあやしく胸をときめかすのであるが、今年も同じような思いで門をくぐった彼女達は、忽《たちま》ち夕空にひろがっている紅の雲を仰ぎ見ると、皆が一様に、

「あー」

と、感歎の声を放った。この一瞬こそ、二日間の行事の頂点であり、この一瞬の喜びこそ、去年の春が暮れて以来一年に亘《わた》って待ちつづけていたものなのである。[*11]》

一九三六(昭和一一)年といえば二・二六の年であるから軍部の進出による暗い世相が連想されるが、桜の美観や和装の女性に心を奪われる人も少なくなかったのだ。次に「蘆屋《あしや》の家」＝反高林の家の庭は、こう描かれている。庭を歩き木々を眺める谷崎のため息が伝わるかのような描写だ。

《この春彼女(雪子、引用者注)が東京へ立って行った頃にはライラックと小手毬《こでまり》が満開で、さつまうつぎや八重山吹はまだ咲いていなかったが、いまはもう霧島や平戸も散ってしまい、わずかに咲き残った梔子《くちなし》の花が一つ二つ匂《にお》っているばかり。シュトルツ家との境界にある梅檀《せんだん》と青桐《あおぎり》の葉はおびただしく繁《しげ》って、その二階建ての洋館を半ば蔽《おお》い隠していた。[*12]》

一九七〇年代に頼介は青木の浜のやはり千坪近い土地に和風の邸宅を構えたが、ここでも菊枝は植木屋を入れ、常に木々を端正に整えていた。朝日を浴びて野鳥が芝生の虫をついばむ情景は私の脳裏に焼き付いているが、それとの連想で言えば、灘校南隣の家にもこの谷崎邸に描かれるような庭木を菊枝が揃えていた可能性が高い。谷崎は関東大震災以後に移り住んだ反高林の家とそこから眺める六甲山について、幸子にこう言わせている。

《自分も矢張生粋の関西人であり、どんなに深く関西の風土に愛着しているかが分かる。別に取り立てて風情《ふぜい》もない詰まらないこの庭だけれども、此処に彳《たたず》んで松の樹の多い空気の匂を嗅《か》ぎ、六甲方面の山々を望み、澄んだ空を仰ぐだけでも、阪神間ほど住み心地のよい和やかな土地はないように感じる。*13》

そう、この住吉川の地において、海が近く山が迫って見えるのは、かけがえのない共有財産なのだ。これは同じく六甲山と庭の松とを眺め、澄んだ空気を吸った菊枝の感想でもあっただろう。谷崎は江戸の街並みや文化・自然を愛したが、大正・昭和と近代化が進むにつれその秩序*14が崩壊し雑然とするのに耐えられなくなり、震災を機に関西に移った。そして和式と洋式、自然と人工が折り重なりながらも調和を醸し出す阪神間モダニズムと出合い、創作意欲をかき立てられたのだ。

それはこの地で生まれ、三歳から高校までを過ごした私にもよく理解できる。それでも私には、『細雪』において馴染めない部分がある。それは「こいさん、頼むわ」で始まるこの物語が、大阪の船場の会話体で書かれていることだ。濫発される「ふん」にしても、魚崎や住吉の子どもたちが使うのを、私は聞いたことがない。これも船場に特徴的な大阪弁であろう。それもそのはずで、四姉妹の「蒔岡家《まきおか》」は、大正末期まで全盛を誇った船場の名家として設定されている。三姉妹はものごころつくまで船場で育ち、次女の幸子が「蘆屋」に嫁いだのである。実際、反高林の家の女主人であった松子は、船場の出身だった。

松子は主人が大阪で仕事をしつつ阪神間に別荘を持つという阪神間モダニズムの標準的なあり方を体現した主婦であった。職場も近隣にある頼介のほうが、例外だった。

その違いについて気づかせてくれるのが、堀江珠喜氏（現・大阪府立大学教授）の次の文章である。

《……阪神間のブルジョワたちの暮らしは「陽」である。京都の伝統美には触れても因習の煩わしさからは解放され、大阪で資産を築いても、その非情な駆け引きや商売の苦労まではもち帰らない。そもそも、保養地にそのような生活臭を漂わすべきではあるまい。[*15]》

『細雪』の三姉妹は、お師匠さんを通わせて自宅で舞を習ったり、菊五郎の鏡獅子を見に出掛けたり、神戸の与兵《よへい》という鮨屋で車海老のおどりに舌鼓を打ったりする。収入を得るための労働などとはほど遠い、保養地のような暮らしぶり。日常に生活のための苦労を持ち込まないところで成立しているのが『細雪』の世界なのだ。というか、それは東出町・西出町・東川崎町の住人が汗水たらして稼いだ小銭を新開地で使い果たすといった消費とは、根底から異なる文化であった。

幸子が真剣になるのは、雪子の見合いの相手の家柄や血統を、興信所を使って調べ上げることであった。相手の母親が精神を病んでいる(認知症?)と分かると、縁談を断るのが幸子にとっての真心であった。

この習慣がどのようなものか、私には手に取るように分かる。戦後にあっても私の両親がそうだったからだ。「身分」や「家柄」が、彼らにとって唯一の価値であった。家の中の会話も、不確実性に耐える企業家の心構えに触れることなどはついぞなかった。舞やジャズ、興信所が日常の話題、つまり消費生活の中心にあった。菊枝は幸子と同じように阪神間モダニズムを満喫しはしたものの、同時に頼介の事業がそのときどきにどのような状況にあるのか、ほぼ把握していた。朝食の食器を片付けたあと、すべての手形に慎重に印を捺すのが、私が目撃した戦後の菊枝の仕事であった(戦前からの習慣であった可能性が高い)。二人は息子の孜には、この仕事は任せなかった。つまり『細雪』の幸子と同様に仕事の現実について知らず阪神間モダニズムに浸ったのは、菊枝ではなく二代目の孜だったのだ。

ちなみに「反高林の家」は、建物こそ現在の「倚松庵」ではあるが、所在地が異なっている。かつての住吉村と魚崎村を分ける石碑が六甲ライナー魚崎駅の下にあるが、その西のブロックに谷崎は住んでいた。この家は大阪証券取引所元理事長の児山破魔吾《はまご》が谷崎から買い取り、その価値を重視して改築しなかった。それが六甲ライナー建設時、数軒北に移築されたのだ。

『細雪』には、この反高林の家に住まなかったらとても書けなかったであろう事件が登場する。神戸市内の死者・行方不明者だけで六一六人にのぼった一九三八(昭和一三)年の阪神大水害であ

［写真4-9］阪神大水害・阪急沿線御影、岡本間の落石（毎日新聞社）

る。七月五日の明け方から大雨が降り、六甲山から津波のごとく崩れた土砂は、芦屋川から須磨区の妙法寺川まで神戸の広域を襲った。神戸ではこの現象を「山津波」と呼ぶ。流出土砂量が最も多かったのは住吉川で、畳に乗ったり木の枝につかまったりして助けを求めながら流される人が続出した。天上川以西は大河のような濁流となり、住吉川との間では国鉄以北の野寄《のより》、国鉄と阪神国道（現在の国道二号）の間の田中、その南の横屋がもっとも悲惨で、甲南市場もゴルフ場も土砂に埋もれた。

雨の勢いは午後一時から衰え始め、三時に止んでいる。岡本と御影の間では線路が巨岩の下敷になった。では、住吉川沿いの頼介宅はどうだったか。土砂や巨岩は阪神国道の北に押し寄せたもののそこで積み重なり、大水は巨岩により東西に二分されて、住吉川を下らなかった。阪神国道から灘校を挟んですぐに位置していたこの家は、すん

［写真4-10］阪神大水害・泥に埋もれた神戸の住宅（毎日新聞社）

での所で無事だったのだ。

むしろ大変だったのは加工場である。それは天上川沿いにあったため、土砂に埋もれ、元通りにするのに数箇月かかった。ただし、一九三八年七月という時期は微妙である。頼介にとって、この加工場は金の成る木だった。ところが頼介はこの時期に、そんな虎の子を手放そうとしていた。手放す工場を土砂から掘り起こすのは、ため息しか出ない作業だっただろう。

私たち親族はその理由を「国から会社の統合を求められて承諾した」と聞かされていたが、私はそれだけではなかったと考える。前年である一九三七（昭和一二）年七月七日、支那事変が勃発している。ちょうどその頃、頼介の事業には暗雲が垂れ込めつつあった。『細雪』にも「時局柄」という言葉が頻出するが、この紛争は戦争でなく事変と称されていた。盧溝橋事件後に戦闘が激化したものの、日本と当時の中華民国の双方が宣戦を布告しなかったからだ。日米が開戦するまでの四年間、公式には戦争とされない熾烈な抗争が繰り広げられた。

それを受けて日本政府は一九三七(昭和一二)年九月一〇日、「臨時資金調整法」と「輸出入品等臨時措置法」を公布した。日本国内の資金や資材を日中戦争にふり向けるために制定された法律である。これは頼介にとって致命的であった。原材料である繊維が入手できなくなったのだ。

中村隆英《たかふさ》氏が『日本の経済統制』(ちくま学芸文庫、二〇一七)において、その経緯について分析している。日本で経済統制が注目されたのは世界恐慌の波が打ち寄せた一九三〇(昭和五)年で、まずは業界団体による自主規制(カルテル)が結成され、「重要産業統制法」が制定された。しかしカルテルによるだけでは景気は回復しないとの考えが拡がり、一九三六(昭和一一)年に統制に批判的だった高橋是清が青年将校に惨殺されると、軍備の大幅拡大を主眼とした五割増の翌年度予算が策定された。

この大型予算は輸入の増加を引き起こし、国際収支を悪化させた。金や外貨が不足して対外決済が危機に瀕し、金融と財政で引き締め必至の状態となったのである。ところが陸軍は石原莞爾に従って、逆に日本内地と満洲に大規模な軍需工業を建設する構想を推し進め、公共事業として設備投資の拡大を強行した。それゆえ代わりとなる経済引き締め策が必要となった。こうして「臨時資金調整法」が公布され、資金は鉄鋼・造船・航空機等の軍需産業に優先的に回し、純然たる民需である繊維や紙、旅館や飲食といった平和産業からは引き上げたのである。

それでも国際収支は悪化したままだった。そこで政府は「輸出入品等臨時措置法」を制定、輸入原材料を用いた製品は統制を受けることとなった。頼介が手がけた織布は平和産業に分類され、資金が得られず原材料が輸入できなくなって、帆布は製造停止となったはずなのである。頼

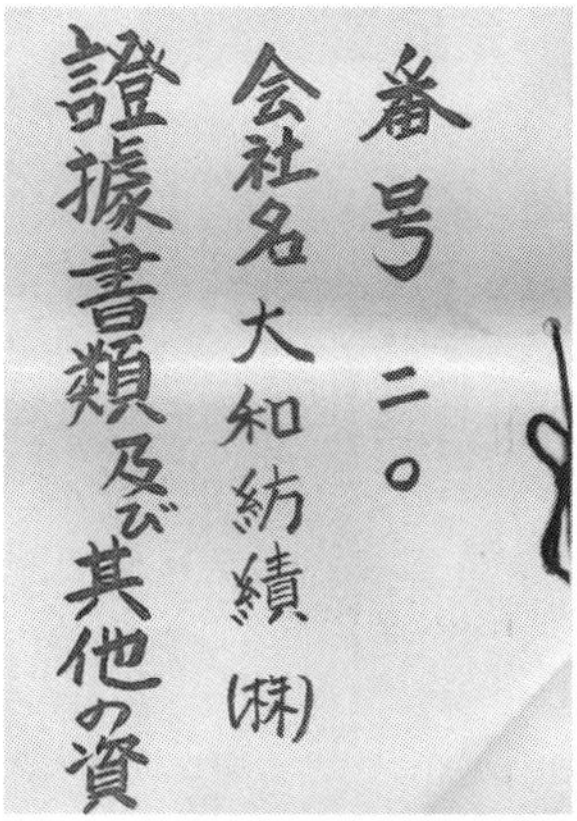

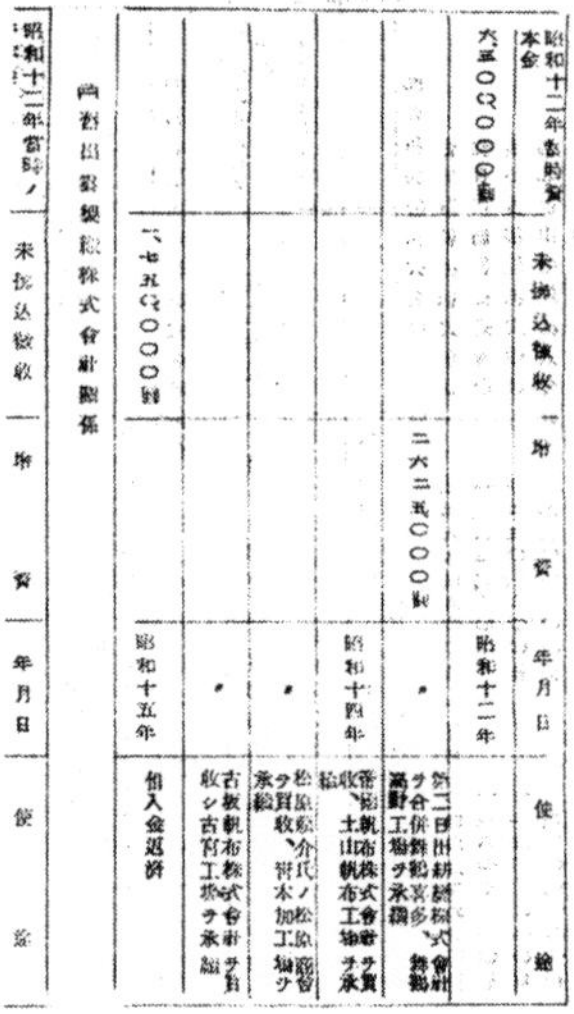

[写真4-11, 12]日出紡績と松原頼介の取引書類(中村研究室資料より)

介は万事窮し、松原商会加工場を一九三九(昭和一四)年三月二九日、帝國帆布を同年一二月三一日に日出紡績に売却した。日出紡績は臨時資金調整法により、この買収を認可されていた。

一九四〇(昭和一五)年になると国策においてさらに統制が進み、日出紡績もまた他の三社と合併した。臨時資金調整法の認可を得て大和紡績株式会社となったのである。『ダイワボウ60年史』に松原商会・帝國帆布の名が登場するのは、そうした経緯があったからだ。

南満洲鉄道を相手とする頼介の製帆事業は、こうして幕を降ろした。広々とした庭を擁する豪邸を得ながら、阪神間モダニズムの夢にまどろんだのは三年に過ぎなかったのである。

ところで本件については驚くべき出来事があった。中村隆英氏は、実は私が属する東大の

教養学部において経済・統計教室という小組織のごく近しい同僚であった。二〇一三年に逝去され、事務助手のIさんが私の研究室と同じ建物内にあった中村研究室の物品を整理していたところ、松原商会の日出紡績への売却記録を見つけたのである。私が常々茶飲み話として頼介につき喋っていたため、Iさんがその名前に気づいたのだ。

何故、中村氏はこの記録を持っていたのか。『日本の経済統制』の資料とも考えられるが、別の見方としてはダイワボウの社史を中村氏が部分執筆していた可能性がある。ダイワボウの編纂室に問い合わせたところ、松原商会についての記述は三〇年史をそのまま引き継いだものであり、四〇年前に誰が執筆したかは分からないとのことで、真実は藪の中ではあるのだが。

閑話休題。実業家としての頼介は、水害で加工場が破壊され、整理に忙殺された。松原商会の加工場と帝國帆布も売却を余儀なくされた。それにもかかわらず頼介は、呆然自失する人間ではなかった。大水害で加工場が破壊される前の月、つまり一九三八(昭和一三)年六月、突拍子もない事業に乗り出していたのである。それがともに一四一トンの木造貨物船、第壱喜久丸・第弐喜久丸を建造することであった。その先には海運への進出を見据えていたのであろう。建造場所は愛媛・中島の怒和島造船所であった。

第五章　船を造る

頼介が取得もしくは建造した船は、各種の資料をつきあわせると次頁の八隻になる。すべて木造の機帆船、船種は貨物船（協力・「戦没した船と海員の資料館」大井田孝氏、資料は林寛司「戦時日本船名録」、正岡勝直「日本海軍特設艦船正史」、「海軍徴用船舶名簿」他）。

ここから読み取れることを列挙しよう。第一は「喜福丸」のみが小さく松原商会が健在だった頃に建造されており、「キク」という菊枝に通じる船名を持たないこと。それ以外の「喜久丸」は臨時資金調整法公布の翌年である一九三八（昭和一三）年以降に建造された共通名である。

第二に、造船地は淡路島の福良《ふくら》、対岸に当たる徳島の撫養《むや》、愛媛の怒和島《ぬわじま》、それと御津《みつ》の四箇所であること。

第三に、徴傭[*1]が公表されているのは第七号と第十二号で、沈没（船員二名死亡）が確認されているのは第七のみだということ。頼介は生前、「フィリピンで亡くなった船員の遺族に自分が補償したが国は何もしなかった」と言っていたが、遺族の補償というのは、徴傭され海軍の指揮下でセブ島付近を航行中に米軍の攻撃によって沈没した第七喜久丸にかんしてであろう。けれども小さな船以外はすべて「軍に取られて帰らなかった」のだから、現実には七隻の喜久丸が徴用され沈没したのだと思われる。

第四に、第壱・第弐喜久丸は石堂軍治の所有、船籍地は飾磨《しかま》で、他の頼介・菊枝所有船の船籍地はいずれも魚崎である。

第五に、第三・第四、第八・第九・第十喜久丸は欠番である(ただし第七・第十一・第十二を並行して建造している写真が存在するから、欠番にはさしたる意味はないのかもしれない)。

第六に、造船時期は一九三五年から一九四〇年までの五年間だが、第一・第二・第五・第六の四隻の建造は帝國帆布と加工場を売却する前年の一九三八年の六月から一二月までに集中している。また第七、第十一、第十二の三隻は一九三九年の一一月から翌四〇年の九月にかけて建造している。

	船名	船舶番号	総トン数	造船地	製造年	所有	船籍	
①	喜福丸	55673	49	兵庫・福良	1935.9	松原頼介	魚崎	
②	第壱喜久丸	44603	141	怒和島造船所／愛媛・中島	1938.6	石堂軍治	飾磨	1943 海軍?
③	第弐喜久丸	44611	141	怒和島造船所／愛媛・中島	1938.6	石堂軍治	飾磨	
④	第五喜久丸	44844	182	大喜造船所／徳島・撫養	1938.10	松原頼介	魚崎	1943 海軍?
⑤	第六喜久丸	45310	184	大喜造船所／徳島・撫養	1938.12	松原菊枝	魚崎	
⑥	第七號喜久丸	46387	184	兵庫・御津	1939.11	松原頼介	魚崎	1943 海軍? 1944.9.20 セブ島付近沈没
⑦	第十一號喜久丸	46935	184	兵庫・御津	1940.5	松原頼介	魚崎	
⑧	第十二號喜久丸	47573	213	兵庫・御津	1940.9	松原頼介	魚崎	1943.2.20 海軍横浜鎮守府 第八艦隊輸送船 ／1945.9.2 解傭

[表5-1]頼介が取得もしくは建造した船の一覧

ここから推測されるのは、小ぶりな喜福丸をまず建造もしくは購入し、そののちに松原商会の売却を決意すると同時に頼介は造船に向かったということである。貨物で海運の仕事をしようとしたと思われるが、造船して売却する商売を目指した可能性もある。もっとも「臨時資金調整法」で平和産業においては原材料が入手しにくくなったのだから、海運向けの造船が続けられるとは期待しなかったであろうし、だからこそ集中して造船したとも言えそうだ。

次に、アルバムに貼られた船の写真を精査してみた。そうしたところ、第壱・第弐、第五、第七、第十一

［写真5-1］第五喜久丸、徳島・撫養、大喜造船所（著者蔵）

号喜久丸のものが存在していると分かった（第十二号は製造過程のみ）。第壱・第弐喜久丸は、写真がもう一枚ある。第五喜久丸は、長らく写真が存在しないと勘違いしていたが、スマホの拡大鏡アプリで船名を見たところ写真5－1がそうであることが分かった。

第五喜久丸は、船籍データには「大喜造船所／徳島・撫養　1938・10」とあるから、写真は一九三八（昭和一三）年の一〇月に撮影されたことになる。そこで「撫養」という地名を徳島の地図で探すと、鳴門市内の各所に「撫養」の地名があった。海岸で建造されたとしても海岸線は長そうで、写真片手に造船場所を特定するのには骨が折れるかと思われた。また「大喜造船所」は、ネット検索では特定できなかった。

それでいったんは諦めていたのだが、友人から「ダメ元で鳴門市立図書館のレファレンスで質問してみたら」と勧められたので、実行してみた。

［写真5-2］徳島県撫養町岡崎の海岸。大喜造船所（著者撮影）

そうしたところ、嬉しいことに高田博子館長から直々に詳細な報告が戻ってきた。報告では『鳴門市史 現代編1 第五節・造船』（一九九九）、『板野郡誌 第11編 殖産志 第5章 工業 1工場』（一九二四）、『撫養町勢要覧』（一九四三）の三つの資料が挙げられ、そのうち最初のものについては、退職しておられる編纂者の方が実際に造船所を回って聞き取りをして下さったという。恐縮するとともに、地方図書館の有能さに舌を巻いた。

この二つめ『板野郡誌』に一九二二（大正一一）年末における郡内の工場一覧があり、

「（名称）大喜造船所　（位置）撫養町岡崎　（工場主）大濱喜平　（創業開始年月）明治19年1月　（主要業務）造船　（職工数）男5　女0　計5」

と書かれている。これは「当たり」だろう。

これが正しいならば、撫養町の「岡崎」で「大」濱「喜」平氏が「大喜造船所」を営んでいたことになる。地図を見れば、岡崎ならば海岸に絞られる。

[写真5-3]右から第七喜久丸、第十一喜久丸、第十二喜久丸(著者蔵)

岡崎は徳島阿波おどり空港からさほど遠くない。それで二〇一七年九月に再びマイルを利用してJALで飛び、ほど近い岡崎の海岸へタクシーで行ってみた。

岡崎の海岸には海水浴のできそうな美しい海が拡がり、砂浜の区域とテトラポットの区域に分かれている。対岸には遠方に淡路島が見え、海岸の右手には小高い山が連なっている。第五喜久丸の写真(写真5－1)をよく見ると左端にうっすらと島のような形の山が認められるから、それに近い形状といえるだろう。すぐ後ろに民宿があったので、「大濱さんのお宅はご存じですか」と尋ねてみた。答えはなんと「三軒先」とのこと。拍子抜けするほどあっさりと見つかった。

大濱さん宅を訪れ、造船について伺う。戦後に廃業したものの戦前は先代の喜平さんがお宅を出たところの海岸で造船しており、隣近所の五軒がそれぞれ造船所だったため互いに手を貸し合ったとのこと。そこで浜に出て撮影してみた。これら二枚の写真は同じ位置から撮ったはずで、時は経ても地形は変わらない。約八〇年前、この場所に第五喜久丸が鎮座していたのだ。

次に第七・第十一・第十二喜久丸の建造場所を探ってみる。「御津」とはいったいどこのことなのか。

写真5－3には「第七号喜久丸進水記念」以外はまったくクレジットがなく、いったい、いつ、どこの写真かも分からない。だが判明したデータによれば第七号喜久丸は一九三八年一一月に建造され、一九四四年九月二〇日にセブ島で二人の船員とともに沈没している。ということはこの写真が撮影されたのは一九三八年一一月で、徴傭され軍役について約六年後に沈没したことになる。セブ島くんだりまで駆り出されて米軍に攻撃された哀れな木造船が、写真では竣工間近の「第七號喜久丸」ということだ。数年後の運命に、粛然とする。

［写真5-4］進水式の頼介（著者蔵）

もう一枚の写真（5－4）では、頼介が岸に向かって手を振っている。これは写真5－9のものだとすれば、第十一号喜久丸の進水式だろう。頼介は怒ったり笑ったり感情の起伏が激しい人ではあったが、それでも船上でハトを放ったり、帽子を掲げて手を振ったりという風に喜びを爆発させた記憶は私にはない。戦後は鉄の会社だったから「進水式」のように切り良く喜べる瞬間はなかったのかもしれな

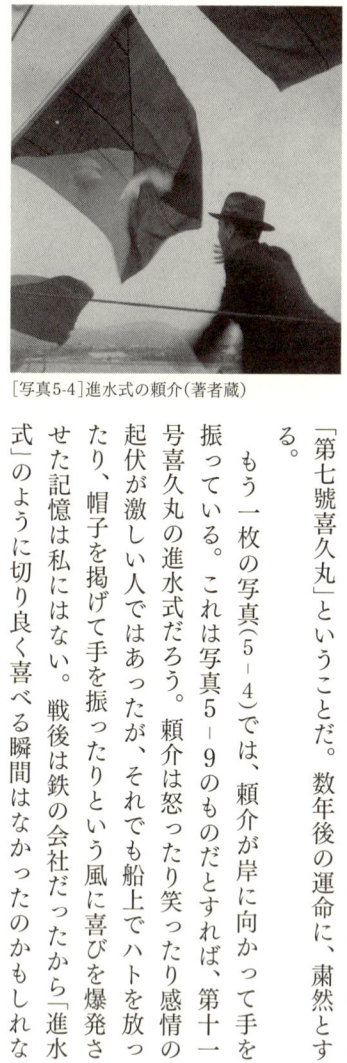

［写真5-5］船名不明（著者所蔵）

いが、ともあれ仕事でこんなに嬉しそうにすることがあるのか、と意外に感じる。

日本郵船博物館関係の方によれば、かつて多くの造船所では試運転中の船と造船所で連絡をとりあうために伝書鳩を飼育し、進水式ではこの鳩を飛ばしたという。中央の旗は国際信号旗の「Z」で、進水式では国際信号旗をずらっと並べて満船飾《まんせんしょく》とする慣わしがあった。

第十一号、第十二号喜久丸も同じ御津で建造されたとなっているから、第七号の横で複雑に組み立てられているのが第十一号で一年半後の一九四〇年五月に完成、一番左で骨組みだけのものが第十二号で同年九月に完成したことになる。「戦時日本船名録」等のデータのお陰で、何のクレジットもない写真の撮影日時がこれですべて判明した。

では、船首に立つ祖父が帽子を振っていた「兵庫・御津」とは、いったいどこのことなのか。「御津

［写真5-6］第７喜久丸（著者蔵）

町」は、wikipediaによれば愛知県宝飯《ほい》郡、兵庫県揖保《いぼ》郡、岡山県御津郡と三箇所ある。とすれば兵庫県揖保郡（現たつの市）が当確だ。これには連想されるものがある。揖保郡には、祖母の実家である石堂家があったのだ（揖保郡河内《こうち》村袋尻《ふくろじり》）。私も以前、すでに更地になっていたその土地、おそらくは軍治の家族写真（二七頁、写真０－14）が撮られた場所を見に行ったことがある。とするならば、そこからほど近く、菊枝や石堂軍治に土地勘のある場所で造船したのだろう。

奇遇というのはあるもので、御津町が気に掛かっていた二〇一二年九月に赤穂市で講演を求められた。赤穂は御津町から三二キロメートルほど西にある。幸運に感謝しつつ、私は講演前日に御津町の海岸線をタクシーでたどってみることにした。

写真５－６で湾内に浮かぶのは船尾からして第七喜久丸だが、重要なのが背景だ。そこには山と

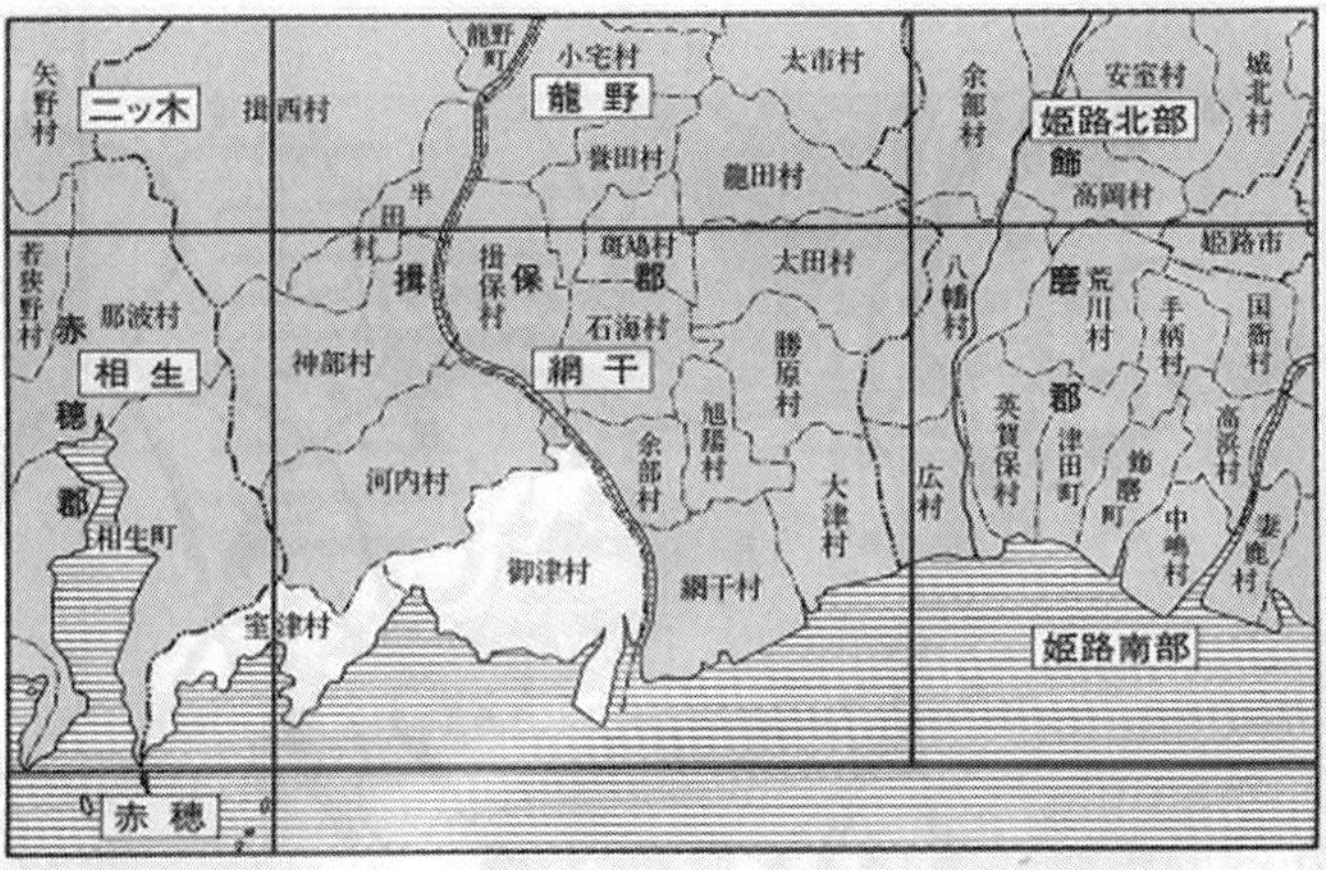

［図5-1］御津（現たつの市）周辺の旧村名（1923［大正12］年時点。出所『御津町史第二巻』）

いうか、丘のようなものが写っている。また第七号の進水式（写真5－3）では、背後に瓦ではない屋根の長い建築物が写っている。写真5－5の背景も含め、該当する丘陵に似た海岸を探すことにした。

JRを網干《あぼし》駅で下車してみる。御津町は、たつの市の海岸あたりである。駅前でタクシーを拾い、三枚の写真を運転手に見せてみた。

「こういった形の山や丘、湾や漁港のようなものはありませんかねぇ？」

運転手はうーん、と写真を見つめ「このあたりだったら山は『成山新田《なりやましんでん》』しかないわなぁ」と言った。左右に樹木が密生する林道を抜ける。「このあたりが成山新田ですわ」。そこは大正時代、揖保川の河口あたりに開拓された約一〇〇ヘクタールの干拓地で、人気《ひとけ》がなく、畑が続いている。なるほど山らしきものがあるし、畑もそれに近く見える。だが船が浮かぶ湾となると、どこなのか周囲を見渡しても想像がつかない。事情を聞こうにも、人影もない。そ

［図5-2］御津町とその周辺の地形図（『御津町史第二巻』付図より。国土地理院発行２万５千分の１地形図［網干、大正12年測図旧版図］を複製。丸で囲んだ部分が岩見漁港）

こでいったん引き上げることとした。

翌日、赤穂で講演を終え、今度は御津町の西端にある相生《あいおい》からタクシーに乗り、海岸線をたどってみた。七曲・室津・岩見漁港から網干までというルートである。途中、分厚い『御津町史第二巻』を購入することができた。戦前からのこの一帯の歴史が綴られている。それに「付図」として「御津町とその周辺の地形図（1926～27）」が付いていた。

タクシーから何度か降りて眺めた限りでは、「岩見漁港」の湾の形が第七号の記念写真に似ているような気がする。湾の東側に屋根の長い建物もある。そこで一帯のお宅を虱潰しに訪ねてみた。とある一軒の奥さんが快く話を聞いてくれたが、核心に迫るような答えは得ることはできなかった。

そもそも写真5－3は第七号をいったいどこから撮影したのだろうか。アングルとしては湾の反対側ということになるが、岩見漁港は「U」型をしている。横の岸から撮影したとして、望遠でこれほど鮮明に撮影できるものだろうか。となると、湾に他の船を浮かべ、甲板に三脚を立てて撮影したのだろうか。

腑に落ちないまま話は行き詰まったかと思われた。

次の機会は、一年半後にやってきた。二〇一四年三月六日、外交史料館でダバオ行きの移民に頼介の名前を見つけた。気分が無闇に盛り上がって、たつの市役所で土地台帳を改めようと決意した。三度外交史料館に通った勘でいえば、かび臭い台帳を繰れば手がかりがつかめる気がしてきたのだ。

新幹線を姫路駅で降り、姫新線で本竜野下車、しばらく歩いてたつの市役所にたどりつく。尋ねると、土地台帳は法務局で閲覧できるという。市役所から出てしばらく歩き、法務局(神戸地方法務局龍野支局)に到着。数人の先客がいるが、すぐに要件を伝えることができた。借り出したのは岩見漁港の土地台帳である。誰が誰に売ったのか、融資はどうやったのかまでがすべて書いてある。

昭和二〇年代までしか記録がなかったのでその前のものも請求すると、あっさり見せてくれた。なんと、明治時代から、誰が誰に売ったのか、手書きで記録されている。日本人はなんと几帳面であることか。いつ誰が必要とするのかも分からない文書をこうやって取っておくのだ。

漁港内の明治時代以降のすべての土地につき一時間ほどかけて通覧した。しかし松原頼介の名前は見つからなかった。

次は成山新田である。周囲の土地を順番に見ていった。「あった」。私の目は、釘付けとなった。またまたのヒット。ここにも、祖父はいた。御津町苅屋の台帳に『武庫郡魚崎町　松原頼介』と黒々と記されている。「下中道1528ノ1」の土地を一九三九(昭和一四)年五月一八日に取得し、一九四七（昭和二二）年一二月二日に農林省に売却したとある。

魚崎町は現在の東灘区であるが、戦前は神戸市の外、武庫郡であった。また農林省とあるのは、GHQの意向を受けた農地解放で、二束三文で奪われたということであろう。苅屋は海岸線ではなく、河口を少し遡ったところにある。海岸と思っていたのは河口の間違いで、川岸で造船していたのだ。写真5－3は苅屋を東の対岸から写したことになる。

ホーっとため息をつき、ベンダーで生茶を買って飲む。この土地を一九三九年五月一八日に購入して、第七号が一九三九年一一月に進水。翌一九四〇年の五月と九月に第十一・十二号を完成させ、船上からハトを放ち帽子を振った。それらの船は有無を言わせず軍に徴用、沈没させられ、敗戦後の一九四七年一二月二日に土地も奪われた。八〇年近く前の出来事だが、この法務局でも私は祖父と再会したのだ。頼介の魂に触れた気がした。

そんなことを考えながら腰を上げ、法務局を出ようとした。そこである言葉が耳元で聞こえた気がした。祖父は確か、造船した土地を奪われたと言っていた。「他人は信用ならん」と繰り返した。「造船した土地」と言っても、怒和島と撫養は自分のものではない。となると御津のことであろう。その土地台帳には奪った人間の名前もまた登記されているのではないか。慌てて引き返し、苅屋の土地台帳を再度借りだした。

指の動きももどかしく、頁を繰る。あった。祖父の土地はさほど広くない。「下中道1528ノ1」と記されている。そして「1528」は、次の頁から2、3、4、と続く。13まで、所有者の欄にはすべて同じMなる人物の名前が記されていたのだ。取得日は異なって、一九三九年八月二八日。灘区S中町の人物とある。M某という名前は、祖父からも父からも聞いたことがない。ひょっとして、写真のどこかに写っているのかもしれない。ただ祖父は、「煮え湯を飲まされた」と繰り返していた。

注目すべきは、それぞれの土地に名前を記した「松原頼介」「M某」は、字体が同じということである。祖父はM某に登記を任せ（お人好し過ぎると思うが）、M某が頼介の土地を一三に分割、一つのみを頼介のものとし、他を自分のものとしたのであろう。頼介は、大きな仕事には前のめりになって熱中するが、登記といったきちんとした作業は面倒くさがる人間だったのだ。

だが、と大きく深呼吸する。M某の名の次の欄に視線を移すと、その土地もまた農林省に買収されている。悪事は長続きしないものだ。二人は訣別したが、土地は仲良く農林省に奪われることになったのだ。

また日を変え、私は「苅屋村下中道1528ノ1」がどこなのかを見に行くことにした。祖父は珍しく、進水式で十一号喜久丸の船首に立ち、地上の人々に向けて帽子を振っている。それはどんな場所なのか？　一九四〇年五月から八〇年近い時を経て、私は祖父がいた場所を体感したくなった。

現在、この「下中道1528ノ1」なる地番は存在しない。山陽電車の「山陽網干」駅を西に五〇〇メートルほどのところに揖保川の河口部があり、さらに西に一キロメートルほど行くと中川があって、西岸から河口にかけてが「苅屋」となっている。一年前にタクシーの運転手さんに連れてきてもらった「成山新田」も中川の西岸で、苅屋に含まれる。運転手さんの勘は当たっていたのだ。となると、そこから見える山を頼りに写真の場所を特定すればよい。

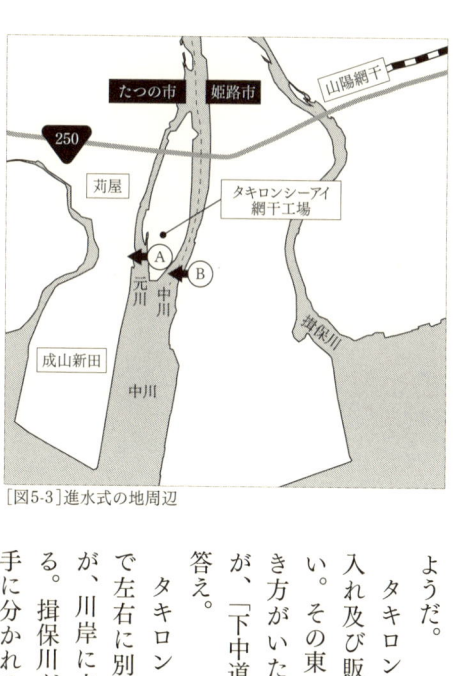

中川には、実は島状の中州がある。この島が苅屋の東端に当たり、苅屋の西側南が成山新田。西北は住宅街である。その周辺をぐるりと歩くと、水辺でしかも山が見えるのは、どうやらこの島状の中州らしい。中州の下半分はタキロンシーアイの工場で占められており、塀に囲まれている。まずは塀の北側を歩く。このあたりも住宅が並んでいる。産廃業者の事務所があり、上空に「タキロン」の看板が見える。頼介が所有した土地は、どうやら現在はタキロン工場の一部であるようだ。

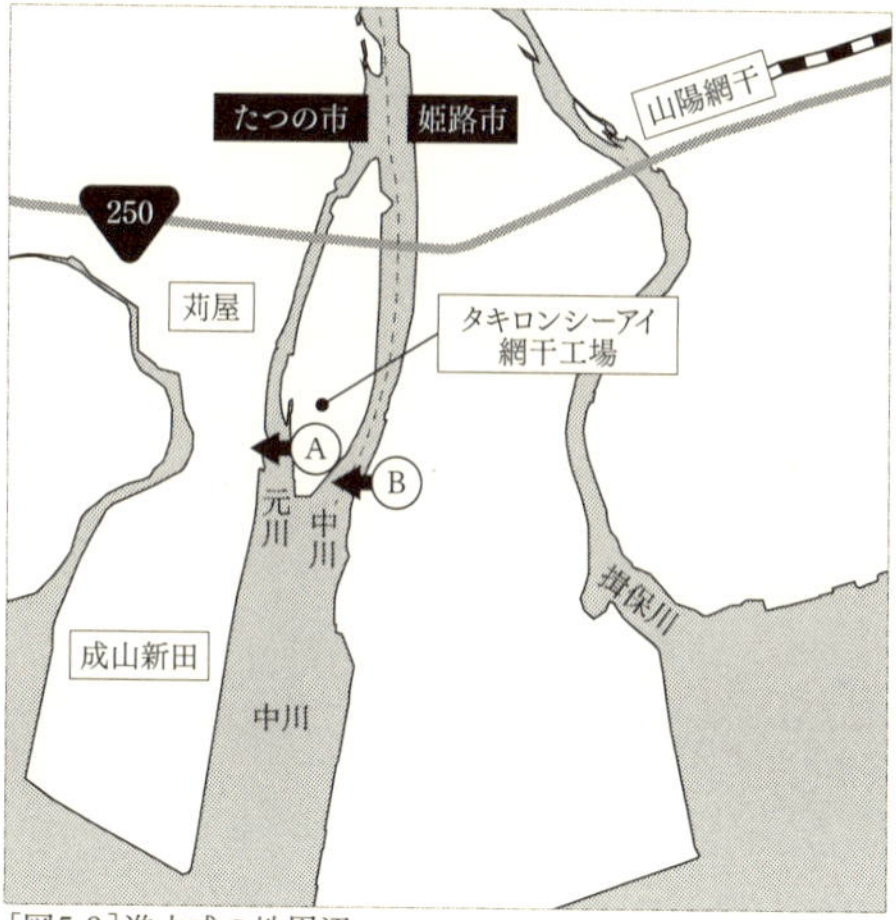

[図5-3]進水式の地周辺

タキロンはプラスチック製品の製造、加工、仕入れ及び販売を社業とし、工場はそこそこに広い。その東口から工場に入ってみる。従業員らしき方がいたので、地番について尋ねてみた。だが、「下中道1528ノ1というのは初耳」だとの答え。

タキロンの南端から西に出ると川があり、中州で左右に別れただけだからこれも中川のはずだが、川岸に立つ標識には「元川」の名がついている。揖保川が分岐して中川になりさらに中洲で二手に分かれると、それぞれの呼び名が中川と元川になるようだ。そこからは、西に山がくっきり見える。写真５－７は、タキロンの西から元川の向こうを望んだ現在である。どうだろう、写真５－７はアルバムにあった写真５－６とほぼ同じ構図に見えるではないか。山の形は同一である。

［写真5-7］図5-3Ⓐのアングル（著者撮影）

ちょうど元川の、私が立つ位置と山の間に第七喜久丸が浮かんでいたのだろう。時を経て、建物などは変わっても、山の形が同じなのが面白い。

写真５－５は第七号、十一号、十二号のいずれかは分からないが、それでも写真５－３のうちのどれかの船であり、しかも山が写っているのだから、この船は現在でいえばタキロンの工場の中に位置し、船首が元川越しに西側を向いていることになる。

こうしてタキロン工場に、古い地番である「下中道１５２８ノ１」から10までが含まれてしまっていると思われた。そうした古い地番は、工場内のどの部分かは分からないものだろうか？

タキロンの東側を南下し、堤防を降りてみる。さらに南下するとその先にパラソルがあり、「ヤマハハッピー乗り場」とある。どうやらここはレジャーボート乗り場で、人の気配こそないものの、日によってはレジャーボートを楽しむ場所であるようだ。岸にボートが舫《もや》いである。

乗り場を見ていると、「役所」と書かれたワゴンカーがやってきてスピードを落とし、停止した。市役所の役人が二人降り、ボートを覗いている。不法に繋留しているのかどうか見張りに回っているようだ。尋ねてみる。

「下中道1528という住所が戦前にこのあたりにあったらしいんですが、どこかで分からないですかね？」

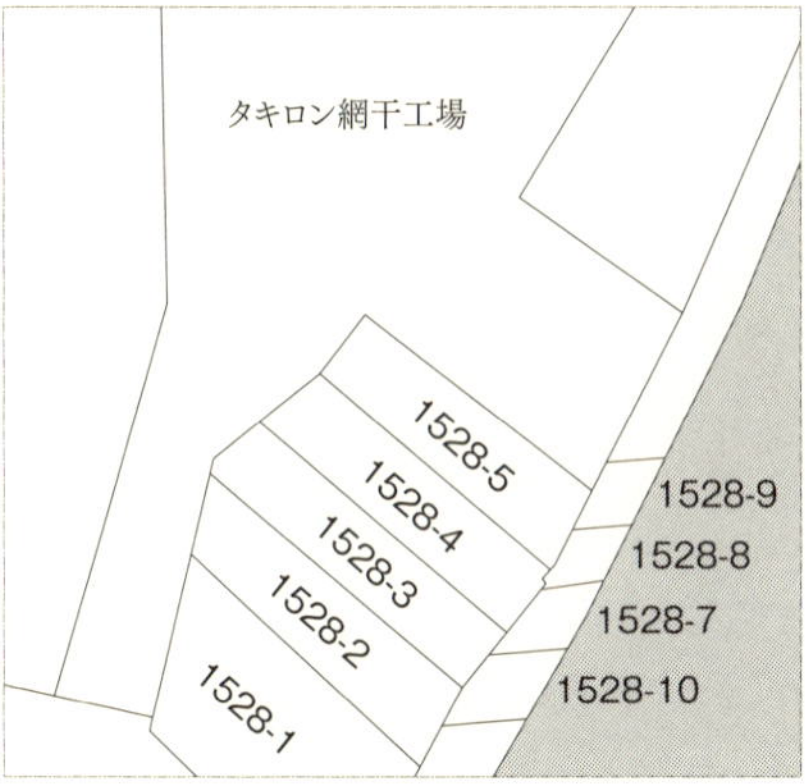

［図5-4］「たつの市地番図」を参考に編集部作成

役人氏が少し考えてから答えた。「たつの市役所御津総合支所の税務係に行ってみたらいいんじゃないですかね。固定資産税の支払いには航空写真を使うから、地番はそこで分かると思いますよ」

なんと。固定資産税は土地にかかるから、厳密な地割りを把握しているはずというのだ。それはその通りだ。スマホで御津のタクシーを探して呼び、ドキドキしながら御津総合支所へ向かう。

「そうですか」と、私の依頼にいぶかしがる様子もなく税務係の男性は地図を持ってきてくれた。「ああ、ありますわ」差し出された地図を見ると、タキロンの南端に

1528の地番が見える。そこに細かい地割りがあり、1から10までが書かれている(ただし6は欠番)。

急いで早足でタキロンまで戻る。元川をたどっていたら、大きな白鷺が飛び立った。自然がずいぶんと残っている場所ではある。一連の1528の土地は、タキロンの南隣に位置する「高田建設興業」の建屋と隣合う、タキロンの敷地であると分かった。堤防の下に－10、－9、－8、－7がある。これはタキロンの外、堤防の部分に当たる。

[写真5-8]たつの市御津・中川(図5-3Ⓑのアングル。著者撮影)

中州の北端に戻り、中川橋を渡って中川の東岸、つまり1528の土地の対岸に向かった。こちら側は堤防から簡単に岸へと降りられるようにはなっていない。堤防によじ登り、草むした川岸に飛び降りた。

ガサガサっと、驚いた蛇が私の足下から必死の様子で逃げ去る。フナムシの大群も逃げる。その数、無慮数百匹。ゾゾっとするが、そのまま汀《みぎわ》に近づく。南下していくと、川岸は砂浜になっていた。天然牡蠣がへばりついている。1528のちょうど対岸と思われる位置に着いて、撮影した。

[写真5-9]第十一喜久丸(著者蔵)

[写真5-10]たつの市御津・中川(著者撮影)

どうだろう、進水式の写真は海に船を浮かべ写真家が撮影したのかと想像していたが、そうではなく、対岸から撮ったのだ。時刻は夕方。少し陽が傾いてきた。この二枚の写真の構図は完全に同じではないが、川の流れが微妙に右、つまり上流に向かっているのが、さざ波の立ち方から分かる。これは満ち潮だ。写真5－3は写真5－8と同時間帯、つまり夕方に撮影されたのであろう。

祖父が船首で帽子を振っている一九四〇年五月の十一号の進水式の写真5－9が撮られた場所はというと、それが1528番地の7、8、9、10の土地に当たっている。それならば現在の写真5－10のはずだ。

こうして私は八〇年近くの時を経て、祖父が歓喜した場所に立つことができたのだった。

頼介は一九三九(昭和一四)年一一月には現たつの市の御津で第七喜久丸を完成、そして一月後の大晦日には帝國帆布を日出紡績に売却している。こうして自分を成金にしてくれた満鉄関係の紡績業とは完全に縁が切れたのだ。頼介は四二歳。四十代は船関係の仕事をするのだと、自分に言い聞かせていたのであろうか。翌一九四〇(昭和一五)年の五月と九月には第十一号喜久丸一八四トンと第十二喜久丸二一三トンを竣工させている。

ここでもう一つの奇遇に触れておこう。本書の出版元である神戸の「苦楽堂」は、石井伸介氏が単独で立ち上げた出版社である。石井氏は現在、社史編纂も手がけている。播磨の発明家・木下吉左衛門が一九〇五(明治三八)年に興した「木下鐵工所」と神戸の小曽根財閥の小曽根喜一郎が一九一八(大正七)年に興した「阪神鉄工所」が、一九六五(昭和四〇)年に合併した「阪神内燃機工業」

というエンジン製造会社のものだ。

石井氏は社史編纂の合間に同社監査役の山本幸二さんと喋っていて、何の気なく喜久丸建造の話を口にした。それに対し山本さんは、なんと「そのエンジン、うちのかもしれません」と返したのだ。そして後日「あったあった、ありました」と電話があり、コピーが苦楽堂に送られてきた。戦前の木下鐵工所の船舶エンジン販売簿で、そこには松原頼介の名が三箇所記されていた。恐るべき符合と言うしかない。

「第七喜久丸」「喜久丸」「喜久丸」。時期からして後二者は「十一號喜久丸」と「第十二喜久丸」だろう。契約は三台とも《14.4.30》。《11.14》に第七喜久丸用にD3G-138形一五〇馬力エンジン、翌昭和《15.6.8》に《喜久丸(注・十一号)》、《12.19》に《喜久丸(注・十二号)》用にそれぞれD3GB-140形一八〇馬力エンジンを納入したとある。後二隻は『戦時船名録』に記された完成日時よりも一月遅れているが、正式の完成はこの記録のほうだろう。

山本さんは、DGB-138形(2サイクル焼玉機関)のエンジンカタログのコピーも送ってくれた。正確に同じ型番ではないものの、ほぼ形が同じだという。この3シリンダのエンジンを搭載して、喜久丸は航行したのだった。ため息が出る。

ところでこの帳簿には、気になる記述がある。「第七喜久丸用」以下の八台のエンジンを見ると、三隻の喜久丸以外には《松原より転売》と注が付されているのだ。

山本さんの推理。「頼介さんは自身の船に載せるものとは別にエンジンを木下鐵工所に発注し、その中の五台を転売していたことになります。台帳からその意図まで知ることはできないのです

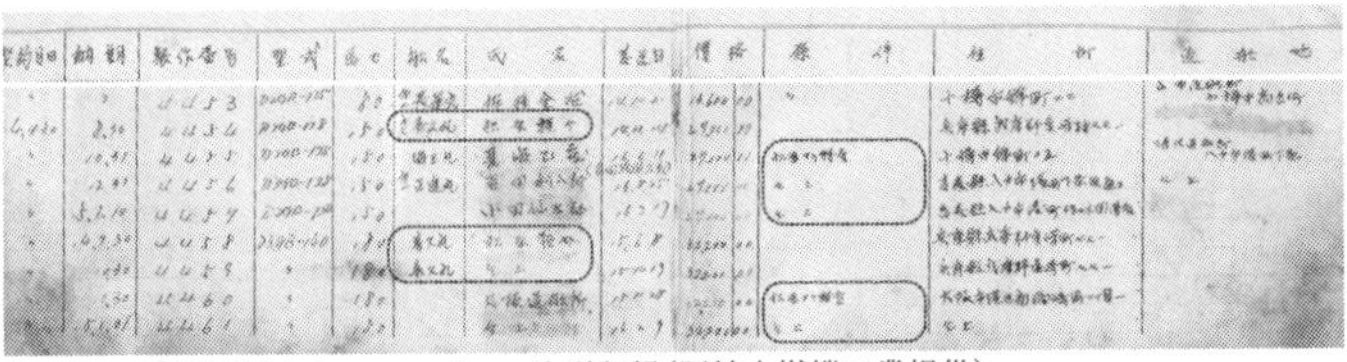

[写真5-11]松原頼介とのエンジンの取引記録(阪神内燃機工業提供)

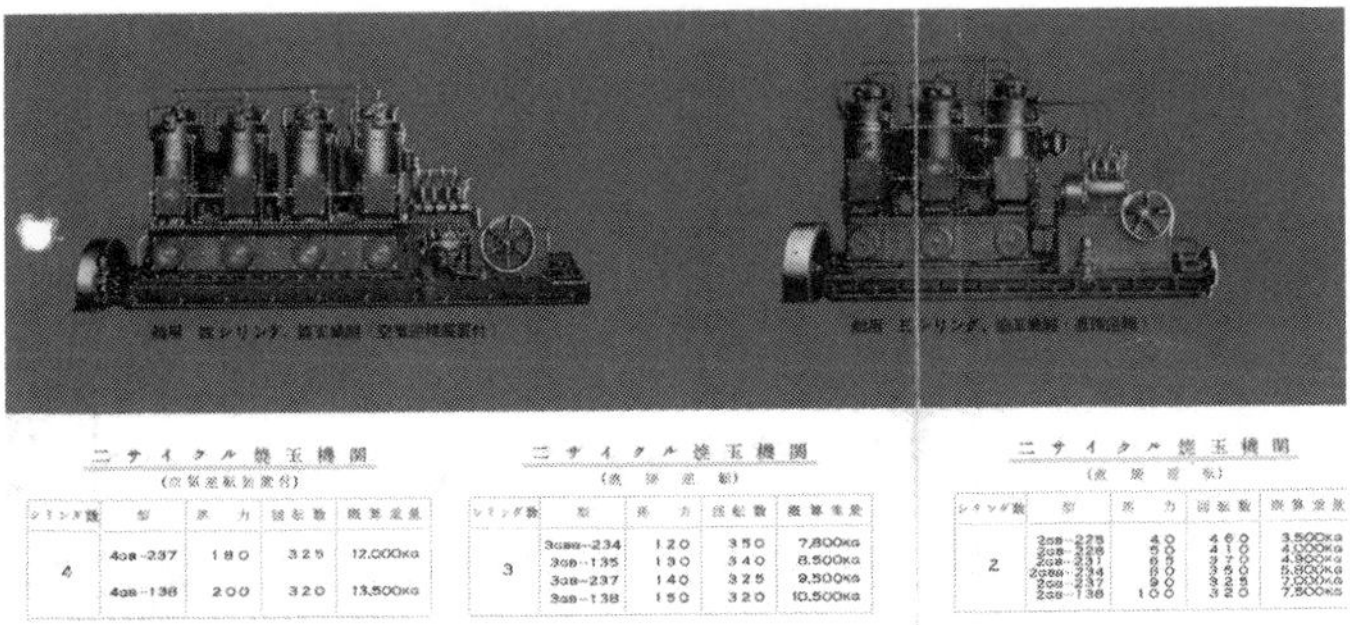

[写真5-12]頼介が購入したものと似た型のエンジン(阪神内燃機工業提供)

が、エンジン五台転売ということは〝状況証拠〟は記されている。転売というのがふつうであろうと考えられますので、頼介さんはエンジンを転がすという商売もしていらっしゃったのやもしれません」

この指摘は鋭く、私も同感だ。頼介は転売も手がけていたのだ。その数は五隻という船の欠番にも関係があるのかもしれない。満鉄の仕事を失ったものの、次なる海のビジネスにも意欲を湧かせていたに違いない。

さて頼介の八隻の機帆船は、小さな一艘を除いてことごとく軍隊に駆り出され、帰らなかった。何故そんなことが起きたのだろうか。時代背景を見ておこう。

一九四〇(昭和一五)年、頼介は住吉川沿いの自宅の土地(武庫郡魚崎町横屋七百七十一番地ノ八二)を正式に購入した。そして同年の九月、不気味な事件が報じられている。「三崎の漁船が揚子江で撃沈された」という記事で、神奈川日日新聞(現・神奈川新聞)に掲載された。平時ならまだしも日本と中国は戦争中であったのだから、なんということもない事件にも見える。だがそうではない。その漁船は「民間船でありながら日本軍の徴用船」だったのだ。

これは「軍が漁船まで徴用している」という事実をすっぱ抜いた記事であった。揚子江の浅い水路には小型漁船が便利なので、そのために徴用されたものであろう。ひょっとすると記者には徴用が漁船にまで及んだと強調する意図はなかったのかもしれない。しかし、この報道は戦争が膠着状態にあると知られたくない軍にとって都合が悪く、記者は査問を受ける羽目になる。[*2] この頃、頼介が建造したばかりの船にも、軍による徴傭の手が伸びようとしていた。

民間船の軍事徴用には、日清戦争以来の歴史がある。個人の財産である漁船を徴用するのだから法の裏付けが必要で、一八八二年に「徴発令」が制定された。それに一九三八(昭和一三)年には「国家総動員法」、三九(同一四)年に「国民徴用令」、四〇(同一五)年に「船員徴用令」が加わる。国民の財産、生命を国に差し出させるための法律群である。それにより船舶も国の管理下に置くことが正当化され、逐次戦争に投入されていった。けれどもそれは豪華客船のような巨大船に限られると国民は知らされていた。日中戦で苦戦していることは、国民には明かされたくない事実だった。

それにしても、何故軍が民間船を必要としたのだろうか。日中戦争までは陸戦が中心だった。だからせいぜい小型の漁船が徴用されたのだが、その後は巨大船が次々に軍の支配下に置かれてゆく。これには資源とエネルギー、とりわけ石油の確保がかかわっている。日中戦争から太平洋戦争へと戦線を拡大していったことについては日本軍の判断の非合理性を組織論として分析した『失敗の本質』(戸部良一ほか著、ダイヤモンド社、一九八四)が有名だが、この名著にしても分析をミッドウェーやレイテなどにおける戦闘の意思決定に集中させている。

けれども戦艦や戦闘機によるそうした戦闘には、石油の確保が前提となる。というか、そもそも開戦の目的は石油の確保であった。開戦前の日米交渉や開戦名目の策定に関与した石井秋穂・元陸軍大佐は、戦後にこう回想している。

《大東亜共栄圏の確立といった見方を声高に説く論者もいるが、私は当時の開戦名目案の骨子をつくった者として、それも違うといいたい。開戦目的はあくまでも自存自衛であり、日本は国家として石油の備蓄がなくなり、南方に頼らざるをえなかったということである。あの時の国家政策に携わった者は、正直いって、石油がなくなったらどうしようという恐怖感が大きかったという認識で一致していた。*3》

日本国内の石油生産は秋田県・新潟県に限られ、相当に不足している。石油にかんする当時の日本の国内生産および輸入は、表

(単位:1000キロリットル/年)

会計年度	国内生産量		輸入量	
	原油	製品	原油	製品
1937(昭和12)	393	2091	1921	3281
1938(昭和13)	391	2005	2574	3401
1939(昭和14)	357	1940	1745	1707
1940(昭和15)	331	1652	2292	1922
1941(昭和16)	287	1743	694	663
1942(昭和17)	263	1467	560	58
1943(昭和18)	271	1659	980	144
1944(昭和19)	267	959	209	-
1945(昭和20)	243	259	-	25

[表5-2]石油の国内生産及び輸入量(出典:岩間敏論文[脚注3参照]。出所:石油統計年報。1939年の石油輸入量はアメリカ81.1%、蘭印[現インドネシア]14.4%、樺太3.0%、その他1.5%

5－2の通り。輸入は八〇～九〇％をアメリカに依存していた。[*4]

では、日本の傀儡国家であった満洲では石油は採掘されたのか。中国三大油田は大慶《たいけい》油田、遼《りょう》河《が》油田、勝利油田であり、前二者は旧満洲にある。ところがこれらが発見されたのは戦後であった。戦前には採掘の成果を上げることはできなかったのだ。そこで南方すなわちボルネオ・ジャワ・スマトラの油田制圧が必須と考え、商船を石油の輸送に充てることになったのである。こうして頼介の機帆船も、不条理な戦争に巻き込まれていく。その経緯を開戦前から順に見ていこう。

列強の帝国主義的侵略に備えるため明治維新を敢行した日本は日露戦争の戦勝でみずからも列強に仲間入りし、植民地の奪い合いおよび睨み合いに加わった。だがその一方で欧米列強は帝国主義を脱する理想も模索し始め、国際連盟がその舞台となっていた。日本の外交は欧米列強による帝国主義と理想論の両刀遣いに翻弄され、[*5]その間に軍が迷走を続けることになる。

日中戦争は一九三七(昭和一二)年七月の盧溝橋事件で始まり、日本軍は一二月までに上海・南京を陥落させた。翌一九三八(昭和一三)年には徐州・武漢をも攻略した。ところが蒋介石は戦線をシフトさせ、日本軍は奥地へと引きずり込まれていく。予想外の粘り腰に翻弄され、疲弊の色を濃くしていた日本軍は、一九三九(昭和一四)年には国民徴用令を発し兵士を増やさざるをえなくなっていた。

保阪正康の『あの戦争は何だったのか』(新潮新書、二〇〇五)が、その後の経過をまとめている。軍部は戦局の見通しが開けない理由を国民に説明する必要に迫られ、日中戦争の膠着は「援蒋ラインのせい」、つまり英米が中国に軍事物資を援助しているためという答えを案出した。日本軍は中国だけではない、英米からの支援とも闘っていると言い訳をしたのである。それを受け、国民にも反英米感情が浸透する。協調か強硬か政府内の決断も曖昧なままで、綱渡りのような対米交渉が続けられた。

交渉においてアメリカは強気だった。一九三九(昭和一四)年七月に日米通商航海条約を破棄、一九四〇(昭和一五)年の九月二六日には屑鉄の全面輸出禁止。これは日本に対する資源の締め付けを意味していた。いまでいえば、北朝鮮への経済制裁のようなものだ。一九三九年九月にはドイツがポーランドに侵攻、ヨーロッパでも第二次世界大戦が始まっており、日本軍は一九四〇年九月二三日、蔣援ルートのうち最大と目された仏印(フランス領インドシナ)北部に進駐する一方、二七日には「日独伊三国同盟」を締結する。

日本には米英協調派もおり、妥協点を模索する「日米諒解案」を翌一九四一(昭和一六)年四月に国務長官のコーデル・ハルに手渡す。ところが、一方で日本軍が七月二八日、南部仏印(ベトナム南部)に進駐すると、アメリカは直前である七月二五日に「在米日本資産の凍結」を断行、さらに直後の八月一日に「石油の対日輸出全面禁止」に踏み切って、締め付けを強めた。日本軍の進駐の目的は石油と錫《すず》を手に入れることでそれは実現したが、日米関係は決定的に悪化したのである。ハルは「仏印からの撤退」と「三国同盟離脱」、「中国からの撤兵」を主張、これを飲めない日本は南部仏印からの撤退とインドネシアからの資源獲得保証を妥協案として提示した。ハルはその双方を拒否(一一月二六日「ハル・ノート」)、日本側は大本営会議、一二月一日の御前会議を経て対米英蘭開戦を決断、一二月八日の真珠湾攻撃へと至るのである。

このように日本でも対米では協調と強硬の二派があったが、興味深いことに保阪氏は、日米開戦を推進したのが世に言われるようには陸軍や東條英機ではなかったと指摘している。陸軍が武力を発動するには海軍の輸送や護衛が必要であった。太平洋戦争に熱心だった「黒幕」は、海軍なかでも富岡定俊・神《かみ》重徳らの官僚であり、三国同盟にも反対した米内光政・山本五十六・井上成美《しげよし》ら海軍を代表するかに言われる賢明な消極派は、むしろ少数派という見方である。東條英機は一九四一(昭和一六)年一〇月に陸軍大臣でありながら総理となり、内閣を率いていた。その東條の下に戦力を構成するデータが集められた。そこで石油の備蓄は二年ももたないと説明された。当時の日米における石油関連の数値は表5－3の通り。[*6]

	日本	米国	日米比
原油生産量(万バレル／日)	0.52	383.6	738倍
人造石油生産量(万バレル／日)	0.33	-	-
石油精製能力(万バレル／日)	9.04	465.8	52倍
原油処理量(万バレル／日)	4.93	389	79倍
液体燃料在庫量(万バレル／日)	4300	3億3500	7.8倍
製油所1日1人当精製量(バレル)	4	53	13倍

［表5-3］石油生産力の日米比(出典:岩間前掲論文。出所:米国戦略爆撃調査団石油報告)

主要エネルギーである石油にかんし彼我でこれだけ圧倒的な差があるのだからとても勝てる見込みはないのだが、それでも海軍は開戦に向けて積極的だった。一九四一(昭和一六)年六月五日に石川省吾大佐を中心として「現状勢下に於いて帝国海軍の採るべき態度」[*7]をまとめると、これが海軍の南進論を象徴するものとなる。それとともに石川大佐は「米国の石油禁輸は絶対に無い」として、南部仏印進駐を説き回ったという。[*8]アメリカは石油の対日禁輸は行わない、したとしても南方の油田を制圧してそちらに切り替えればよい、資源を日本に持ち帰り生産を拡大すればアメリカと持久戦に持ち込める、その間にドイツがヨーロッパで勝利すれば日本はアメリカと有利な条件で講和できる。そうした妄想としか思われないシナリオが、既定の事実であるかのように喧伝されていた。[*9]

何故海軍はこうまでして日米開戦を推進しようとしたのか。保阪によれば、それは陸軍ばかりが派手な戦果を誇る情勢で、対英米戦は海軍の存在理由となっていたからである。海軍は東南アジアの油田地帯を抑え、アメリカ依存の石油供給体制を脱するという戦果を求めたのだ。

ところがこのシナリオには、誰が見ても思いつく欠陥がある。よく指摘されるのがドイツの勝利を前提にした誤りだが、もう一つはもっと呆れる想定だ。輸送船はさほど攻撃されない、と考えられていたのである。元陸軍整備局戦備課の田辺俊雄元少佐はこう証言する。

《開戦の決意をする最終段階で、いったい輸送船の損耗はどのくらいかということが議論になったんです。ところが、そのとき、海軍には調べた資料が何もないんですよ。それで資料を出せといったら、一夜漬けで一〇パーセント程度の損耗率を出してきた。(中略)開戦を決定するのに辻褄が合う数字なんだ。ところがこの損耗率がまったくデタラメだった。戦争をはじめたら、とんでもない損耗率になってしまった。だいたい海軍は、輸送船の護衛のことなんかふだんから全然研究していないんだから、彼らも正確なことが解らないんだ。[*10]》

ではこの「一〇パーセント」という数字はどこから出てきたのか。根拠となったのは第一次大戦でのドイツの潜水艦によるイギリス船舶への攻撃で生じた「一〇%」という損耗率である。すでに一九三九年に第二次大戦が始まっていたのに、わざわざ二〇年も前の古いデータが参照されたのだ。それに「アメリカ人のような贅沢に慣れた国民が、潜水艦のような狭くてつらい環境に我慢できるはずがない」という希望的想定が加わって、田辺元少佐も「アメリカ潜水艦があんなに輸送船を攻撃してくるなんて思いも及ばなかった」という。[*11]

ここから七月二五日のアメリカ側「在米日本資産の凍結」→二八日の日本の南部仏印進駐→八月一日アメリカ側「石油の対日輸出全面禁止」と事態が進み、日本は現実に日米開戦から南方の油田制圧へと向かわざるをえなくなったのである。

開戦時に海軍が太平洋に配備していた戦力は表5−4の通りである。信じがたいことだが、開戦に踏み切った海軍の官僚たちの念頭にあったのはこうした表面上の「戦力」を表した数字であったらしい。

	日本	米国	英国
戦艦・巡洋戦艦	11	9	2
航空母艦	8	3	0
重巡洋艦	18	13	1
軽巡洋艦	23	11	7
駆逐艦	129	80	13
潜水艦	67	56	0

［表5-4］海軍戦力の比較、松村劭『新・戦争学』（文春新書、2000）をもとに作成

当時、日本の商船は世界第三位の船腹数を誇っていていた。しかしそれでも米英の八分の一にすぎない。そのうえ米軍は日本の商船を攻撃、輸送力の破壊を目指していた。

我々は太平洋戦争といえば戦闘機同士の空中戦や戦艦が潜水艦や戦闘機に撃沈される光景を思い浮かべる。「戦力」の激突である。だがそれは、戦争の半面でしかない。日中戦争から太平洋戦争に至る犠牲者は、日本にかんしては軍人・軍属が二三〇万人（朝鮮人・台湾人日本兵も含む）ほどというのが日本政府の公式見解である。ところが太平洋戦争における組織別の戦死率を見ると、陸軍

恐れ入りますが
郵便切手を
お貼りください

郵便はがき

650-0024

兵庫県神戸市中央区
海岸通2-3-11 昭和ビル101

苦楽堂 行

お名前	性別	ご年齢
ご住所 〒		
ご職業		
お買い上げ書店名 （都道府県　市区町村		

※個人情報は苦楽堂の出版企画のみに用い、社外への提供は一切行いませ

このたびは小社刊『**頼介伝**』をお求め戴き誠にありがとうございました。
以下の欄に本書をお読みになってのご感想・ご意見をご自由にお書き下さい。

二〇%、海軍一六%に対し一般船員の死亡率は四三%と異様に高い。*[12] それは米軍が、商船や貨物船・漁船であっても国家が管理し運行させたものはすべて軍事輸送と認識し、攻撃対象としたからである。米軍は戦争を、戦力のみならず石油・資源やそれを確保するための輸送力の闘いとみなした。巨大戦艦が飛行機と潜水艦により沈没し、武力でねじ伏せられたような印象のある太平洋戦争ではあるが、それ以上に石油と資源を運ぶよう命じられた丸腰の民間船が徹底的に攻撃にさらされた。

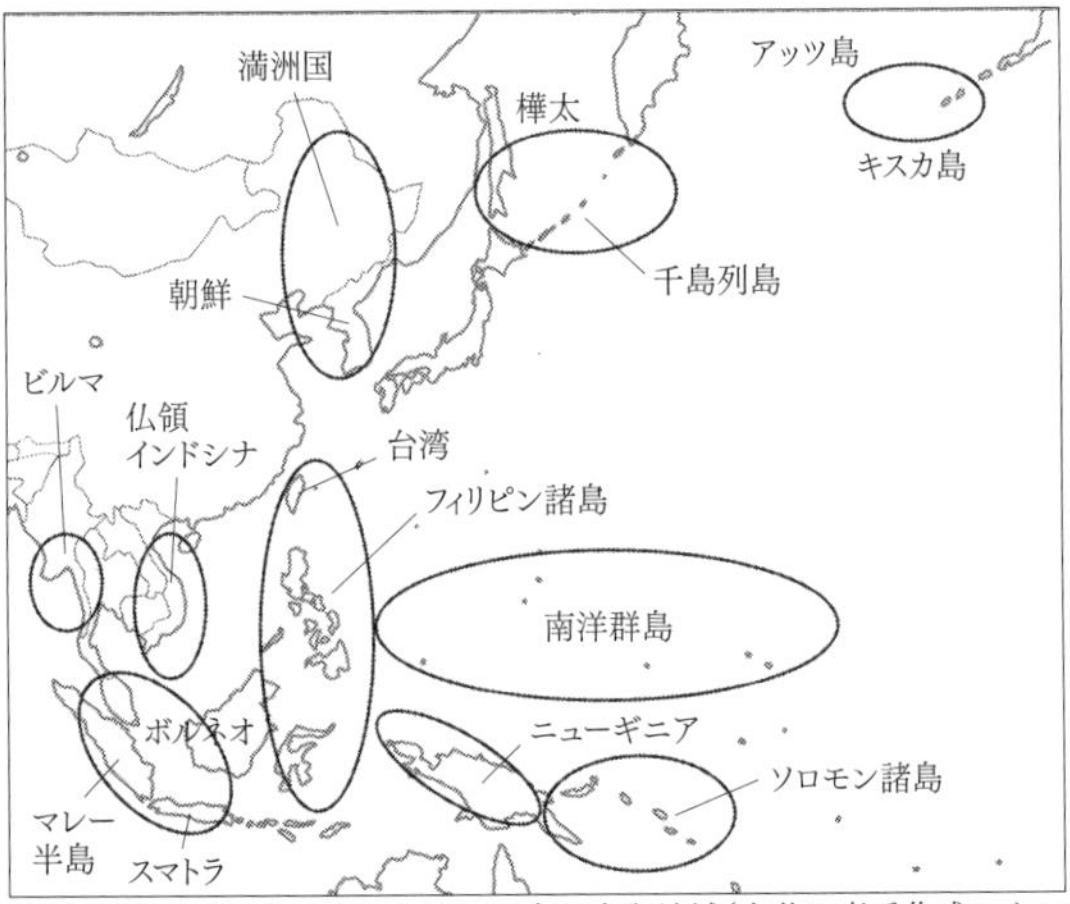

[図5-5] 1942年4月時点における日本の支配地域(大井田孝氏作成のものを元に編集部作成)

　真珠湾攻撃で山本五十六率いる日本海軍は波状攻撃をかけ、二〇〇〇名を越える米兵を殺害した。それから一九四二(昭和一七)年四月までは順調に現在のマレーシアからインドシナ半島を押さえ、また海を越えてソロモン諸島やラバウルも含め支配下に置いた。当時の支配地域が図の丸で囲んだ部分である。*[13]

　地域別石油生産量については図5―6の通り。*[14]
南洋群島からの鉱物資源輸送、ボルネオ・インドネシアからの原油輸送、マーシャル諸島・ソロモン諸島への人員・物資輸送には、すべて民間の船舶が使われた。さらに一九四二(昭和一七)年三月二四日に「戦時海運管理令」が公布される。日本の全船舶を国家が使用・一元運営し、船員を徴用・管理するという内容をもつ勅令である。それにもとづき翌二五日には商船の運航と船員を一元的に管理する船舶運営会が設立された。

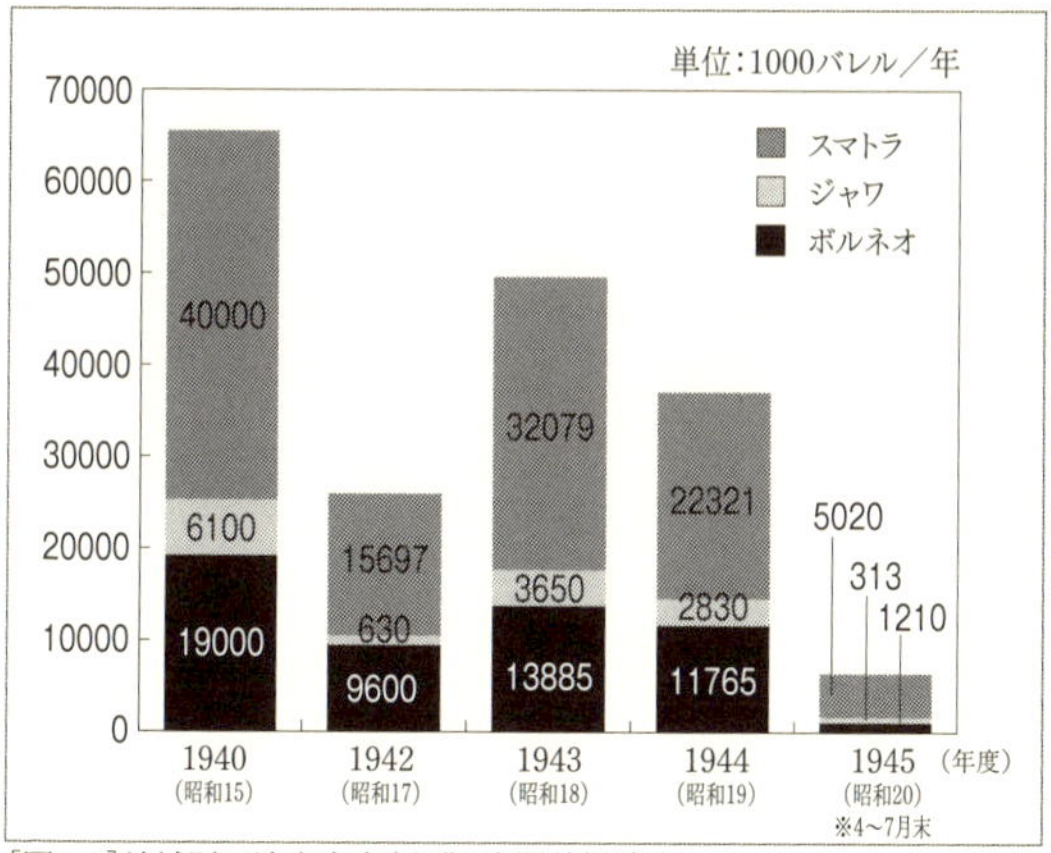

[図5-6]地域別石油生産力(出典:岩間前掲論文)

船舶運営会は民間船舶の一元的管理を謳ったが、軍による徴傭は妨げなかった。「中央徴傭」は、陸軍では船舶輸送司令部、海軍では経理局の代行として横須賀鎮守府が、船主に通告して契約を結ぶものである。「地方徴傭」は、海軍鎮守府配下の警備隊が契約を行った。それにより民間船は次々に徴用され、陸軍徴用船(A船)、海軍徴用船(B船)を除いた残りの民需船(C船)のみが船舶運営会の管理対象とされた。

日本殉職船員顕彰会の調べでは、その数は表5－5の通りである。[15]

商船が戦時中に単独で公海を航行するのは危険である。そこで船舶は、団体で行動する「船団」を組むのが慣わしとなる。連合軍の場合、一〇〇隻近くの商船ならば横一〇列、縦一〇列に並べ、その周辺に護衛空母

（哨戒機・偵察機を主に搭載）や護衛艦を配備し、海と空の敵から攻撃を防いだ。日本の商船も船団を組んだが、彼我の差は大きかった。こちらには護衛がほとんど付かなかったのだ。[*16] 海軍は艦隊決戦を戦略とし、連合艦隊に戦力と機材を集中させたため、徴用船を護衛することは考えもしなかった。[*17]

開戦直後は快進撃を続けた日本軍だったが、半年もすると暗雲が垂れ込める。山本五十六は一九四二（昭和一七）年六月五～六日、日本とハワイの中間に位置するミッドウェー島を押さえて太平洋の制海権を固めようと試みたが、連合艦隊は空母四隻を撃沈され、三三〇〇人が死亡した。惨敗である。これは日本にとって大きな曲がり角となった。

（単位：人）

	陸軍徴用船	海軍徴用船	船舶運営会	総計
日本＋樺太	25249	16274	15131	56654
朝鮮	1110	929	569	2608
台湾	417	204	417	1038
不明	137	54	107	298
外国	3	2	6	11
合計	26916	17463	16230	60609

［表5-5］所属別戦没船員の数（日本殉職船員顕彰会調べ）

米軍の反攻は続く。八月七日、設営隊二五〇〇名、警備兵一五〇名を配備し豪米を分断するため飛行場を建設していたソロモン諸島ガダルカナルを、二万人の米軍が急襲する。圧倒的な人員に、設営隊は抵抗する間もなく武器も持たずにジャングルへと逃げ込んだ。日本軍は年末まで次々に派遣隊を送り込み上陸させたが、武器弾薬および食糧も持たず全滅を繰り返した。まったくの無策である。戦闘らしい戦闘をすることもなく、戦死者は二万四六〇〇人、餓死者は一万五〇〇〇人に上った。[*18]

土井全二郎『撃沈された船員たちの記録　戦争の底辺で働いた輸送船の戦い』（光人社NF文庫、二〇〇八）は一万トンクラスの商船の運命を具体的に描いた本だが、読んでいて気分が悪くなるほどの悲惨さである。戦闘場面を抜粋しよう。

ガダルカナルへの第二次強行輸送船団には、一一隻の最優秀商船が動員された。それを駆逐艦一一隻がマンツーマンで護衛したが、敵機はハエの大群のごとく空一面を真っ黒にして空襲をしかけた。

《何回か敵機の襲来があった。長良丸で見る限り、迎撃する日本軍の飛行機は、途中の基地から飛び立った水上機だけだった。「ゲタばき」といわれるフロートつきの飛行機なのである。スピード、戦闘能力、すべての点で、身軽な敵戦闘機にかなうものではない。見る間にばたばたと落とされていく。（中略）「輸送作戦を、のるかそるかの大勝負だと意気込んでいたんですが、制空権を持たない船団ではどうしようもないんです。》

《大きな衝撃とともに、「ぞっとするような声」を聞いたのはその時だった。

ひとつ下にある下部船倉に海水が奔流して来た。そこにいた多数の兵が絶叫をあげながら、水に呑まれていく。「それは、声というより、まるでブタが絞め殺される時のような悲鳴でした。それが何度も、何回も続いたんです」……（中略）

（佐渡丸の）船長・広瀬専一は「面カジ一杯」との言葉を最後に「一片の肉切れを残したのみで血しぶきとともに飛散」した。三等航海士・若林功もまた、わずか右足一本を残して散っていった。[*19]》

結局、一一隻のすべてが帰還しなかった。また南方作戦最大の基地・ラバウルを孤立から救おうとしたニューギニア作戦では、一九四三(昭和一八)年二月、船団は全滅、駆逐艦も八隻中四隻が沈没した(「ダンピールの悲劇」)。船団は空からの銃撃にさらされ、没した船員・兵士は三六〇〇余人にのぼった。

《船倉からは火のついたドラム缶が次々と舞い上がる。戦死者、負傷者からのおびただしい血が、流れとなって甲板の舷側を走っている。土を持たない船体は犠牲者の血を吸い込むことが出来ないのだ。その血の川は、船体の動きに合わせ、行きつ戻りつしている。

(中略)「これはもう戦争というものではない。ただ一方的にやられ放しの状態であった。[20]》

制空権を持たない船団ではいかんともしがたく、ここから終戦に至るまで、連合軍は太平洋を北上して日本軍を追い詰めていく。

船団の護衛は、一九四三(昭和一八)年になってようやく創設された「海上護衛総司令部」が指示するようになる。ところが海上護衛は機能しなかった。危篤になってやっと医者を呼ぶようなもので、すでに手の打ちようがない状態だったのだ。元海上護衛総司令部参謀である大井篤『海上護衛戦』はこう回想する。

《遠く千数百海里の洋上に船団を護衛できるものは、海防艦十八隻、旧式駆逐艦十五隻、水雷艇七隻、特設砲艦四隻、計四十四隻。それではとても足りないから、掃海艇十二隻、哨戒艇《しょうかい》四隻、駆逐潜艇十三隻、大型特設掃海艇二十二隻、計五十一隻のうち、比較的大きく、速力のあるものを外洋に引っぱり出すほかなかった。しかしこれらは波が荒くなるとすぐに速力が出せなくなって、かえって、船団の足手まといとなる始末であった。航続距離も短いから遠洋には出せなかった[*21]》

船団を組んだとしても護衛はないか、せいぜい駆逐艦等による護衛で、敵機の空からの襲撃には丸腰同然であった。石油や資源を命がけで運びながらろくな護衛も受けずに攻撃を浴び続け、船は沈み船員は死んでいった。日本殉職船員顕彰会の調べによれば、戦没船員の年次別死者数は表5－6の通りである[*22]。

年次	戦死者数
1941(昭和16)年12月7日以前	1383人
1941(昭和16)年12月8日〜12月31日	72人
1942(昭和17)年	2830人
1943(昭和18)年	7610人
1944(昭和19)年	2万5801人
1945(昭和20)年8月15日まで	2万1677人
1945(昭和20)年8月16日以降	1172人
合計	6万545人

[表5-6]戦没船員の年次別戦死者数(1941[昭和16]年12月7日以前の戦死者は日中戦争による戦死者、1945[昭和20]年8月16日以降の戦死者は海中に敷設された機雷に触雷したもの。戦没者数の差は、没年月日が不明の者)

また大井田論文によれば、沈没原因不明の船舶を含めた喪失数と喪失原因は表5－7の通り。

戦時中、米軍は攻撃対象とする日本商船を撮影している[*23]。一九四三(昭和一八)年五月サイパン東方洋上で米潜水艦Plunger が撮影した大阪商船畿内丸である。沈没した徴用船七二四〇隻が同様の攻撃にさらされたと想像されたい。

それでも日本軍は大型漁船から小型の木造船までも集めて戦争を続けた。日本が誇る巨大船はことごとく沈められた。「わが国商船隊は太平洋を墓場に壊滅した[*24]」のである。だが

史料名	航空機攻撃	潜水艦攻撃	触雷	砲撃	不明	合計
戦時船舶史	941	1178	270	37	7	2433
日本商船隊戦時遭難史	902	1153	250	9	80	2394
太平洋戦争戦没者遺骨蒐集大鑑	1078	1263	304	24	85	2754
船舶運営会喪失艦船一覧	902	1153	250	9	80	2394
海上護衛戦	750	1150.5	210	16.5	16	2143

(小数点があるのは、潜水艦が攻撃していることには違いがないが史料では雷撃か砲撃か定かでない、として半々としている)砲撃には各種艦艇・陸上からも含む。航空魚雷の被害は航空機からの攻撃に含む。駆逐艦・魚雷艇等水上艦艇からの魚雷攻撃による被害は数隻あるが潜水艦からの攻撃とした。「日本商船隊戦時遭難史」は船舶運営会の記録を元に集計されていることから数値は同じである。「太平洋戦争戦没者遺骨蒐集大鑑」では多く、「海上護衛戦」では少なくなっているが、これは「太平洋戦争戦没者遺骨蒐集大鑑」では重複している船舶があり、「海上護衛戦」では総トン数を500総トン以上としているためである。

[表5-7]船舶喪失数。「戦没した船と海員の資料館」大井田孝氏提供

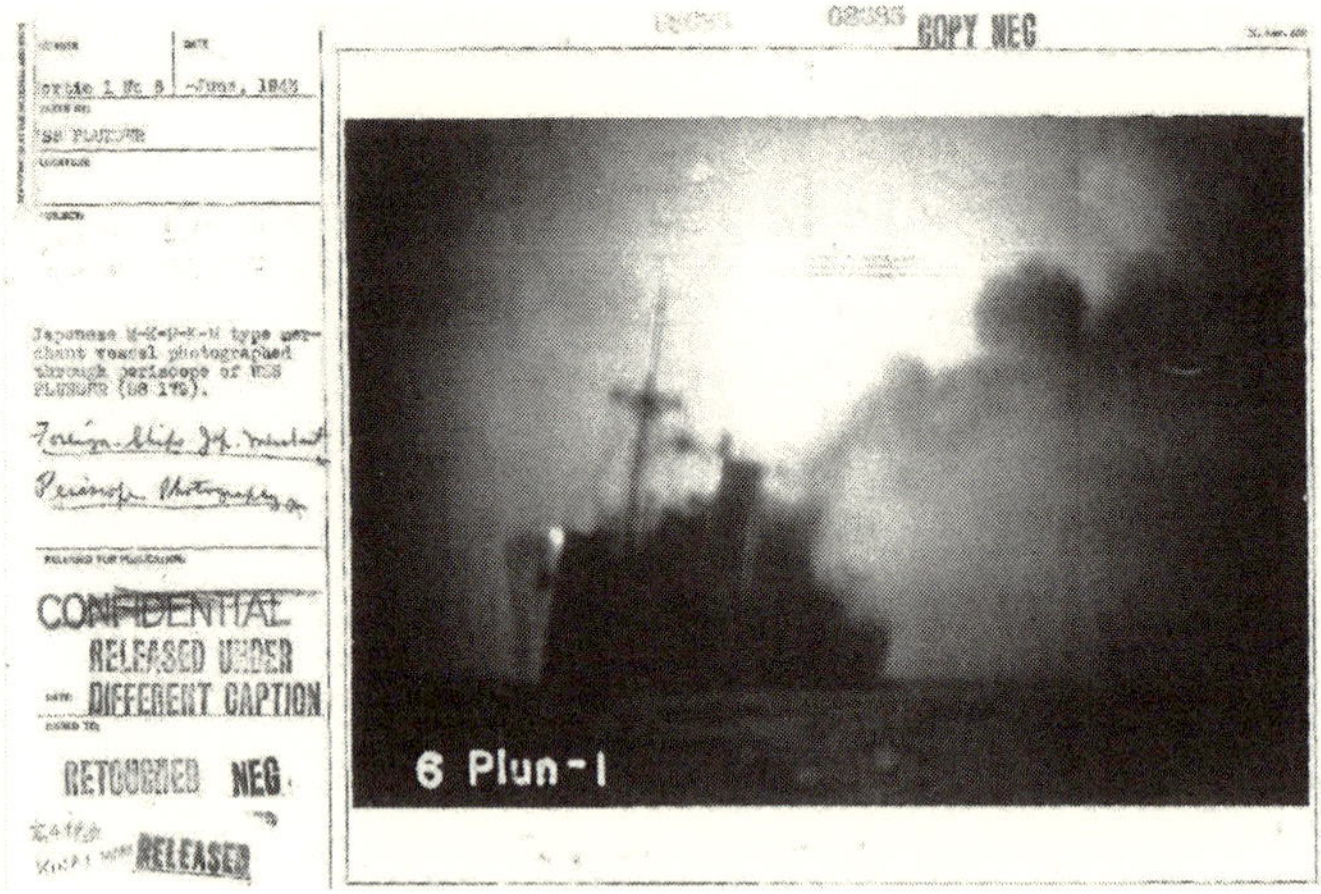

[写真5-13]戦時中米国が撮影した日本商船(戦没した船と海員の資料館提供)

まだそれらはどこで沈んだか分かっているだけマシとも言える。貨物船や漁船は、徴用されたことすら不明であった。民間船は、航行中に軍艦とすれ違うとその場で徴用された。陸海軍が船を取り合い、会社や家族にさえ行き先を知らせない。船員がどこで戦没したかも知らされず、遺骨も戻らなかった。

話を頼介に戻そう。私は戦没船の資料に詳しい「戦没した船と海員の資料館」の大井田孝氏に、喜久丸のゆくえを依頼した。各年度船名録、日本海軍特設艦隊正史、海軍徴傭船舶名簿、旧海軍恩給年調書、海軍徴傭船行動調書等をひきあわせた回答を記そう（以下の「?」は大井田氏が付したもの）。


第壱喜久丸は昭和一八年に海軍徴傭（?）、所管および配属先は不明かつその後の消息も不明。

第弐喜久丸は消息不明。

第五喜久丸は昭和一八年に海軍徴傭（?）、所管および配属先は不明かつその後の消息も不明。

第六喜久丸は消息不明。

第七号喜久丸は昭和一八年に海軍徴傭（?）、昭和一九年九月二〇日にセブ島付近で沈没（空爆?）。

第十一号喜久丸は消息不明。

第十二喜久丸は昭和一八年二月二〇日に海軍徴傭、横須賀鎮守府所管、第八艦隊配属（運送船）。昭和二〇年九月二日解用。残存か喪失かは不明。

大井田氏は、アメリカの戦闘機が何月何日にどこから飛び立ち日本のどこを空爆したのかも即座に口にするほど戦没船資料の詳細に通じている方である。その大井田氏をしても、喜久丸の行方は見つけられなかったのだ。こうして頼介が造った船は次々に徴用され、沈没した。戦後に唯一残ったのは一番小さな喜福丸であった。

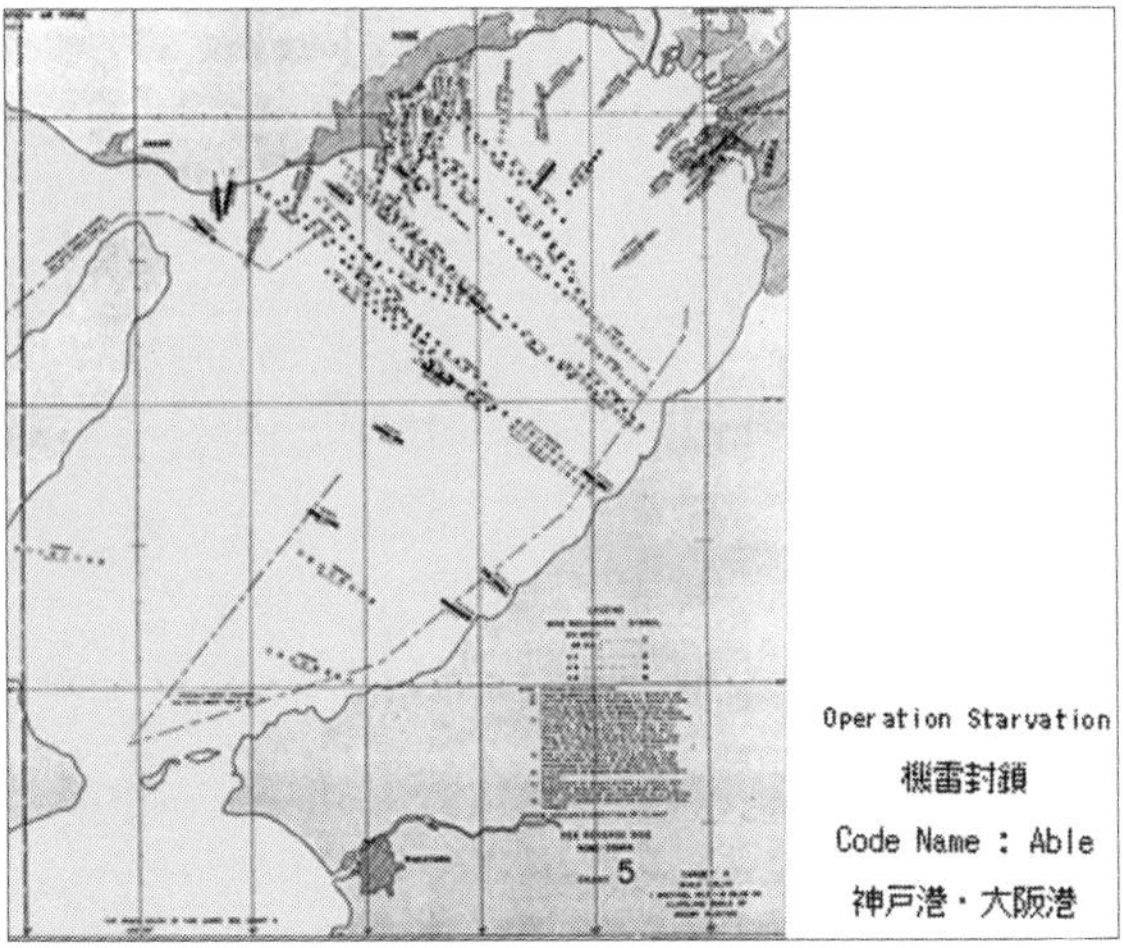

［図5-7］米軍による大阪湾の機雷封鎖状況（大井田孝氏提供）

大井田氏が作成された大阪湾の機雷封鎖状況の図がある。B29が投下したものだ。米軍はこんなに緻密に機雷を配置していたのだ。これでは湾から出られない。そう考えるとゾッとするが、何隻かの喜久丸は機雷でやられたのではないか。

徴用した船舶が沈んだ場合、契約がなければ軍は補償しない。また戦死の証拠がなければ遺族年金も支払われない。多くの約束は反故にされ、徴用の契約書があっても紙切れになった。満鉄により財をなした頼介は、太平洋戦争によってその大半を失うこととなったのだ。

第三部

起業家の復活と死

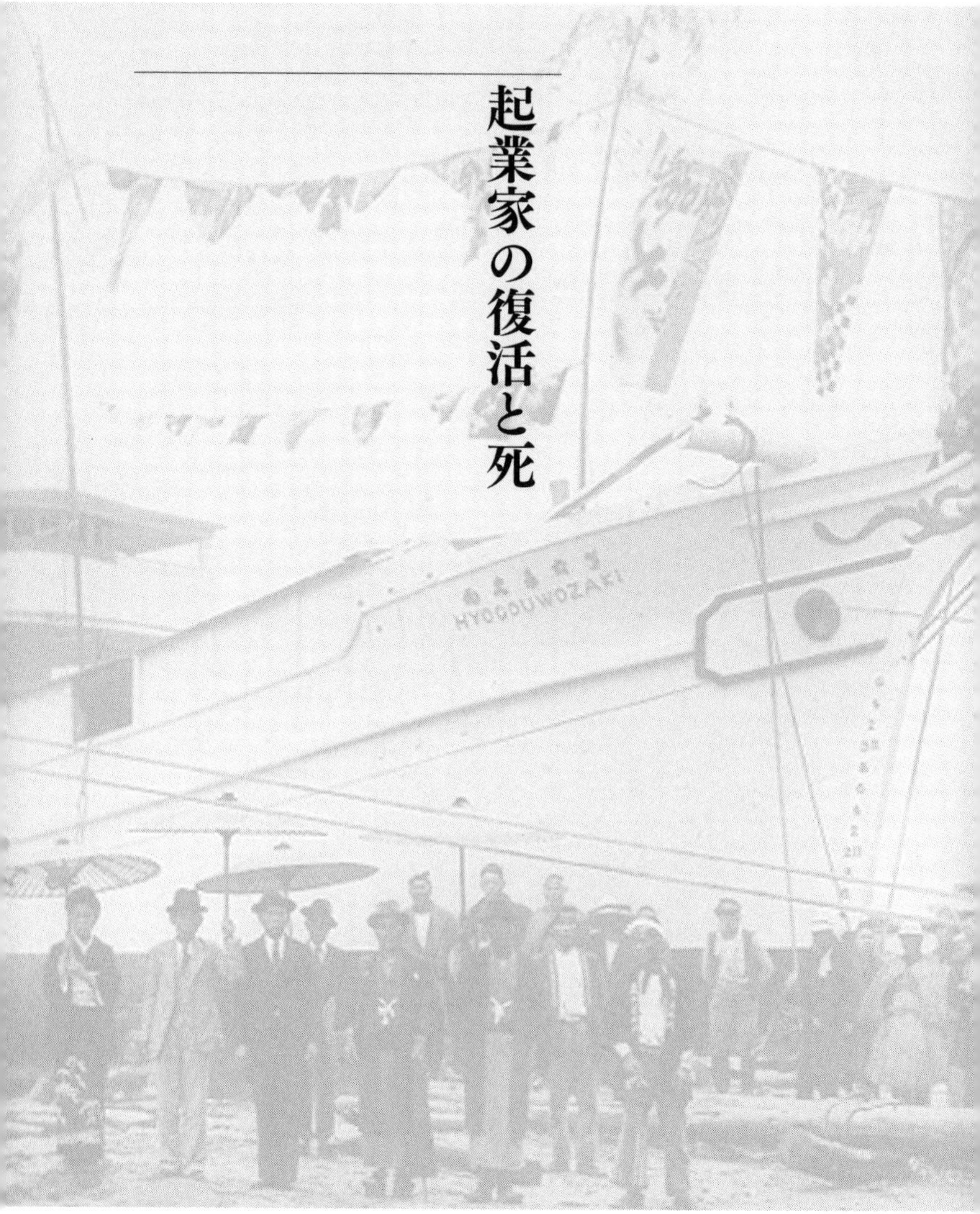

第六章　再起

終戦――。

頼介は四八歳。万事窮していた。

戦前は周囲から「百万長者」と称えられ、母親からも「頼介は成功して偉いね」と褒められた。故郷に苦労の話はせず、あっちに寄付、こっちに寄付とカネを配った。出身校である黒山尋常小学校の校庭には奉安殿を寄贈した。「奉安殿」とは天皇・皇后の御真影と教育勅語を納めた建物で、戦前は職員生徒が敬礼を強いられた。頼介は仕事が忙しくて行けず、白い手袋をした校長と母のクニが除幕式を執り行った。

寄付の甲斐あって故郷の鋳銭司《すぜんじ》では成功者とみなされたが、軍国教育の象徴とされる奉安殿は戦後にいちはやく取り壊された。いまとなっては、それが建っていたことも忘れられている。戦争中の奉納は徒労であった。

頼介は五隻、菊枝が一隻、義兄の石堂軍治が二隻所有していた船も「喜久丸」はすべて帰らず、戦後に残ったのは小さな喜福丸だけだった。船主は泣き寝入りを余儀なくされていた。

人命と船舶に膨大な犠牲を強いられた大手の日本郵船は、戦没・行方不明船舶につき戦後に詳細な調査を実施している。徴傭に際して政府が「戦後に補償する」と契約もしくは約束をしていた分を請求するためにである。[*1] 幣原《しではら》喜重郎内閣はそうした請求に対して支払う意思があったようだが、進駐してきたGHQは違っていた。戦争に協力した船主も同罪とみなしたのだ。有無を言わせず軍に徴傭され、ろくな護衛も受けずかり出されて丸腰で雨あられの爆撃を受けたというのに、犠牲の責任は船主側にもあるというのだ。

GHQは次の吉田茂内閣に対し、戦時補償債務の支払い打ち切りを要請した。それを受けた政府が一九四六年一〇月に公布したのが「戦時補償特別措置法」であった。形式上は、戦時補償を全額支払うとする。だが同法が一〇〇%の「戦時補償特別税」をかけることで、戦時補償は全額没収(踏み倒)された。

それに加えて終戦直後から、インフレーションが起きていた。これを抑えるために政府は「新円」を発行、旧円は強制的に銀行預金させた。引き出しを制限するという「預金封鎖」である。預金封鎖の断行により、戦前の現金は国債とともに紙くずになった。

こうして頼介に残されたのは、住吉川沿いの邸宅と小さな喜福丸だけになった。紙くずとなった国債や旧円の束を、私は子どもの頃に菊枝からもらって遊んだものだ。二つの工場と松原商会の事務所が奔流のように生み出した財産は、大半が失われた。邸宅では花見の季節になると仕出しを準備し、地域の住民に振る舞うことが恒例だった。敗戦の色が濃くなると庭に防空壕を掘ったが、そこは畳敷きで、小豆や砂糖を在庫してあり、おはぎを作ったりした。そうした贅沢な暮らしは、松原商会や船の仕事があってこそ実現していた。

いや、正確にはもう一箇所、土地があった。頼介がたつの市御津《みつ》で一九三九(昭和一四)年五月一八日に取得し、造船を行った「苅屋《かりや》」の土地である。けれどもGHQは地主制を解体することを目的として、農地解放を断行した。一九四七年一二月二日に国がただ同然で購入し、小作人に安く売り渡したのである。

その際、御津町の頼介の土地は大半がM某名義になっていることが判明した。これには勝ち気な頼介も、茫然自失した。はらわたが煮えくりかえり、体調を崩して、住吉川沿いの家で蟄居するはめになった。戦後の頼介は胃の機能が低下し消化できないというので日課として木製の「中山式」マッサージ器を腹に当てていたが、当時の心痛が持病となったのであろう。

さてこの頃、同じように蟄居させられた同郷の重要人物がいる。頼介と山口中学の同級生だった岸信介である。岸は満洲での三年間の実績をひっさげて一九三九(昭和一四)年に東京に舞い戻り、帰国後は早々に省のトップである商工次官の椅子を与えられた。次の米内内閣でも次官を継続すると、一九四一(昭和一六)年一〇月、東條英機内閣において官僚身分のまま商工大臣に任命された。

開戦後も総力戦に向けた物資動員体制の確立に、岸は精力的に動いた。だが大臣とはいえ官僚のままでは国民の付託を受けていない。一九四二(昭和一七)年四月、岸は翼賛政治体制協議会の推薦候補として山口で立候補し、当選して東條内閣の商工大臣となった。同年六月、ミッドウェー海戦での惨敗を機に戦局は悪化、生産力も減退の一途をたどった。苛立った東條は岸に辞任を迫り、岸が蹴ったため内閣不一致で総辞職となった。

そして敗戦。岸はA級戦犯の指定を受け、巣鴨拘置所に収監された。無罪放免となって釈放されたのは、三年後の一九四八(昭和二三)年である。A級戦犯二五人のうち七人が死刑になったのとは対照的で、理由はいまだにはっきりしない。東條と対立し内閣を崩壊に追い込んだことがめぼしい理由とされるが、岸は戦争責任を問う根拠とされた重要な御前会議の多くに出席していた。

ともあれ岸は命拾いした。一九五三(昭和二八)年になると衆議院議員に返り咲き、二年後には自由民主党初代幹事長となって、保守合同と「五五年体制」の成立に立ち会っている。一九五七(昭和三二)年には首相に上り詰め、一九六〇年の日米安保改定へと向かうのである。

死刑を覚悟しての拘置所での蟄居であった。しかし娑婆に戻ってからは一気に頂点を目指した。急展開に耐える精神力には瞠目せざるをえない。それは、頼介にもいえる。同級だった二人は五〇歳を前にして迎えた敗戦のどん底から、逞しくも再起するのである。

戦争目的に「動員」された経済を平時経済に「復員」させること、つまり戦後の需要に対して不適合な戦時重点産業を解体する作業は、市場に任せるだけでは容易に進まなかった。そこで政府は一九四六(昭和二一)年一二月、石炭の増産に全施策を集中し、鉄鋼産業を工業の中心として育成する「傾斜生産方式」を採用した。

それに対しアメリカ政府は、日本に「厳格な平和」(ハード・ピース)路線を課していた。[*2] 日本から近代工業施設を撤去し、外国貿易からも遮断して、いったん農業国にしてしまうという非情な構想である。

しかしここで世界史に大きなうねりが生じた。冷戦の到来である。これを受けたロイヤル米陸軍長官は一九四八(昭和二三)年一月、日本をアジアにおける全体主義(共産主義)への防波堤にするべく戦略を転換した。ワシントンの対日方針が、工業をも解体する「ハード・ピース」路線から、工業の発展により経済の再建を期する「ソフト・ピース」路線へと変更されたのである。

それまでにも現場を預かるGHQには、日本では一〇〇〇万人の餓死者が出るという危惧を抱く向きがあった。そこで総額一〇億ドルにも上るガリオア（占領地救済資金）・エロア（占領地域経済復興資金）の援助が実施された。戦勝国が敗戦国からの賠償取り立てに代え、援助を行う端緒となった決定である。東南アジアの国々が日本に要求した損害賠償も、アメリカの圧力で大幅に減額された。アメリカ政府は戦争責任を個々人に帰し、日本政府に対しては賠償責任を解除したのである。戦時に徴傭した船舶への補償の打ち切りは、それに付随するものであった。

それでも一九四九（昭和二四）年に実施された円高下での財政・金融引締策「ドッジ・ライン」により、日本経済は需要の不足に喘いだ。不況時においてマクロ経済政策を緊縮させ構造改革するというのは、「オーバー・キル」である。足りないのは需要であった。

それまで頼介は、何をしていたのか。その行動を目撃していた人物が健在である。一九二一（大正一〇）年山口県陶《すえ》に生まれ、一五歳で一九三七（昭和一二）年に松原商会に入社した山本竹治氏である。山本氏は二年後の松原商会解散でいったん工学を勉強するために復学するが、徴兵されて中国戦線で終戦を迎え、収容所を経て一九四六（昭和二一）年に帰国した。頼介に帰国の報告をしたところ「すぐ来い」と呼び出されたという。

山本氏は言われるままに天上川の松原商会加工場を海岸まで下り、青木《おおぎ》の浜に出た。そこには一五～一六人の職人がおり、高圧の電気で塩を作っていた。物資不足の折、商機を見出した頼介は、その塩と灘の酒を喜福丸に乗せ、北海道へ運んではにしん・カズノコを積んで戻っていた。醤油も作り、九州に運んで石炭を持ち帰った。

この話を私は二〇一二年八月に山本氏から直接に聞いた。山本氏は頼介兄弟の末妹(ちとせ)の娘さんと結婚している。一九四九(昭和二四)年に結婚式を住吉川沿いの松原の家で行い頼介の義理の甥となった昵懇な関係である。私と山本氏のお嬢さんたち(由起子・真理子)とは、祖父母がきょうだいだからハトコに当たる。

住吉川沿いの家の屋内の写真が、一枚だけ残っている。山本竹治氏の結婚式を撮影したものだ。山本さんは戦地からの帰国後、一時この家に同居していた。

［写真6-1］住吉川沿いの松原宅における山本竹治・光子(てるこ)夫妻の結婚記念写真(著者蔵)

頼介はさらに、青木の浜でセメント製の瓦も製造した。これは正式の瓦ではなく焼かないものだったが、空襲で瓦が不足していただけに、台風で瓦が破損すると値段が跳ね上がった。頼介は小柄な身体で自転車に乗り、住吉川の「本宅」(山本氏の呼び方)からせっせと青木の浜まで通った。

そうこうして忙しくなり、猫の手も借りたくなっていたのである。長男の孜《つとむ》は大学に進学してはいたものの、勉強に打ち込まず遊び呆けていた。頼介は一喝して、孜は二年次で中退させられた。孜は私に対して口癖のように「友達の家の屋根に登って瓦を葺いた。大変な屈辱だった。ワシは苦労をした」と言っていたが、一緒に屋根に上った頼介と山本氏の口調は異なる。山本氏は「あの人は勘が良かった。『成功するまでやれよ』と言わはったもんや」と頼介につき回想する。商売を当てることでむらむらと闘志が湧いていたのだろう。

筆を滑らせておこう。頼介は戦中から、週に一度は碁会所に通っていた。そこでは金持ちがグループを作り、高額のレートで賭け碁をやっていた。その仲間に、一九三九（昭和一四）年に川崎造船所から改名していた川崎重工業の西山弥太郎がいた。西山は一八九三年生まれ（一九六六年没）で頼介の四歳年長。「誰の下にも立たない」が口癖であった頼介が信奉する、唯一の人物であった。

山本氏によると、頼介が機嫌が悪い日は、賭け碁に負けていたらしい。そんな真剣勝負を通じ、頼介は碁仲間として西山氏と親交を深めていた。西山は碁を打つ合間、頼介に対して再三「これからは鉄の時代だ」と熱弁を振るった。西山は終戦時の一九四五年には、川崎重工業の製鉄部門担当取締役となった。そして一九五〇年に同部門および兵庫・葺合・久慈・西宮・伊保・知多の六工場を引き継ぐ形で川崎製鉄株式会社が発足すると、西山は初代社長に就任。同年には画期的な「臨海型銑鋼一貫製鉄所」を千葉市に建設する計画を発表している。西山はそうした構想を膨らませていた終戦直後の時期に、頼介に鉄鋼業の未来を熱く説いたのである。

そんな折り、一艘だけ残っていた喜福丸が大阪湾を航行中に沈没してしまった。機雷による事故だったのかもしれない。頼介はエンジンを引き上げ青木浜で分解すると、さっさと船会社に売っ払ってしまった。これを機に醤油製造は中止、住吉川の邸宅も売却(土地台帳によれば一九五〇[昭和二五]年三月二八日)。浜に家を建て、周辺の土地を次々に買収していった。

頼介は山本氏に「山本君、『伸鉄』をやるぞ」と宣言した。「伸鉄」とは、建物の解体材やし損じ品などの「鋼くず」から圧延によって棒鋼や薄板などを製造する事業である。すでに鋼《はがね》になっているくずを鋼材に再生させるので、伸鉄業は「再生仕上鋼板製造業」とも呼ばれる。頼介の決断は早かった。けれども誰も伸鉄の経験がないのだから、粗忽とも言える即断だ。頼介は尼崎で伸鉄をやっていた山本氏の友達から圧延機の図面をもらい受け、岡山の鉄工所から中古の圧延設備を買い入れて、約七〇〇〇坪の土地で伸鉄工場を始めた。

[写真6-2]「昭和30年頃、海水浴を楽しむ青木の浜」(神戸市東灘区青木２丁目"西国街道まわり道"浜街道説明板より)

上は現在、青木の路上掲示板に焼き付けてある写真で、奇遇にも頼介の工場(中央上・黒い建物)と居宅(左端)が写っている。この浜では海水浴ができたが、手前に突堤があり、一〇艘ほどの漁船が停泊していた(現在はこの場所は埋め立てられ、なぜか「兵庫県における素麺発祥の地」という石碑が立っている)。ここは夜間に漁に出て早朝に競りを行う漁港でもあった。私は居宅に泊まった朝、ダミ声で歌うような競りの声で目を覚ましたものだ。この突堤では常時、釣りをする人の姿が絶えなかった。次の写真がその突堤だ。

ここで神風が吹く。六月二五日、金日成《キムイルソン》率いる北朝鮮軍が突如北緯三八度線を越え韓国に進撃を開始したのである。この朝鮮戦争の勃発により、補給物資の支援、戦車や戦闘機の修理など、米軍からの特需が日本には殺到した（一九五三年七月まで）。鋼材の相場は急騰、直前までの二〜三万円／トンが五〜六万円／トンに跳ね上がった。

［写真6-3］「青木港に接岸する漁船」（同説明板より）

工場の土地台帳を見ると、頼介は当初、伸鉄工場を甲南産業株式会社、太陽実業株式会社、太陽製鉄株式会社等と名乗っていたらしい。なにしろ素人集団である。肝心の伸鉄技術は某社の技師を技術指導者として引き抜き、工員の指導にあたらせた。ほぼその知識だけを頼りにして、九ミリメートル丸棒（後述一九一頁）の生産に着手した。

作業工程はすべて手作業であった。工員は故郷の山口県と、南の人間の方が暑さには強いだろうという単純な理由から鹿児島県に伝手《つて》をたどり、合計三〇人ほどを集めた。工員たちは夏になると氷を包み込んで闘いである。

だタオルでハチマキをし、塩を舐めながら作業した。昼休みには目の前の海に飛び込んで涼を求めた。当時の生産量は月産一〇〇〇トン前後であった。*3

一九五二(昭和二七)年七月には商号を変更して、「大和《だいわ》伸鉄株式会社」が誕生する。本社は神戸市東灘区本庄町青木462(現在のマンション「コープ野村東灘青木」とその周辺)、資本金は三〇〇万円であった。会社の「設立時関係書類」によれば松原頼介が代表取締役社長、株主には一七名が名を連ねるが、多くの中小企業の創業がそうであるように、本人以外は知人から名義を借りただけであった。

[写真6-4]大和伸鉄青木工場の粗ロール風景(『ダイワスチール四十周年記念誌』)

事業目的は、「鉄製品の製造及び販売／其の他金属製品の製造販売／前各号に付帯する業務」。会社設立の年には遠来の工員のため、工場敷地内に木造の独身寮と風呂、食堂を新設した。翌年には工場近くに二軒一棟で三棟の社宅も建造している。

一九五四(昭和二九)年、私の父・松原孜と母・平野照子《てるこ》が結婚する。照子の父・平野貞次郎《ていじろう》は、名古屋で鉄塔工場を経営していた人物である。このときの頼介は五七歳だから、還暦を越えた現在の私よりも若い。せっかちな頼介らしく、見合いをした翌日に「すぐ返事しろ」と迫るので、平野家は不審に思ったという。前列、左端が菊枝・頼介。右端が平野貞次郎・てい。

新婚夫婦は工場敷地の正面にある事務所の二階を新居とした。隣は、青木浜の堤防の真上に建

［写真6-5］父・松原孜と母・平野照子の結婚式（1954年、著者蔵）

つ頼介夫婦の居宅である。そして二年。一九五六（昭和三一）年九月五日に私・隆一郎が生まれた。

工場で、頼介は直径九ミリメートル、一二、一三ミリメートルの「丸棒」を製造した。棒状の鋼材（棒鋼）には二種類ある。断面が円形で表面がつるりとしているのが丸棒で、切断したり曲げたりして、ボルトやナット等、様々な鉄製品の材料とする。

表面に凸凹がついたものが異形棒鋼。鉄筋コンクリートの鉄筋として用いられる。コンクリートは硬くて脆い。そこで崩落しないよう、曲がっても粘りがあって折れにくい鉄の棒を内部に入れて補強材とするのである。「リブ」や「節《ふし》」と呼ばれる表面の凸凹はコンクリートと密着させるためのものので、まず異形棒鋼を鉄筋として組み立て、そこにコンクリートを流し込み、固める。異形棒鋼は製造難度が高く、昭和三〇年代まではコンクリートの鉄筋は丸棒で十分と考えられていたが、異形棒鋼が求められるようになってからは表面の加工

［写真6-6］大和伸鉄事務所正面にて（著者蔵）

［写真6-7］著者と野積みの丸棒製品（著者蔵）

技術に目覚ましい進歩が見られた。

私は三歳まで大和伸鉄の事務所で寝起きしており、十代のお手伝いさんに連れられて浜から阪神青木駅まで散歩した時に見た沿道の光景がもっとも古い記憶である。幼児期の朧気な記憶には、触感が冷ややかでなめらかな丸棒の山がある。

写真の丸棒は製品で、シートを掛けただけの野積みという管理状態だった。規格品でもなく、それでも一九五三（昭和二八）年に朝鮮戦争が休戦するまでは作った端から売れていく状態で、規格どころか太さすら問題視されなかったという。それ以降は売れ行きが市況に左右されるようになるものの、一九五〇年代末から始まる高度成長期は眼前に迫っていた。

ここでいったん鉄鋼業界の全体を展望しておこう。鉄鋼製造の工程には製銑《せいせん》・製鋼・圧延の三段階がある。「製銑」では、酸素と結合した形で自然界に存在する酸化鉄（鉄鉱石）を、石炭を高温乾留したコークスによって「高炉」の内部で溶解させ、酸素を奪って溶鉄（銑鉄）とする。ところがコークスを燃料とするため銑鉄の炭素含有率が約四％と高くなってしまい、硬く脆くて融点が低くなる。そのまま鋳型に流し込んで製品にすることもあるが、大半は炭素を減らし、粘り気と強靭さを特徴とする鋼に作り直す「製鋼」の過程に送られる。

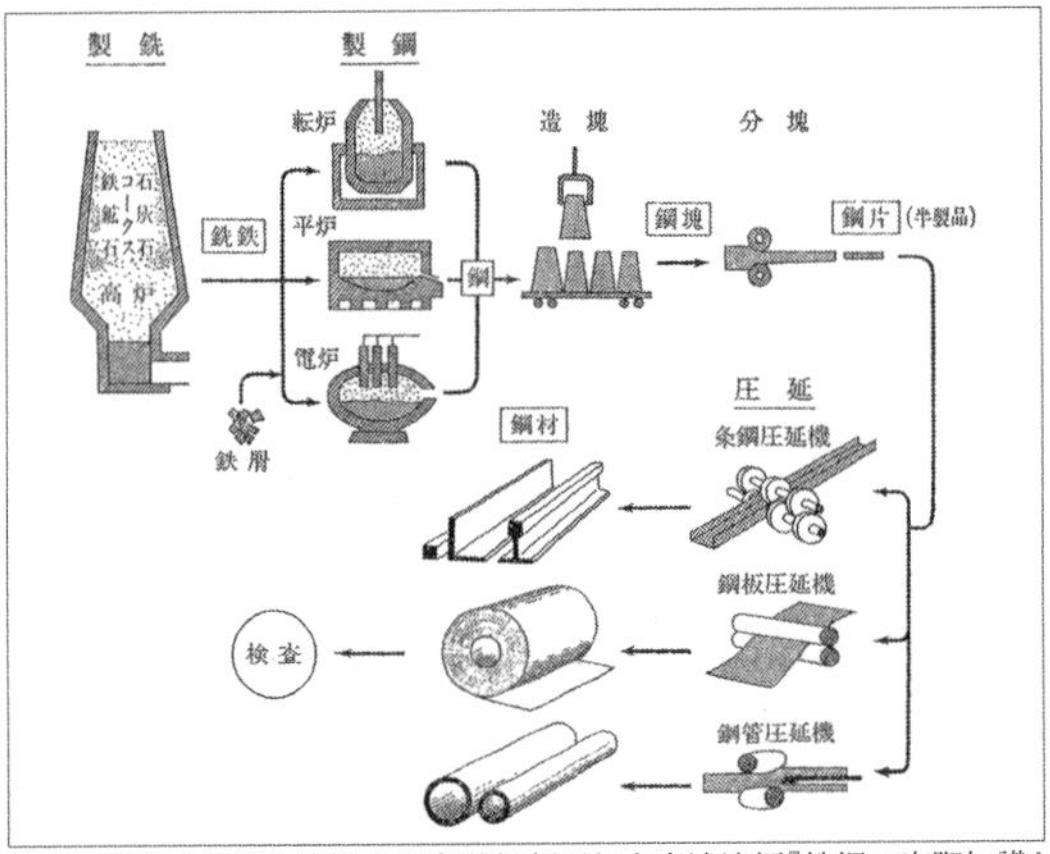

［図6-1］1960年代の鉄鋼の生産過程（出所：大木達治編『鉄鋼の実際知識』東洋経済新報社、1967、31頁）

製鋼にも炉を用いるが、それには平炉・転炉・電気炉の三種がある。銑鉄に屑鉄を混ぜ鋼を造り出す平炉は一九五〇年代まで製鋼業の花形であった。それに対し転炉は、炉がとっくり形で傾けて溶鋼を出せる点に特徴がある。そこに画期的な発明が加わった。空気を吹き込むと炭素は酸素と結合して二酸化炭素となり放出されるが、それは炭素を燃料として燃焼している状態ともいえる。それに着目して空気の代わりに純酸素を送り込むのがＬＤ転炉で、一九五九年に八幡製鐵が採用してからは転炉といえばこれを指すようになった。この発明により加熱が容易になり、製鋼に要する時間が平炉の約五時間から約四〇分へと、大幅に短縮された。しかも空気の八割を占める窒素が不純物となって鋼材が割れやすくなるのを防ぐこともできた。

もうひとつが、電気を熱源として屑鉄を溶解させ製鋼する電気炉(電炉)である。平炉は何基も並べて操業された。純酸素を吹きこむLD転炉にしても自社で銑鉄を生産する八幡、富士、日本鋼管といった高炉メーカーが取り組んで、大規模な臨海製鉄所に設置されていた。それに対し電気炉は鉄屑が主原料であるため鉄屑の発生量の多い地域であれば容易に立地できた。電力供給が安定的に得られる限り、中規模の企業にも有効な技術である。[*4]

圧延とは、回転する二〜三本のロールの間に材料を入れて伸ばし、板や棒に成型する作業である。製麺機もロールで小麦粉生地を板状にする圧延だから、それをイメージされたい。様々な角度からロールで圧をかける条鋼圧延機を使えば、素材は棒状になる。

鉄鋼業界は他の業界に先んじて、恐ろしさすら感じさせる勢いで急成長していった。一九四六年に採用された「傾斜生産方式」では炭鉱周辺が好景気に沸いたことが知られているが、それは正式には「石炭鉄鋼超重点増産計画」であった。資源を重点配分する基幹産業として、石炭とともに鉄鋼業も選ばれていた。

それにより、終戦時の一九四五年に五〇万トンだった生産量は一九六〇年には四四・三倍の二二一四万トン、一九七三年には二四〇倍の一億二〇〇〇万トンと、驚異的な速度で拡大していった。終戦時には設備が破壊されていたため正常値と言えず一九五五年の九四〇万トンを基準としたとしても、五年後に二・三倍、二八年後には一三倍に達している(七三年には我が国鉄鋼業界の生産はピークに達した)。

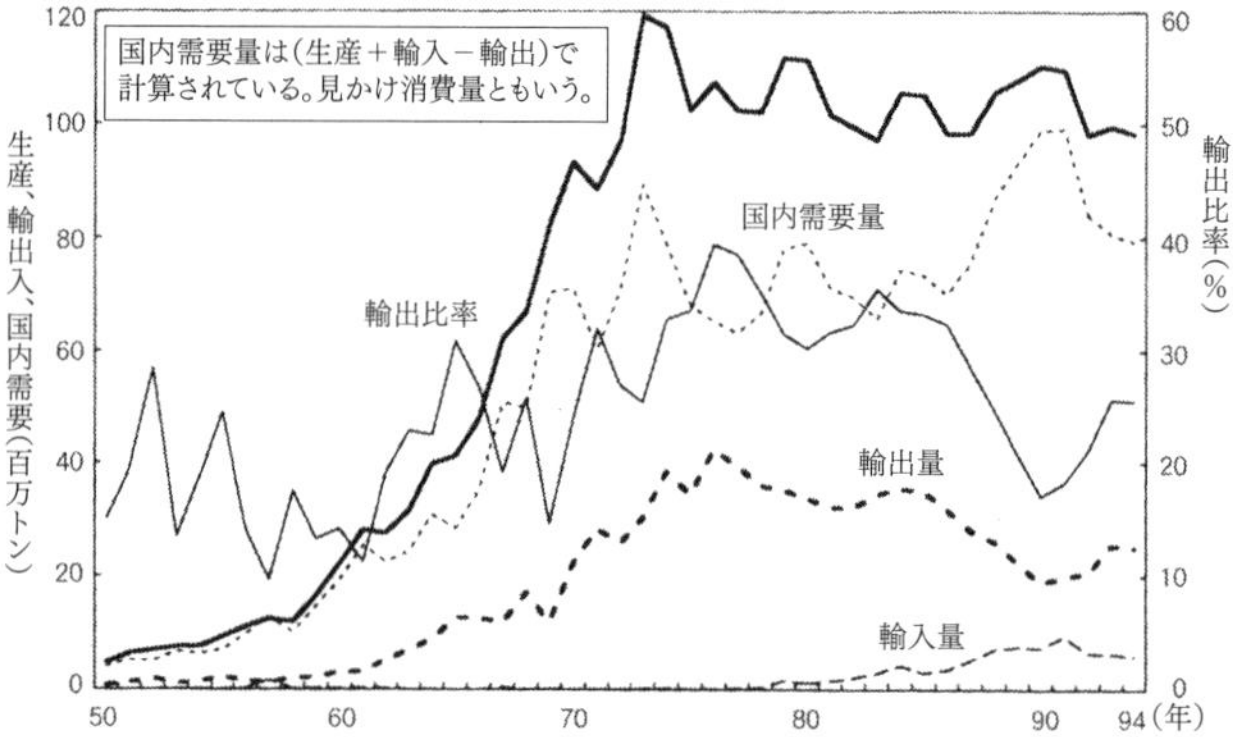

出所：『鉄鋼統計要覧』

［図6-2］日本鉄鋼業の生産、国内需要、輸出入(伊丹1997, 29頁より作成)

伊丹敬之、伊丹研究室『日本の鉄鋼業　なぜ、いまも世界一なのか』(NTT出版、一九九七)から図を引用しておこう。日本の鉄鋼業の生産量は一九五〇年代にすでに拡大を始めているが、その伸びは五〇年代末にはギアチェンジしたかのように加速している。原因として、鉄製品が原材料として消費財や投資財メーカーに需要されることが挙げられる。丸棒や鋼板には、コンクリートに入れたり塀にしたりという直接の用途があるだけではない。丸棒は切断して消費財にされ、鋼板は自動車の車体のように機械部品として転用されるのだ。鉄鋼を原材料とするそうした需要産業が、一九五〇(昭和二五)年からの朝鮮特需をきっかけとして立ち直り始めていた。

同時期に炭素の少ない鋼材を生産しうるLD転炉が普及しているが、それは自動車向けの薄鋼材の生産に適した技術であった[*5]。

図6－2には、輸出もまた拡大していったことが示されている。といってもそれは一九六〇年過ぎに拡大し始めており、それまではほぼ国内需要が鉄鋼の生産量を吸

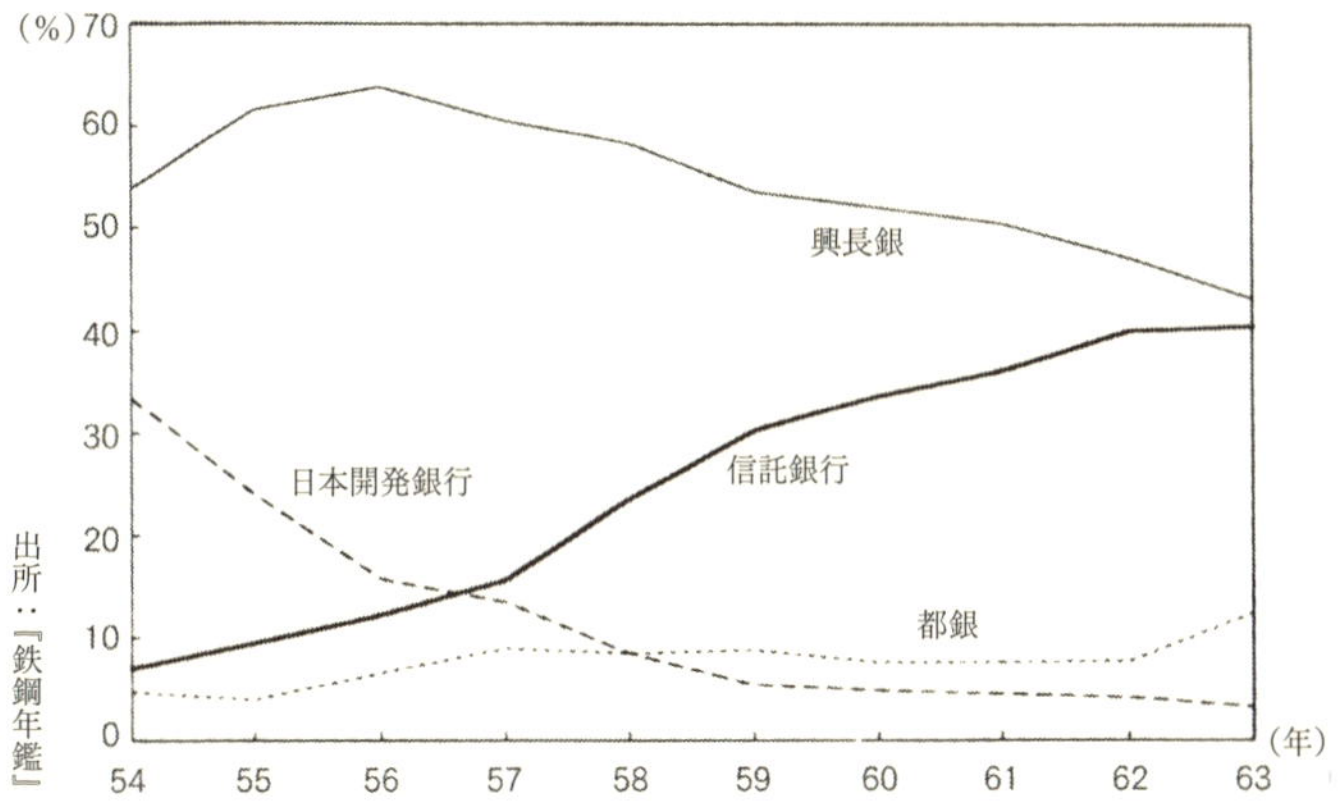

[図6-3]設備投資借入金残高推移比率（54年〜63年）（伊丹1997, 64頁より作成）

収していたことが分かる。すなわち鉄鋼業界は輸出を起爆剤として成長を開始したのではなく、一九五〇年代には国内だけで需要と生産の好循環が起きていたのである。そのきっかけとなったのはやはり傾斜生産方式の指針であろう。鉄鋼業界は政府の融資を皮切りに旺盛な貸し付けを受けることができ、設備投資を急速に充実させていた。

図6－3はやはり伊丹著から引いたもので、鉄鋼業界における設備投資借入金残高の推移が記されている。これによれば一九五〇年代の前半には日本開発銀行、日本興業銀行（興銀）・日本長期信用銀行（長銀）が鉄鋼業界の設備投資に貸し出している。しかし五〇年代後半には、それらは貸出残高を減らした。つまり鉄鋼業への政府の支援は終了したのだが、注目に値するのは民間の信託銀行が急激に貸出を増やしたことである。つまり傾斜生産方式が呼び水効果を発揮し、貸出は民間に引き継がれたのである。

それにより、好循環は絶えることなく高度成長期に橋渡しされた。鉄鋼業界の成長は、朝鮮戦争の休戦後には民間での自律性を獲得していた。そして一九五〇年代末、いよいよ高度成長期が到来する。内需には重化学工業のプラントや港湾などの社会インフラが加わった。需要が増えると鉄鋼の生産が拡大、設備投資も行われて生産性が高まり、鉄鋼製品の価格が下がる。鉄鋼を材料とする自動車や家電製品の費用も下がるから競争力がつき、その輸出も鉄鋼に対する内需もさらに拡大する。そうした好循環が生じていた。

鉄鋼業界の競争ぶりを、もう少し具体的に述べよう。製銑・製鋼・圧延という製造工程でいえば、貪欲に成長を目指す企業は川下の圧延から製鋼、製鋼から製銑と、川上に参入しようとする。というのも川下の会社は川上の会社によって仕入れを牛耳られているからだ。圧延・伸鉄会社ならば原料の製鋼を、製鋼会社ならば原料の製銑を自前で賄いたい。それが鉄鋼会社を経営する者の夢であった。

川崎製鉄の例を挙げよう。戦前、八幡製鐵所(後に数社と合同して日本製鐵となる)と日本鋼管が銑鉄から鋼までも一貫製造する銑鋼一貫メーカーとして、鉄鉱石や石炭の産地近くに工場を営んでいた。戦後、日本製鐵が分割・民営化され八幡製鐵と富士製鐵になると、銑鉄を供給する高炉メーカーは八幡・富士・日本鋼管の三社となった。一九五〇年に創業された当時の川鉄は住友金属工業・神戸製鋼所とともに平炉メーカーで、銑鉄を高炉メーカーから購入していた。それでは生産性の向上にも限界があり、さらなる成長は難しいと予想された。

そこで初代社長の西山弥太郎が銑鉄も自社生産する銑鋼一貫メーカーに社業を拡張し、それとともに鉄鉱石や石炭を海外から輸入する運輸コストを下げることを目標として、「臨海型銑鋼一貫製鉄所」の建設を計画した。それが一九五一年に一六三億円の投資計画で着工した千葉製鉄所で、五三年には高炉の火入れが行われた。

ところがそれには難関があった。川鉄の当時の資本金は五億円しかなく、有限責任を負うため資本金をもって借入への担保とするという株式会社の条件を満たさなかったのだ。それゆえ千葉製鉄所への投資を無謀と見た一万田尚登《いちまだひさと》日銀総裁は「ペンペン草が生える」と揶揄したのである(実際の発言は「雑草」であったらしいが)。大変な逆風だったわけだが、西山社長は二期計画の資金として世界銀行から三四〇〇万ドルに及ぶ融資を取り付ける。この融資には日本開発銀行経由という仕組みが用いられた。

川鉄のメインバンクである第一銀行(現・みずほフィナンシャルグループ)も、相乗りで積極的に融資した。その成功が日本経済に及ぼした影響は甚大であった。ここからメインバンクである都市銀行が系列企業へ行うオーバー・ローン(資本金の何倍もの過大貸し付け、企業にとってはオーバー・ボロウイング。株式会社の条件には反している)が高度成長期以降の日本の大企業集団において慣例となっていくのである。

この巨大な設備投資は生産工程に革命的な効率性をもたらし、しかも運輸コストも引き下げたため、川鉄は国際的な競争力を持つに至り、アメリカの製鉄会社をも脅かす存在となった。これに刺激を受けた各メーカーは、こぞって「臨海型銑鋼一貫製鉄所」を目指すようになる。

では、頼介は何をしていたのか。伸鉄とは要は鋼のリサイクル業で、技術的にも資金的にも操業が容易であるため中小規模の業者が多く、鋼材の市況が上向くと活気づく業態である。鉄鋼業

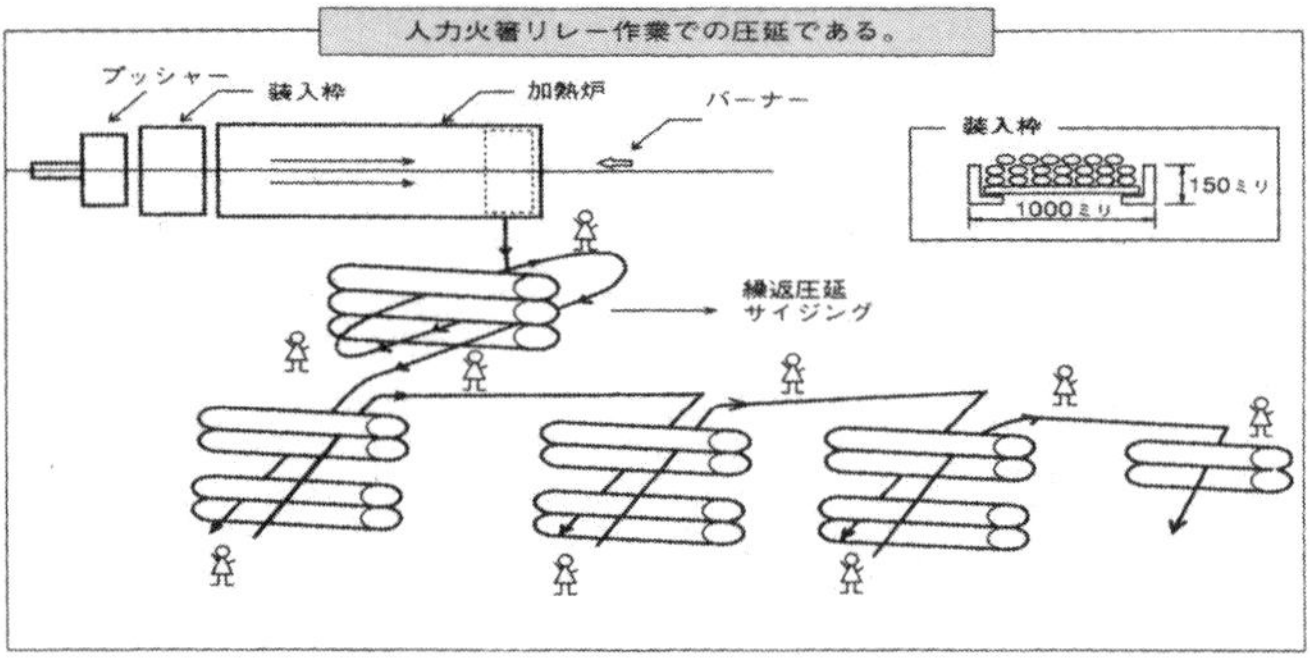

［図6-4］青木工場レイアウト概念図（『ダイワスチール四十周年記念誌』60頁）

に新規参入した頼介が伸鉄を出発点としたのは当然の選択で、丸棒の圧延素材としては神戸港に放置されていた旧海軍船舶を解体した鉄板や、西山川鉄社長の口添えで川崎製鉄から「耳」と呼ばれる鋼板の端板を仕入れていた。

『ダイワスチール四十周年記念誌』から、大和伸鉄青木工場のレイアウトを引用しよう。

圧延には火力で熱する「熱間圧延」と常温のままで行う「冷間圧延」があるが、大和伸鉄では素材をプッシャーで切断し、それを加熱炉に装入して重油バーナーで過熱する熱間圧延を行った。装入し過熱した鋼くずを人力で取り出し、三段ロール一基で粗圧延、四段ロール三基で中間圧延、最後に二段ロールで仕上げ圧延するという単純な工程で、丸棒を製造したのである。

冷却床までの搬送も人力、トラックへの積み込みも人力。一束づつ積み上げて、忙しい日には一日一〇〇トンの丸棒製品を出荷したこともある。平均で日に三〇トン、月産で一〇〇〇トン。専任の営業はおらず、社長の頼介がみずから仕入れと販売を担当した。販売先は地場の鋼材問屋で、数量と直径・長さの申し込みを受け、価格に合意できればその都度契約するというやり方だった。価格の相場については阪神伸鉄組合という団体に加盟し、月一回の市況懇談会から情報を得ていた。

社長が陣頭に立ってと言えば聞こえはよいが、要はワンマン経営である。その所作を生々しく語ってくれた方がいる。前川俊治《としはる》氏で、明治大学を卒業後、大卒で初めて大和伸鉄に入社した人物である（インタビューは二〇一四年一二月一六日。前川氏は残念ながら翌年に逝去された）。

前川　僕のおじきが芦屋の税務署長やっていましてね。そいで、そのおじきとお祖父さん（注・頼介）が囲碁友達やった。だから、昭和三三年（注・一九五八年）に僕が大和伸鉄に入社したのは、おじきの紹介。税務署長やからどこかの会社を紹介してくれるだろうと、僕は実家のある福井に帰るついでに芦屋の税務署に寄ったんです。

そうしたら、「面白い会社があるからお前、行ってみるか」と。続けて「ちょっとオーナーは変わってる人やけど」。そう言いながら連れて行かれたのが大和伸鉄で、そしたら即社長が出てこられた。「うちみたいなところへ来る気があるんかな、うちは一人息子（注・孜）やから、息子の片腕になるつもりで頑張りますか」と。まぁ面白い会社やったら入ってみようかなと、それからのお付き合いです。

しかしいざ入社したら、いきなり出荷の現場に回された。トラックが来たらトラックに丸棒を積む、それで伝票を書く。それを繰り返すだけ。だからもう……。

――出荷ではどんな経営判断をするべきか、説明を受けましたか？

前川　もう、最初は全然、そんなもん。事務所に座っとって、トラックが来たら、お父さんから財布の伝票を貰って、横付けしたトラックに荷を積み上げて。だから重労働いうか、肉体労働ですよ。

でも初任給は非常によかった。僕の友達で証券会社なり商社に入った連中と比較しても、ずっと高かったんですよ。それに三食全部食事付き。税金も、それから厚生年金も何もかも会社が負担してくれる。そしたら丸ごと残るわね。でも、金の使い道がないというか、三六五日出勤してますから。

――土日祝が休みでなくて？

前川　就職して、年に一度も帰省できなかった。朝から晩まで仕事してね、どんな会社やと実家の父は呆れてました。いまどき日曜日が休みじゃない会社なんて聞いたことがないと。でも会社入って一年くらいは、そんな丁稚奉公みたいなことも仕方ないのかと思って。

ところがそれだけやなかった。僕は仕入れ担当になったんやけど、まずお祖父さんに言われたのは、朝に会社を出て晩に戻り、変わった事があったらすぐ報告しろよ、ということ。で、帰りが遅いと、「なんでこんなに遅かったんや」と怒鳴られる。だから寄り道はできないです。もうその、会社から家まで、全部を監視されとるような感じで。自分で浪費するったって時間もないし、たまに近くの居酒屋で飲むくらいでね。

――でも仕入れだと、担当者の現場判断は必要でしょう？

前川　それはもう、お祖父さんが独りで決めてました。自分から、こうだああだとは言えるような雰囲気ではなかった。もうお祖父さんが右言うたら右、ということで、全部引っ張っていかれた。気にいらんことがあればすぐ呼びつけられて、ダーンと怒鳴られて。「お前、何考えとるねん」と。それを見とるからもう、みんながやっぱり、怖がってましたね、お祖父さんを。だから、それに合わせられない人は次から次へと辞めていった。

――完全なワンマン。

前川　今考えればねぇ、何でこれだけ我慢してやってきたんかなと思うね。我慢できた自分も不思議ですよね。若かったからかなぁ。そうこうしてる間に、嫁さん貰えということになってしまって。

義姉の孫(注・菊枝の姉の孫、智子《ともこ》さん)が姫路に居るから行けというんで、お祖母さん(注・菊枝)に連れて行かれた。昭和三六年やね。入社して三年目。で、お祖父さんから「他人は信用ならんから、君、身内になってくれんか」と言われた。僕は長男やったけど、たまたま弟が実家に戻ることになって、帰る必要がなくなっていた。で、否応なしにというとおかしいけれども、見合い即婚約みたいな感じになった。

三七年に生田《いくた》神社で式を挙げました。家内はまだ二十歳ですよ。高校を出て、ちょっとは楽しみたかったのにと、悔やんだらしい。社長は一日くらいはどっか行って来いよと仰るので、有馬に新婚旅行みたいなのに行き、明くる日に帰ってきた。そうしたら、すぐ仕事。当たり前とは思わなかったけれども、仕方ないわなぁ。僕自身、結婚して身内になってなかったら、会社は辞めたかもしれんかったね。

現代ならば「ブラック企業」と呼ばれるであろう労務状況である。それはその通りだが、しかし私腹を肥やしたというのでもない。退社時刻になると、工場で多く生産した組の組長は社長室に呼ばれ、褒賞金が手渡しされた。封筒の封を切ると、一万円札が入っていたりした。*6 一九五〇年だと、大卒サラリーマンの初任給に匹敵する額である。ボーナスにしても年に四回も出したことがあり、二箇月ごとに昇級した時期もあった。要は給与に体系というものがなかったのだ。行動規則がルール化されることを制度と呼ぶとすれば、組織の近代化とは制度化を指す。頼介のワンマンぶりは制度化を無視するもので、反近代の会社経営だった。それを可能にしたのがこの時代であり、頼介の限界もまたそこにあった。

その頃、頼介の頭を占めていたのは、事業の拡大だった。碁友達の川鉄社長・西山弥太郎は頼介にとって唯一といっていいヒーローであり、見上げるほど壮大な事業に取り組んでいた。それならば自分も、と考えるのが頼介である。青木の浜の家には本らしい本もなかったが、唯一、西山の評伝は同じ本が一〇冊以上も納戸に積んであった（今井達夫『鉄ひとすじ　評伝西山弥太郎』〔アルプス、一九六二〕ではないかと思う）。来客に配るためのものだったのだろう。頼介は社員を前に「一〇年を区切りとして規模を拡大したい。将来はブラジルやオーストラリアに進出したい」と夢を語った。伸鉄会社の現実

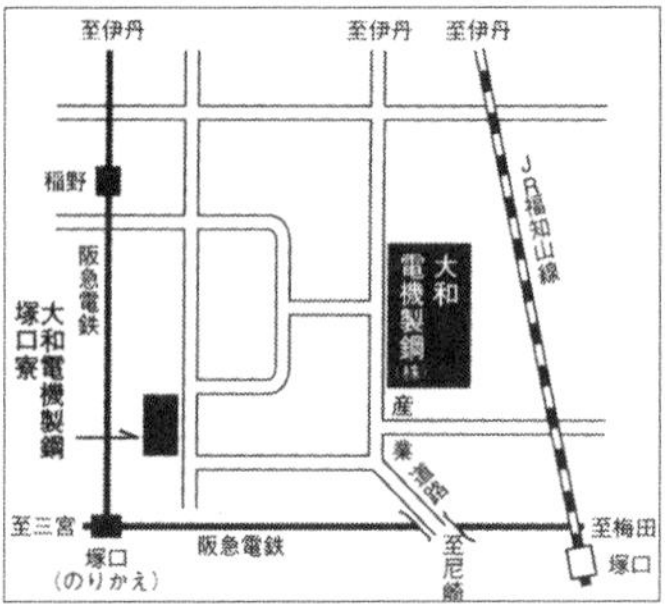

［図6-5］尼崎工場所在地（『ダイワスチール四十周年記念誌』8頁）

［写真6-8］左から上の妹・弘子、母・照子、著者（著者蔵）

的な目標は、電気炉を有する製鋼所へと地位を上げることである。電気炉で鋼塊を作り、製鋼と圧延を一貫してやれないものか。

一九五九(昭和三四)年、頼介は魚崎に二軒の旧家を社宅として購入、孜一家を住まわせることとした。合わせて一五〇坪の土地を持つ、私が「魚崎の実家」と考えてきた家である(一二二頁の図4−6)。そこで上の妹が生まれた。

この年、頼介は電気炉を有する新工場の建設を決断した。知人の伝手を探し回り、塚口駅近く、「尼崎市猪名寺字西田182」の土地に目をつける。上空に高圧送電線が走っており、住宅は建て込んでおらず、当時は田んぼだった。さっそく三五人あまりの地主と買収交渉を開始、三カ月をかけて坪単価七〇〇〇円で三五〇〇坪(約一万二〇〇〇平方メートル)の確保に成功した。

第七章　ワンマン経営

尼崎市で買収した土地は「郡是《ぐんぜ》製絲塚口工場」に隣接し、周辺は田んぼの拡がる田園地帯だった。市も工場地帯とすることを期待して、尼崎から伊丹へと抜ける産業道路を敷設しつつあった。そのため敷地は一〇メートルほど削ることを要請された。現在は兵庫県立稲園《いなぞの》高等学校が建っている土地である。

頼介が電気炉を意識するようになったのには、きっかけがある。高知市に本社を置く一九三七(昭和一二)年創立の土佐電気製鋼所が、電気炉を導入し成功しているという噂を耳にしたのである。伸鉄は屑鉄の圧延(加工)にすぎない。材料の確保によっては生産量に限界があり、商機を逃すことがある。メーカーとしては、鋼塊をも自社で生産(製鋼)しておきたい。とはいえ社内では誰も電気炉は経験していない。それでも頼介が「やってみたいか」と尋ねると、従業員は異口同音に「やりたい」と答える。そこで一九三八(昭和一三)年の新三菱重工業創業時に大同製鉄熱田工場の電気炉の炉体製作に携わったことがあった宮本元技術部長に、圧延も含む工場のレイアウトを依頼した。宮本氏は大和電機製鋼に常駐、やがて新三菱重工を退職して全面的に設計を担当することとなった。五トンの電気炉は、「平野製缶工業」が製造を担当した。私の母方の祖父・平野貞次郎が営む名古屋の会社である。後に鉄塔を専門とし、中部鉄塔工業と改名している(現・CTK)。

翌一九六〇(昭和三五)年一〇月には株式の第三者割当増資を行い、資本金を二五〇〇万円とした。商号も大和伸鉄から大和電機製鋼に変更した。電気炉を持つならば「大和電気製鋼」としそうなものだが、「電機」である。それは当初、電気炉の湯(溶鋼)を利用して機械フレーム等の鋳鋼品を製造しようと計画していたからだ。新分野への挑戦に際して製品を鉄筋に一本化することに危惧を覚えたのだろう。ところが景気が一時的に悪化したこともあり、鋳鋼品には期待したほどの注文が付かなかった。そこで商号はそのままに、自社で圧延しての丸棒製造およびその材料としての鋼塊生産に集中することとなった。

青木《おおぎ》でも操業しながら、尼崎の工場建設は進んだ。従業員たちは三六五日休みなく働いた。それでも運動会と称して年に二度、遠出のレクリエーションを行っている。一九六〇(昭和三五)年の写真では、中央に孜《つとむ》が座り、右が部長の谷口専博《よしひろ》氏、その右が山本氏である。孜の一人置いて左が前川氏だ。アルバムに何枚かある写真をたどると、三井寺、奈良、平安神宮、有馬などが遠征先だった。たまの遊びならば個別にすればよさそうなものを、社員総出で行くのが当時の慣わしであった。

だがここに頼介の姿はない。胃が悪く、ぜんそくの気配もあった(それは私に遺伝している)。尼崎に工場を移してからも青木以来の頼介の生活パターンは変わらなかった。朝、会社に着くと、工場を一周する。それから各方面に電話する。部下を呼び「何々君、あれしてくれ」と命じると、昼にはさっさと帰宅してしまう。帰宅後は和服に着替え昼食後に横になって胃をもむ。碁を打ちながら、アイデアが閃くと会社に電話して指図するのである。

社員は体の良い碁石である。自分の思い通りに動く人間だけを採用し、人を育てて何かを引き

［写真7-1］大和電機製鋼社員運動会、1960年（著者蔵）

だそうなどとは考えない。何らかの志のある社員なら、たまったものではない。自分のいない時でも頭の中にある戦略を粛々と遂行する組織が頼介にとっての理想の会社だった。思ったことはやり通す。実現するまでやり遂げる。自信満々であり、周囲の誰も進言などできなかった。

一九六一（昭和三六）年の一月にも、株式の第三者割当増資を追加実施している。これにより資本金は三五〇〇万円となった。その追加分の一〇〇〇万円は川崎製鉄が出資した。その意味は大きい。これにより川崎製鉄が単独では大和電機製鋼の筆頭株主になって、原料提供にとどまらず緊密に結びつくこととなったのである。それに対し頼介は孜や平野貞次郎とともに個人株主で、「松原家」として事実上の筆頭株主であり続けた（一九七六年まで）。川崎製鉄はすでに高炉メーカーとなってはいたが、電気炉分野への進出も視野に収めてはいたのであろう。

四月に新工場の原型が完成した。しかし前途は多難であった。当初は外部から鋼塊を購入して圧延し棒鋼を生産していたが、これだと青木工場と変わらない。設置したばかりの一号電気炉は炉材の品質不良から湯漏れなどのトラブルが頻発、現場では修理に試行錯誤を繰り返した。青木工場と併せて粗鋼生産能力は公称月産四〇〇〇トン。だが現実の粗鋼生産は月産一五〇〇トンからせいぜい二〇〇〇トンを行き来した。

［写真7-2］尼崎工場全景（『ダイワスチール四十周年記念誌』12頁）

丸棒の初出荷は同年一二月にずれこんだ。ようやく青木工場は閉鎖、社員は全員尼崎工場に移った（本社を尼崎に移すのは一九六八年）。翌一九六二（昭和三七）年一月にいよいよ鉄筋用鋼塊を自社生産するようになる。だがなんとか安定的に操業ができるまで、さらに一年を要した。完成した工場がこれである。

前川氏の結婚もこの一九六二（昭和三七）年に執り行われた。媒酌人は私の両親（孜と照子）が務め、新郎新婦を挟んでいる。珍しく、前川氏と孜の間に頼介の姿がある。菊枝は後列左から四人目。このとき頼介は六五歳。孜は三五歳であった。青木工場は機械も放置したままで無人となった。小学校に入学した頃の私は、静まり返った工場で智子さんが投げるソフトボールをバットで打って遊んだ。

財務情報を漏らしたくない頼介は、会社の規模が拡大しても口が堅い親戚しか信用しなかった。新婦の智子さんは菊枝の姉こふえの孫(長男の娘)であった。こふえの次男である横田年光氏が神戸銀行に勤務しているのを知ると、頼介は年光氏を三顧の礼をもって迎え入れ、経理部長の座に据えた。それ以降、大和電機製鋼の経理の詳細は頼介以外にはこの横田氏と、部分的にではあるが取締役部長であった谷口氏しか把握していない。孜すら、後に社長になるというのに蚊帳の外であった。両氏が没している現在、当時の財務状況は公開されているものしか分からない。

［写真7-3］前川俊治・智子夫妻結婚式(著者蔵)

次頁は祝賀会の写真で、これが横田氏の入社を社員全員で迎える光景である。一九六二(昭和三七)年か六三(昭和三八)年のものだろう。社員たちは怪訝な顔つきに見えるが、それも当然だ。自分たちの入社式でこれほどの歓迎ぶりということはなかったのだから。経理能力が高い上に口が堅くもある横田部長を得て、頼介は内部を固めたと感じたに違いない。

［写真7-4］横田年光氏入社式（著者蔵）

次に頼介が取り組んだのは、製造過程の改善だった。一つは、原料であるダライ粉《こ》の使用法である。初期の大和電機製鋼では、製鋼の原料に鉄ダライ粉を使用していた。ダライ粉とはスクラップの一種で、旋盤などの機械で金属を加工する際に生じる削り屑。一般的には粉末だったり螺旋状だったりして不均等である。しかしスクラップより三割以上も値が安く、それゆえ「ダライ粉を制するものが製鋼を制する」とまで言われた。一方でダライ粉は形状がまちまちでかさばり、カッティング・プレスを工夫しなければ均質にまとまらない面倒な原料でもある。

頼介はそこで、カッティング機を独自に開発した。かさばるダライ粉を扱いやすくまとめる機械を発案したのである。ダライ粉のカッティング機は工場の地下室に置かれた。同業者がマシンの構造を盗み見るのを警戒したとのことで、それほどの自信作だったらしい。幌にタールを塗りつけるたという戦前の発明といい、特段の知識を持たないはずの頼介が収益につながるアイデアを出したのには驚くしかない。その後ダライ粉は、分銅式もしくは油圧式のプレス機で処理されるようになった。ダライ粉を使いこなすことで大幅なコストダウンを実現、尼崎工場の初期の足場を固めたのである。

二つめは、製品である丸棒の生産性である。当時の販売先は川鉄商事、兼松江商《ごうしょう》、岐商、野村貿易などであった。メインは川鉄商事で、一九六二(昭和三七)年頃は川鉄商事が一〇〇〇トン、残り三社が各五〇〇トンという扱い比率であった。

生産した丸棒は一六ミリ(メートル)、一九ミリ、二二ミリ、二五ミリの四種類。そのうち一六ミリの市場が拡大しつつあったが、大和電機製鋼の一六ミリは生産量が不足していた。川鉄商事は大和の二二ミリ、二五ミリと他社の一六ミリを抱き合わせ販売することで、需要家のニーズに応えていた。それでも大和電機製鋼の丸棒は肌艶がよく真円度に優れているとの評判を得て、買い手がついていた。

そこで生産性を上げるため、設備投資を行った。一九六三(昭和三八)年一一月には川鉄商事が一〇〇〇万円を出資して、資本金を四五〇〇万円とした。それを元に一二月には製鋼建屋を増設、スクラップヤードを新設、リフティング・マグネットも導入して原料の移動と荷受けにあてた。

一九六四(昭和三九)年四月には、一五トンの二号電気炉を新設する。二箇月後には一号電気炉も一五トンに改造して、公称では月産一万トン体制となった。製鋼は三交替制で、実際の月産は八〇〇〇トンといったところだったが、圧延部門は月産八〇〇〇～九〇〇〇トンの生産能力を持っていた。従業員も一二〇名ほどに増え、工場近くには六六〇平方メートルで二〇部屋、一部屋四人の独身寮も完備した。四年をかけ、ようやく製鋼・圧延の電気炉一貫体制を整えるにいたったのである。

写真7―5は一五トンへと改造された一号電気炉。電気炉で製鋼した溶鋼はいったん写真手前の鋼塊鋳型(インゴット・ケース)に入れ粗鋼にする。粗鋼は圧延の過程で丸棒へと形を変える。写真7―6は丸棒の生産光景であり、7―7が冷やして製品にする精整ヤードである。

[写真7-5]第1号電気炉(15トンに改造後。『ダイワスチール四十周年記念誌』11頁)

尼崎工場が軌道に乗り始めた一九六二(昭和三七)年、私は六歳だった。当時の頼介の碁友達に灘校の梶和《わ》三郎《さぶろう》校長(一九〇三―一九八三。灘校長は一九六一―七二)がいた。私が入学する一九六八年には二二〇人しかいない卒業生のうち一三二人を東大に入学させることになる、灘校進学校化の立役者である。頼介は自分の学歴は棚に上げて、私を東大の冶金科に入れるつもりでいた。今にして思えば、目標である西山弥太郎が東大(東京帝大)工学部冶金科を卒業(一九一九[大

［写真7-6］尼崎工場の丸棒生産風景（『ダイワスチール四十周年記念誌』11頁）

［写真7-7］尼崎工場の精整ヤード（『ダイワスチール四十周年記念誌』11頁）

正八]年)しており、その後を追わせようとしたのだろう。ことあるごとに「孫が世話になるから」と言い、それが幼稚園児の話と知って梶校長は呆れたという。

それだけ跡継ぎとして私に期待したのであり、小学校に上がると、頼介は三カ月に一度は私を尼崎の会社へ連れて行った。魚崎から尼崎へは、孜を迎えに来る外車で一時間近くかかる。やっとたどり着くと頼介は従業員を正門にずらりと並べ、その前を私とともに闊歩した。

そして私にヘルメットをかぶらせ、頼介は工場建屋の周回に出る。プレスされたダライ粉をマグネットが電気炉へと運び入れる。放電熱によって融解されドロドロに溶けた溶鉄は、赤々と火を噴く電気炉から飛沫を上げながらインゴットに注ぎ込まれる。溶鉄が精整ヤードのレールを走り次第に鉄筋の形になっていく様子を、私は建屋を複雑にまたぐ橋の上から眺めた。小柄な頼介が真っ赤な鉄筋の上空に架けられた橋をひょいひょいと駆け渡ると、灼熱と轟音の中で気づいた工員さんたちが敬礼して「社長!」と呼びかけた。私にとっての「大和電機製鋼」は、この「リフティング・マグネット」「電気炉」「インゴット」「鉄筋」と続く一連の工程だった。

レイアウトでいうと、工場には四つの部分があった。上から第一に、ダライ粉やスクラップを機械でプレスする工程。第二は、固めたスクラップをリフティング・マグネットで電気炉に投じる工程。第三は溶鋼をインゴットに注ぎ、鋼塊とする工程。第四が鋼塊を加熱炉で再び加熱し、ロールを用いて圧延、冷却して丸棒を完成させる工程である。

頼介が尼崎で取り組んだ三つめは、製品の品質向上である。昭和三〇年代、商社を介した販売先は大手のゼネコンが中心で、民間需要に止まる限りMQ(無規格)の丸棒で問題はなかった。と

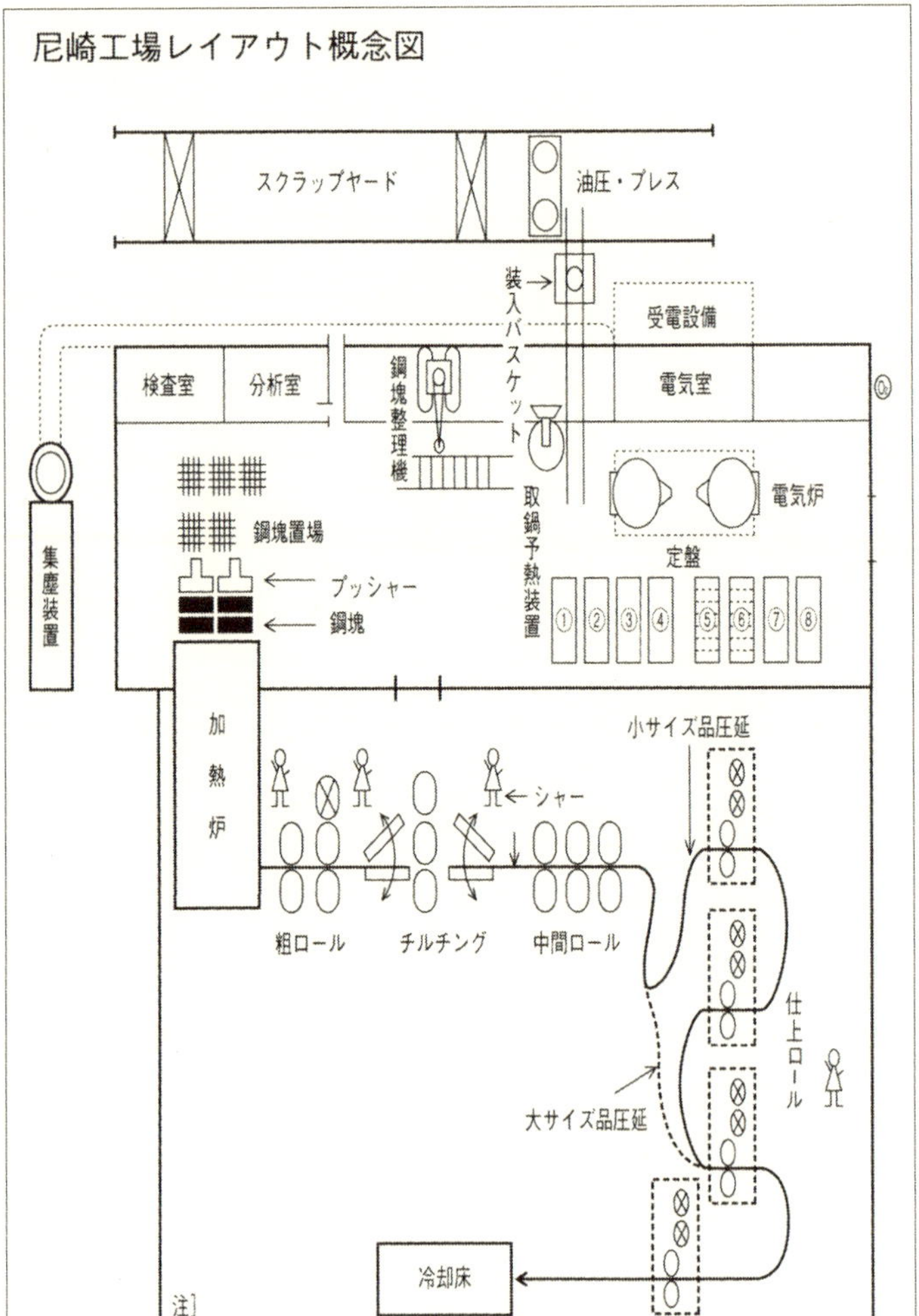

[図7-1]尼崎工場レイアウト図(『ダイワスチール四十周年記念誌』63頁)

ところが昭和三〇年代も後半になると、官公庁の需要にも狙いを拡げるようになる。ここでJIS（日本工業規格）の取得が不可欠となった。

ところがそれまでの大和電機製鋼には、生産管理という考え方がなかった。製鋼については三直（シフトのグループ）の職長が、それぞれ学んできたやり方で部下を指導していた。そこでまず、一九六四（昭和三九）年四月に川崎製鉄から四人の出向社員を受け入れた。翌一九六五（昭和四〇）年には分析課を設け、川鉄が得意とする湿式法による製品分析を開始した。試料を試薬で酸分解し、溶液の元素を各種の測定法で特定する手法である。また、五〇トン万能試験機を導入、翌一九六六（昭和四一）年には燃焼容量法によって炭素、マンガンの炉中分析を開始、ショア硬度計を導入するなどして品質管理体制を充実させていった。私は工場の現場見学を終えると退屈してしまう。唯一飽きなかったのが、分析課での実験だった。

こうして物的な生産管理には目処が立った。ところが人的な生産管理は手つかずである。それまでは徒弟制で育った職人がカンで集団作業をするような状況であった。そこで一九六六（昭和四一）年四月、技術指導のため、さらに五人の技師が川崎製鉄から派遣された。製鋼・圧延・分析・工程・検査の専門家である。こうして大和電機製鋼は近代化を受け入れていった。

カンと経験の丸棒作りからデータに基づく製鋼、圧延への移行は、社員に少なからぬ衝撃を与えた。スクラップの配合や作業時間、分析値のチェック、出鋼温度の設定などに標準値が設定され、昼夜にわたりそれを達成するよう従業員は再教育を受けていった。このようなデータに基づく作業工程に不満を持つ古参社員もおり、一部は退職していった。しかしJISの取得に猛進する頼介の姿勢は変わらなかった。「不可能を可能にせえ」の一言でお仕舞いだったのである。

さらに公害問題にいち早く取り組みもした。同年四月に建屋集塵装置を天井に設置したのである。東京のメーカーからオーナーが熱心に売り込みに来たのに対し頼介が興味を持ったのだ。これには後日談がある。私が頼介について記した『書庫を建てる』を出版した後、「読んだ」というある読書家の男性が家内の経営する阿佐谷《あさがや》のカフェを訪れた。そのKさんは、大和電機製鋼の社章が記された二枚の名刺を家内に見せた。そこには電気課長「山中和平四」・営業課長の「前川俊治」と記されていた。Kさんはオーナーとともに集塵装置の営業に来た方で、「自分の新人としての仕事だったから良く覚えている」と語った。

こうした過程を経て頼介は一九六七(昭和四二)年三月、通商産業省(現・経済産業省)にＪＩＳ認可を申請する。三名の検査官が工場を訪問、入念な検査を受けて、翌四月一四日付けで表示番号Ｇ３１１２(鉄筋コンクリート用棒鋼)のＪＩＳ取得が認証された。この日頼介は上機嫌極まりなく、職長以上の社員を集めて昼食会を開いたという。

私にはその日の記憶はないが、小学校五年生になりいよいよ灘中入試に向けて算数教室に通い始めたからだろう。算数に熱中するとともに、私は尼崎工場の熱気から離れていった。

頼介はというと、矢継ぎ早に増資している。一九六七(昭和四二)年八月、利益の配当を金銭でなく株式の交付をもって行う株式配当で資本金を六七五〇万円へ、一〇月には株主割当増資で資本金を一億三五〇〇万円へ。異形棒鋼も本格生産を開始した。企業規模から生産内容まで青木時代からすれば格段に刷新された。創業から一九八七年までの期間について、持株推移を株主別

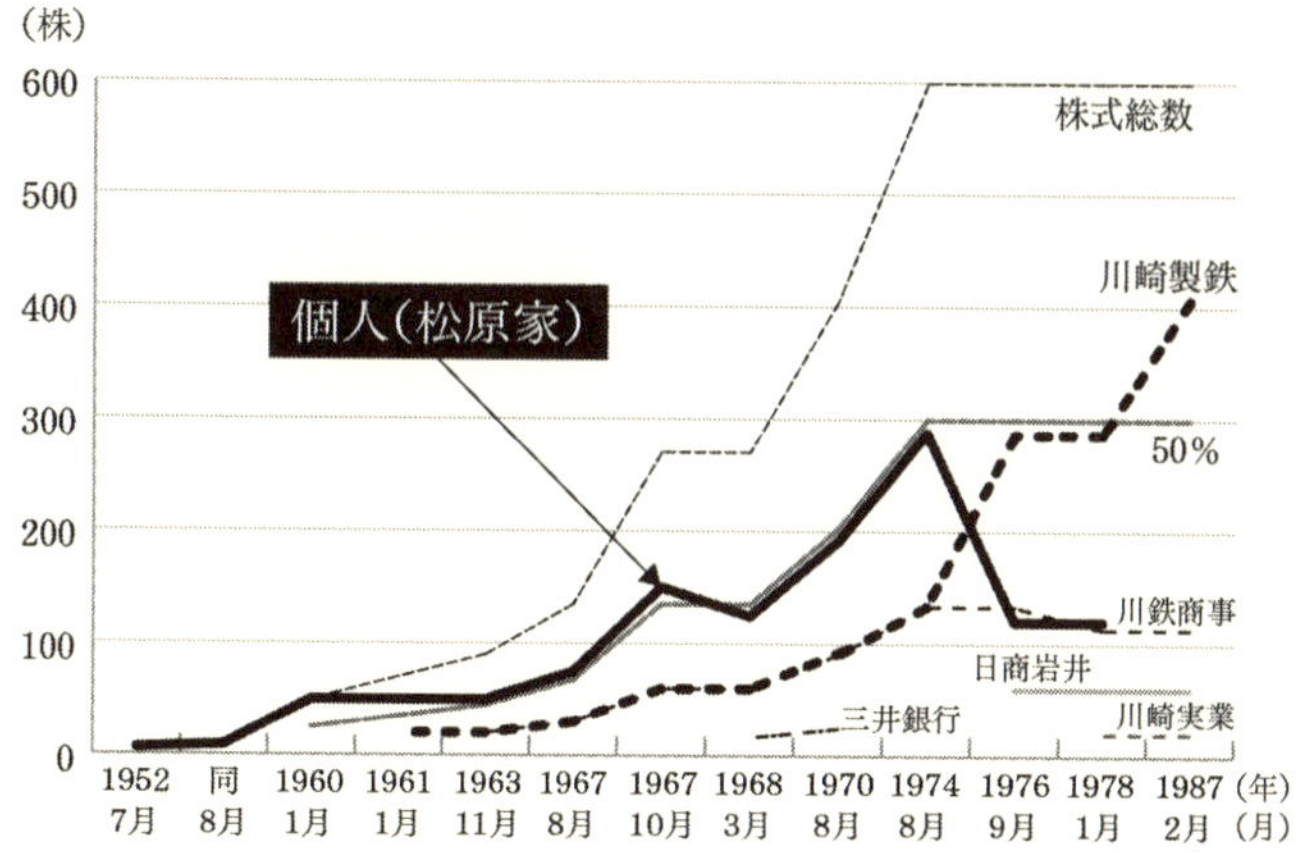

［図7-2］大和電機製鋼株主別持株推移(『ダイワスチール四十周年記念誌』116-117頁より作成)

にグラフにしてみた。一番上の線は株式総数、それに五〇%を示す線を加えている。原データで株主名が「個人」となっているのは頼介・菊枝・平野貞次郎・孜の和であろう。これを「松原家」としておく。一九六一年の段階で筆頭株主は川鉄になり、それはどの個人をも凌いでいるが、「松原家」としての合計は一九六八年まで五〇%を越えていた。会社の資本は増え続けても、「松原家」で株式の過半数は握っていたということであろう。ただし六八年から七四年の間は微妙で、わずかながら過半数に届いていない。資本の急拡大を「松原家」として必死に追いかけているという印象である。

頼介の私生活も、この頃に転機を迎える。八〇〇坪ほどの青木の工場跡に戦前の豪邸に匹敵するような大きな邸宅を建設したのである。私を乗せた社用の外車が鉄扉の外でクラクションを鳴らすと守衛さんがガラガラと扉を両開きにし、車はそこからなだらかな坂を上がって玄関にたどり着く。庭には枇杷の樹が繁り、四季ごとに植木職人が剪定に訪れた。長辺が一五メート

［写真7-8］青木新居新築祝い（著者蔵）

ルほどもある池には鯉が泳ぎ、数メートルの巨岩は山口県から運んだ。

新築祝いには、主立った親族が集まった。頼介が膝に乗せているのは私の妹（次女）・裕美子。長女の弘子が膝に乗るのが母方の祖父・平野貞次郎である。頼介の左は兄の知一。中列は左から私（小学校五年生）、一人置いて谷口・横田の両部長（谷口氏は一九六九年から、横田氏は七三年から常務取締役）、前川・山本氏である。この部屋の床の間には、横山大観や奥田元宋《げんそう》の絵が掛けられていた。

魚崎の我が家も板塀がコンクリートの殺風景な塀に取り替えられた。私には離れを改築して一〇畳間が与えられた。和風建築には洋間の二階を乗せ、妹たちの個室とされた。妹たちは藤間流の日本舞踊を習い始め、お師匠さんがやってきて稽古するようになる。まるで『細雪』に登場する四女の妙子だ。何度か開催された踊りの会の一つで弘子は「櫓《やぐら》のお七」を踊り、裕美子がお杉（お七の下女）役だった。谷崎の描いた阪神間モダニズムは、我が家に着実に浸透していた。

そして一九七〇(昭和四五)年。八幡製鐵と富士製鐵が再合併し新日本製鐵が誕生する。川鉄が一九五三年、神戸製鋼所(神戸製鉄所灘浜地区)が五九年、住友金属工業が六一年、日本鋼管(NKK)が六九年に銑鋼一貫体制となり、高炉メーカー五社体制となった。我が国の製鉄業界は頂点を目前にし、頼介も後半生の栄光をつかみつつあった。七三歳になっていた頼介は、ここでさらなる賭けに出る。それが今にしても驚く、二度目の工場移転であった。

[写真7-9] 1970年、妹の裕美子(左)と弘子(著者蔵)

第八章　最後の賭け

一九六九(昭和四四)年、私は灘中学に入学、徒歩で通学するようになる。翌一九七〇(昭和四五)年には千里丘陵で日本万国博覧会(大阪万博)が開催され、建設需要で日本経済は好況に沸き立った。この年大和電機製鋼は五割の株式配当と一割五分の現金配当を実現、資本金を二億二五〇〇万円に増資している。

棒鋼は径一〇〇ミリ(メートル)以上が大型、五〇ミリ〜一〇〇ミリが中型、五〇ミリ以下が小型と呼ばれ、棒鋼生産量の九〇%が小型である。電気炉(平電炉)メーカーでは、一般には生産品目の七〇%を小型棒鋼が占める。大和電機製鋼の出荷先は建設業者が三五・九%、販売業者が五一・二%。販売業者からの出荷先も建設部門が八〇%であった。電気炉メーカー製の小形棒鋼は売り先が建設関係に集中している。それはすなわち、時々の景気や建設需要の変化の影響を受けやすいということだ。

小型棒鋼の市場には、もう一つの特徴がある。景気に応じて需給が乖離するたびに市中価格が乱高下する、いわゆる「市況品種」なのである。小型棒鋼市場では、需要が不足し供給が超過すると価格が敏感に下落してしまう。価格の反応速度が大きく、各社が在庫を調整しても価格は維持されにくい。関西地方における鉄くずと棒鋼の価格推移を掲げておこう。ここに示されるように鉄筋価格と原材料である鉄くずの価格はほぼ並行しているが、ともに安定する期間は短い。鉄筋価格など、一九七二(昭和四七)年の底値から一年半ほどで三倍近くまで騰貴している。

企業にとって売上高は製品(鉄筋棒鋼)の販売価格×販売数量だから、価格が安定しているほうが売上高は予想しやすい。そこで鉄鋼業界は一九六八(昭和四三)年頃から、市況が極端に変動することへの対策を模索した。小型棒鋼メーカー各社は市況情報の交流・交換を目的として小棒組合を設立していた。一九七〇(昭和四五)年には、この小棒組合を母体として共販制度が構築された。関西では鉄筋用棒鋼メーカー九社、商社一三社が加入して関西棒鋼株式会社が設立され、大和電機製鋼もその一員となった。

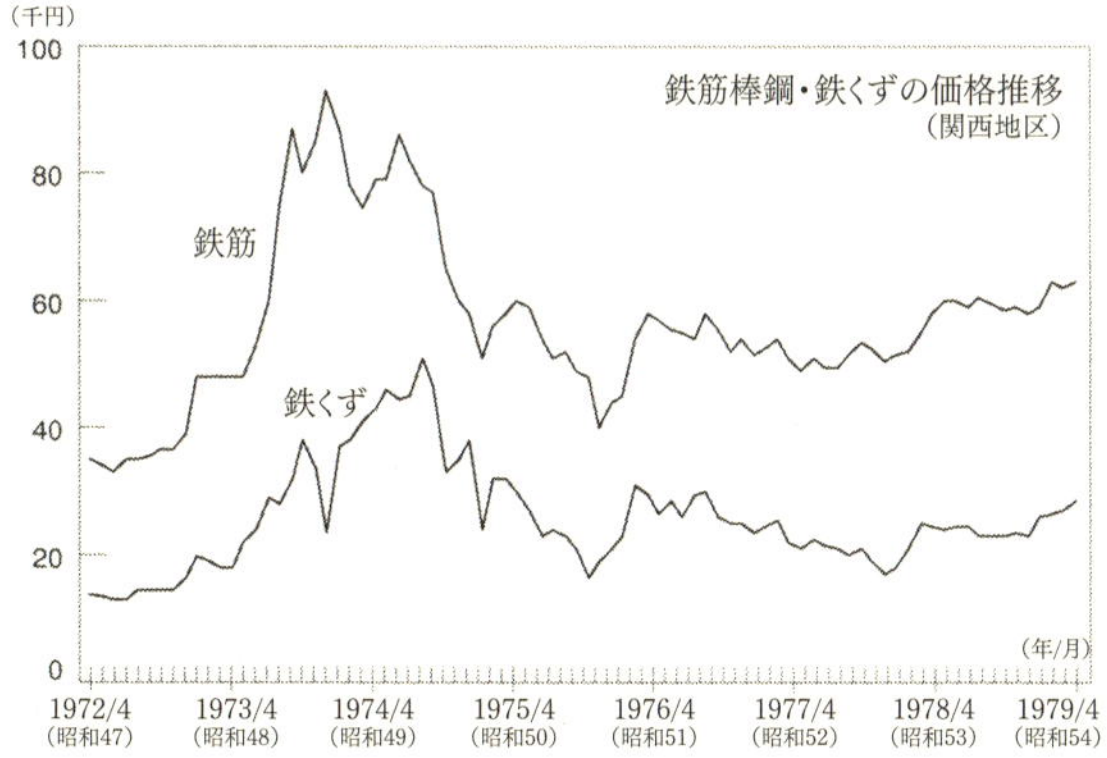

[図8-1]『ダイワスチール四十周年記念誌』22頁より作成

需要家のため安定供給を図るという名目を持つ同様の共販会社は、全国をブロックにわけて七社誕生している。以後、各社は共販会社において営業活動の足並みを揃えるようになり、競争より協調を重んじる業界体質となっていく。

一九七一(昭和四六)年はニクソン米大統領がドル防衛の緊急対策を発表(ニクソン・ショック)、先進諸国はこれを受けて為替レートをいっせいにフロート(実質的切り上げ)させ、日本も対ドル為替レートを三六〇円から三〇八円に切り上げた年である。円高による輸出の減少と国際収支の悪化が懸念されていた。

価格が各企業の平均的な生産費を大きく下回り、業界に所属する企業の大半が存続不可能となった場合、わが国では一九五三年来(一九九九年まで)販売と生産の数量制限を足並み揃えて行うことが独占禁止法の適用除外とされていた。そして一九七二(昭和四七)年三月、「平電炉普通鋼協議会」を中心とする平電炉メーカー五三社が「不況カルテル」を結成する。抜け駆け的に価格引き下げ競争に走ることを協定で禁じ、公正取引委員会もそれを妥当とみなしたのである。これは一二月三一日まで継続され、それが功を奏したのか初夏以降の鉄筋価格は上向きに転じた。

小型棒鋼が市況品種であり価格が乱高下しやすいということは、頼介にとって何を意味していたか。市況品種を取り扱うにあたりメーカーは「損益分岐点」を念頭に置く。製品価格が上下動するとき、これ以下だと赤字、これ以上だと黒字という分岐点にあたる価格である。前川俊治氏はこう述懐している。

この(棒鋼の)世界は何年儲かって何年か儲からんなんて、保障がないですからね。お祖父さんが絶えず言うてはったのは、「三年に一度は好機が来る」ということです。赤字を垂れ流しても辛抱して、チャンスを逃さないならば、三年後にはすべて取り返せる。経験から鉄の世界はそういうもんやという信念があった。社員に対しても、俺についてくれば絶対間違いないという、非常な自信を持たれてたね。

これは、棒鋼の価格が三年間損益分岐点を下回り低迷しても我慢して、上がったときに一気呵成に売り抜ければ利益は得られる、それゆえ売り抜ける態勢を維持するという戦略であろう。頼介はこの戦略に、絶対の自信を持っていた。

さらに頼介が口癖とした言葉がある。「一〇年も一つ所にいたのでは発展がない」。これは青木の浜で産声を上げた小さな町工場の頃から繰り返されていた。「将来はブラジルやオーストラリアに工場を持つ」とも言っていた。頼介は、尊敬する西山弥太郎の背中を追っていた。

頼介は一九七一(昭和四六)年を「尼崎に工場を移転して一〇年」の年とみなした。設備投資は製品の質を上げるとともに、損益分岐点を下げる。機械が大型化すればコストダウンできるからだ。損益分岐点が下がれば市場価格が低くても黒字を出せるし、儲かる期間が長くなる。しかし巨額の借金をして設備投資するなら、月々の返済は大きな負担となる。返済日に資金がなければ、倒産してしまう。それゆえ社長は毎月の資金繰りに奔走するのだ。工場移転は、コストダウンと借金を両天秤にかける危険な賭けであった。

そのうえ「三年に一度の好機で儲ける」という頼介の思惑が維持されるには、日本経済および鉄筋市場が景気の振れをはらみながらも成長し続けなければならない。価格が上がり大量の鉄筋を供給しても吸収するだけの需要が建設業界に求められた。だが日本の高度成長期、なかんずく鉄鋼業界のそれは、そろそろ終わりを迎えようとしていた。

頼介は製鋼・圧延能力を拡大し、連続鋳造機など新技術を導入する決断をした。連続鋳造とは、製鋼過程で溶けた粗鋼をいったん冷やして成型(鋳造)し、分塊圧延機にかけ鋼片にしてから圧延に回していたところを、冷やして固める「分塊」の工程を省くものだ。尼崎では溶鉄をいったんインゴット・ケースに注いで冷やし、粗鋼の鋼塊にしたのちに再加熱して圧延していた。このインゴットに入れる冷却過程を省こうというのである。

しかし連続鋳造機を容れるには、尼崎工場は手狭だった。そう判断した頼介は新工場の敷地を物色し、宝塚市南部の一角に狙いを定めて複数の地主と購入交渉に入った。

話は契約直前まで煮詰まったが、そこで別の土地情報が飛び込んでくる。岡山県の水島製鉄所に製鉄事業を移管し、一九七一(昭和四六)年に廃止される川崎製鉄兵庫工場の跡地である。川鉄の藤本一郎社長(西山弥太郎は一九六六年に死去)が頼介に、「新しいところへ行くならうちへ来い」と勧めたともいわれる。

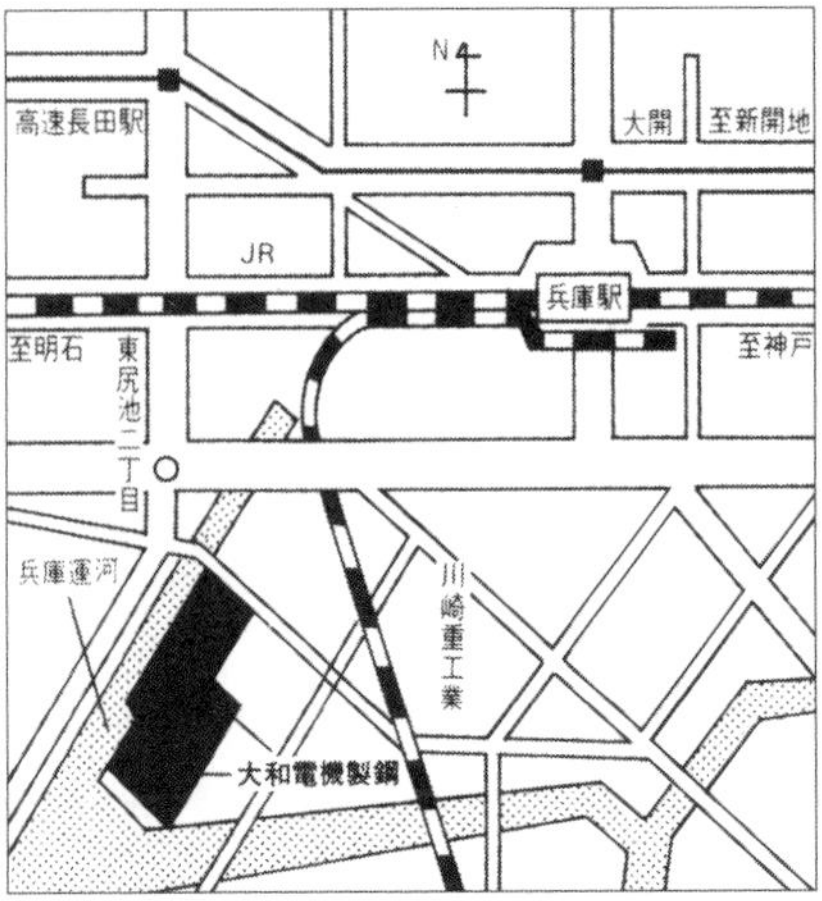

[図8-2]本社社屋・神戸工場所在地(1972年。『ダイワスチールダイワスチール四十周年記念誌』19頁)

頼介はただちに移転先を換えた。宝塚の土地をキャンセル、兵庫区和田山通2－12－14(現在の和田山通2－1－1)の、三万六〇〇〇平方メートル(約一万一〇〇〇坪)の土地を買収したのである。現在の川崎重工兵庫工場の西半分に当たる土地である。私たちには何も言わなかったが、当地を東に二キロ弱行ったところに、頼介が大正時代に住み着いた東出町がある。日本における最初の会社(松原商會)は、そこで産声を上げた。半世紀を経て、頼介はこの地に戻ってきたのだ。

代金は一一億五〇〇〇万円。うち六億円は即金で支払った。土地代金と設備代金を含む建設総費用は四八億二〇〇〇万円に及んだ。買収が完了した一九七一(昭和四六)年八月、さっそく工場の建設が始まった。

工場建設の責任者には前川俊治氏が任命された。とはいえ前川氏は鉄鋼の技術者ではない。大学は文系、技術は仕事上で聞き齧っただけしか知らなかったが、頼介の命令は絶対である。新工場の目玉は「連続鋳造」とされた。レイアウトは電気炉が二基、連鋳機も二基とされた。

各種の設備は大型である。基本設備は石川島播磨重工業(IHI)。それ以外にも日本鋼管(NKK)や日本を代表する機械メーカーが電気炉や圧延機、クレーン等の売り込みにやってきた。一九七一(昭和四六)年は不況のまっただ中。どのメーカーも仕事がなく、受注したくてしようがな

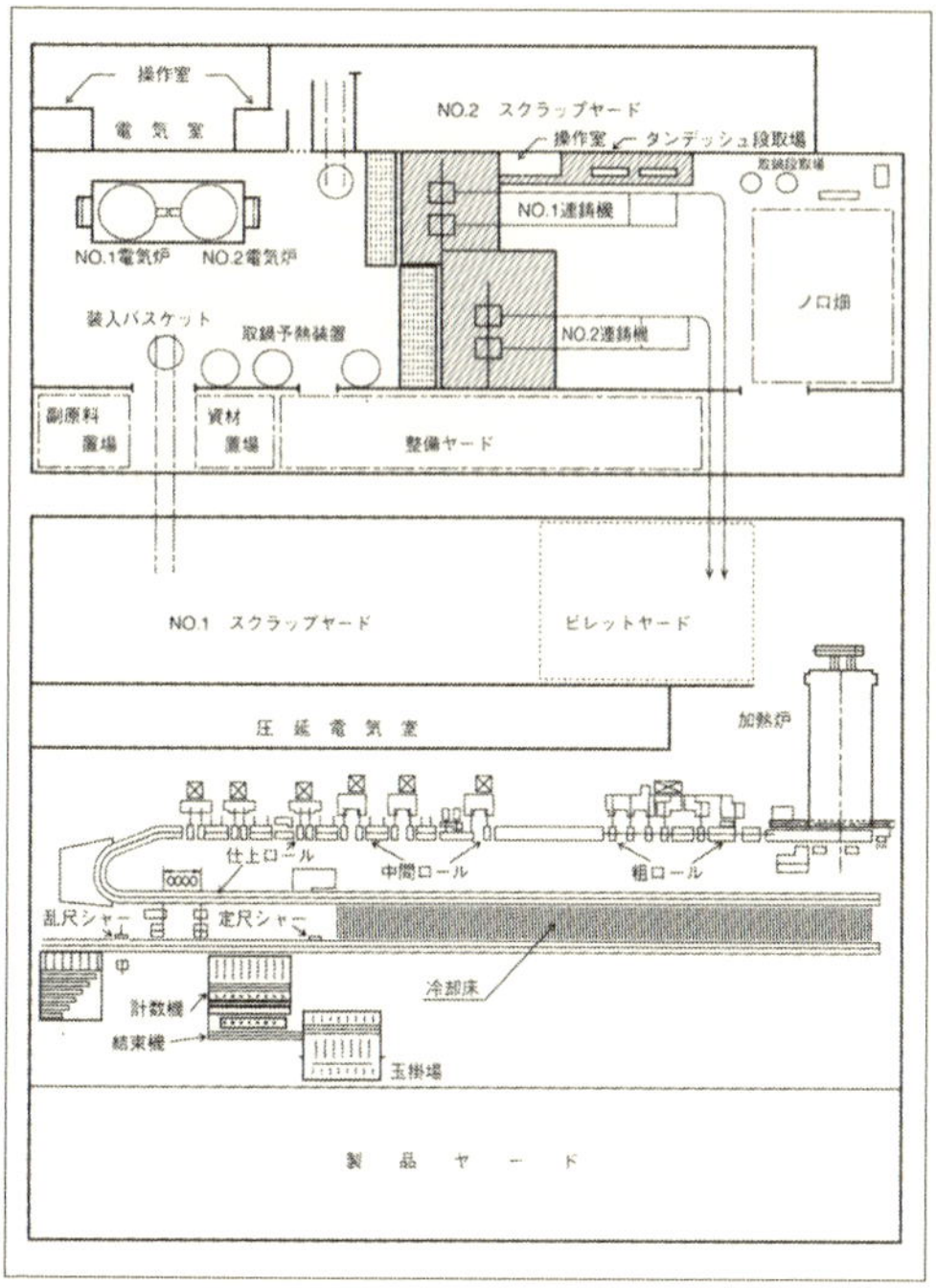

[図8-3]神戸工場レイアウト概念図(『ダイワスチール四十周年記念誌』)

い。こうなると頼介の強気の交渉が生きてくる。頼介は彼らを部屋に招き入れ、大和電機製鋼側からは誰も寄せ付けず、単独で交渉に当たった。メーカーは「この価格で受けられなかったら他社から買う」と言い張る頼介の言い値を受け入れるしかなかった。

[写真8-1]神戸工場の圧延ライン(『ダイワスチール四十周年記念誌』)

前川氏が述懐する。「相手は日本鋼管だの石川島播磨重工業だの、超一流どころの技術や営業の部長級ですよ。一流大学卒で専門知識もふんだんにある。そうした人たちを四〜五社並べ、技術の詳細は知らないはずのお祖父さん(頼介)が、独りで交渉をやり遂げてしまった。明治生まれの企業家は気迫が違う、凄いもんやなあと、震えがきました」

資金に余裕があった時期なのだろうが、それにしても誰にも相談せず個人で決断するとは大胆不敵である。相場を知らずに足下を見られたり、設備投資に失敗すれば、すべてが水の泡となってしまう。私の母方の祖父である平野貞次郎は、オーナー社長同士で尼崎工場時代は非常勤の取締役をも務めたような、頼介とは肝胆相照らす間柄である。その貞次郎が言った。「ようやく尼崎の工場が落ち着いたところで松原さんはまたもの凄い借金をして大きな工場を建設して……とても信じられん」

青木には三階建延七三〇平方メートル、二四〇人収容の独身寮を新築した(所在地不明)。そして翌一九七二(昭和四七)年四月、いよいよ大和電機製鋼の本社社屋と工場が兵庫に完成、尼崎からは完全撤退する運びとなった。工場内の風景も掲げておこう。かつては人力に頼った圧延が自動で行われている。

[写真8-2]神戸工場全景(『ダイワスチール四十周年記念誌』)

全景は上の写真の通り。中央右を縦に割り、船が浮かぶのは兵庫運河である。当初、一万五〇〇〇トンのビレット(鋼片)の供給を川崎製鉄から受ける計画があった。ビレットはこの運河から搬入される予定だった。橋が邪魔で、船を特殊な形状に改造するという構想まであった。約束のビレット価格は二万三〇〇〇円/トン。ところが市場価格は思いがけず三万二〇〇〇円/トンに高騰した。これでは川崎製鉄としても大和電機製鋼を優先できない。そんなこんなでビレットの受け入れ計画は絵に描いた餅となった。

この計画違いは他にも影響した。新工場ではまず三五トンの電気炉を一基、先行稼働させる予定だった。粗鋼の月産能力は一万三〇〇〇トンが見込まれた。連続鋳造設備も一基で一四五ミリメートル二ストランドの角S形ビレットを月一万四〇〇〇トン生産する予定だった。一方、圧延の生産能力は二直(シフト)体制で三万トン。その差の分だけ川鉄からビレットを買い受ける予定だったのだ。川鉄からのビレット提供縮小は痛かった。これでは圧延装置は半分しか稼働できない。一年後の一九七三(昭和四八)年九月に二号電気炉を増設し、ようやく圧延と粗鋼のバランスが回復した。

それ以外にも思惑違いが生じた。川鉄の工場は全面解体されたが、地面を掘ると鉄屑がどっさり出てきたのである。長年の製鋼から生じた産業廃棄物であった。掘り出しても掘り出しても、鉄屑はなくならない。前川氏は帰宅もままならず、泊まり込みで整地に専念した。

[写真8-3]1神戸工場35トン電気炉(『ダイワスチール四十周年記念誌』)

さらに敷地の境界が曖昧という問題もあった。このあたりはもともとが川崎重工の土地である。そこから製鉄部門が独立し、川崎製鉄となった。独立したとはいえ土地は川崎重工と隣り合い、親子の会社間で仕切りは適当だった。その点、川崎重工と大和電機製鋼は別会社である。区切りの合意には時間をとられることとなった。

神戸工場の船出は波乱にみまわれた。新聞が「川崎兵庫工場跡に『公害工場』」と書き立てた。集塵機を業界に先駆けて設置した尼崎工場が、なぜか「公害工場」の汚名を負わされたのだ。いまならさしずめ「フェイクニュース」だが、公害が社会問題化していた時世柄我慢するしかない。地元住民には何度も説明会を開催、代表者を工場に案内するなどして周到に了解を求めた。孜も帰宅しては、「金魚を入れてある排水溝を監視している市民がいる」とぼやいていた。公害対策には先進的だっただけに、汚名を着せられた頼介の苛立ちは限界に達していた。

親戚内ではいまだに語りぐさとなっているエピソードがある。新工場建設中の一九七一(昭和四六)年末、平野貞次郎は女婿(照子の妹の夫)の片山俊平と息子(照子の弟)の平野貞義を連れ、青木の松原邸へと祝いの品を持参した。頼介と貞次郎は囲碁のライバルでもある。碁が始まり、俊平と貞義はギャラリーとして観戦していた。形成は貞次郎有利に展開していたらしい。

平野家はゲーム好きで、みなで冷やかしたり冷やかされたりしながら楽しむ家風である。貞次郎はつい「取ろう取ろうは取られのもと」と呟いた。囲碁の格言であり、平野家で和気藹々と碁を打つ時の癖として対戦相手を冷やかすように口にしたのだが、その瞬間、頼介は立ち上がった。碁石をつかみ、バーッと貞次郎に投げつけたのである。碁盤もひっくり返し、憤然と部屋から出て障子をぴしゃりと閉め、自室に閉じ籠もってしまった。残された三人は目が点になったという。のちに頼介は詫びているが、囲碁以外にさしたる娯楽も持たず、一人でストレスを抱え込んでいた様子がうかがわれる。

さすがの頼介にも重圧がかかっていたに違いない。私は中学三年になっていたが、不思議なことに神戸工場には一度も足を踏み入れていない。尼崎工場にはあれだけ私を連れて行った頼介がそうしなかったのだから、それどころではなかったのであろう。

その半年後の一九七二(昭和四七)年六月。貞次郎は三女の倭子《しずこ》と結婚した長谷川伸人を将来の後継者として中部鉄塔に迎え入れた。晴れやかな気分の朝礼で社員たちに紹介した直後、ぐらついて昏倒、大いびきをかき始めた。脳溢血で、そのまま急死。享年六七であった。

互いの心を知る数少ない友を失っても、前に進むしかない。翌一九七三(昭和四八)年六月の決算では売上高六〇億四〇〇〇万円、営業利益三億七〇〇〇万円、当期利益一億二七〇〇〇万円(一〇〇万円未満四捨五入)。まずまずの船出である。株主総会では、頼介が社長を退くこととなった。七六歳にして会長に就いたのである。同時に孜(四七歳)の二代目社長就任が決議された。ただし勇退といっても、午前中に会社に行くことがなくなっただけのこと。孜は毎夕、自宅に帰宅する前に頼介宅に寄っては経営判断を仰いだ。

一九七四(昭和四九)年六月期の決算も、売上高一二六億二八〇〇〇万円、営業利益一五億四五〇〇〇万円、当期利益四億七〇〇〇万円。社員数は二二五名にまで増え、資本金も二億九九七〇万円に増資された。この決算は、松原家が支配する大和電機製鋼の絶頂期を記録するものとなった。私は高校三年生。六月の県大会で柔道部を引退し、東大の理科一類から冶金科進学を目指して受験勉強に没入していた。

鉄筋価格は不気味な低下を始めていた。前年の一九七三(昭和四八)年には第一次オイル・ショックが起き、狂乱物価といわれるほどのインフレとなった。鉄鋼価格もそれに合わせて上がっていたのだが、反転して下がり始めた。一九七四(昭和四九)年四月にいったん持ち直しはしたものの、夏頃から棒鋼に対する需要の低迷が顕著になった。以降、鉄鋼価格はつるべ落としで下がり続け、一九七五(昭和五〇)年末には二年前のピーク時の半額にまで下がってしまった。

一九七五年六月期の決算では、売上高は六五億四一〇〇万円に半減している。対する売上原価は七二億五一〇〇万円。大和電機製鋼は損益分岐点を割り込んでいた。一九七四年と一九七五年の間で損益が逆転したのだから、先の図8－1からすれば、分岐点は約六万円だっただろう。営業利益は一三億七三〇〇万円の赤字、当期未処分利益がなんと一六億四一三〇万円の赤字(図では利益剰余金の一六億六八〇〇万円)である。資本金の二億九九七〇万円を遥かに超え、一気に債務超過となった。こうなると、次に価格が高騰するが早いか資金ショートが先かの博打である。

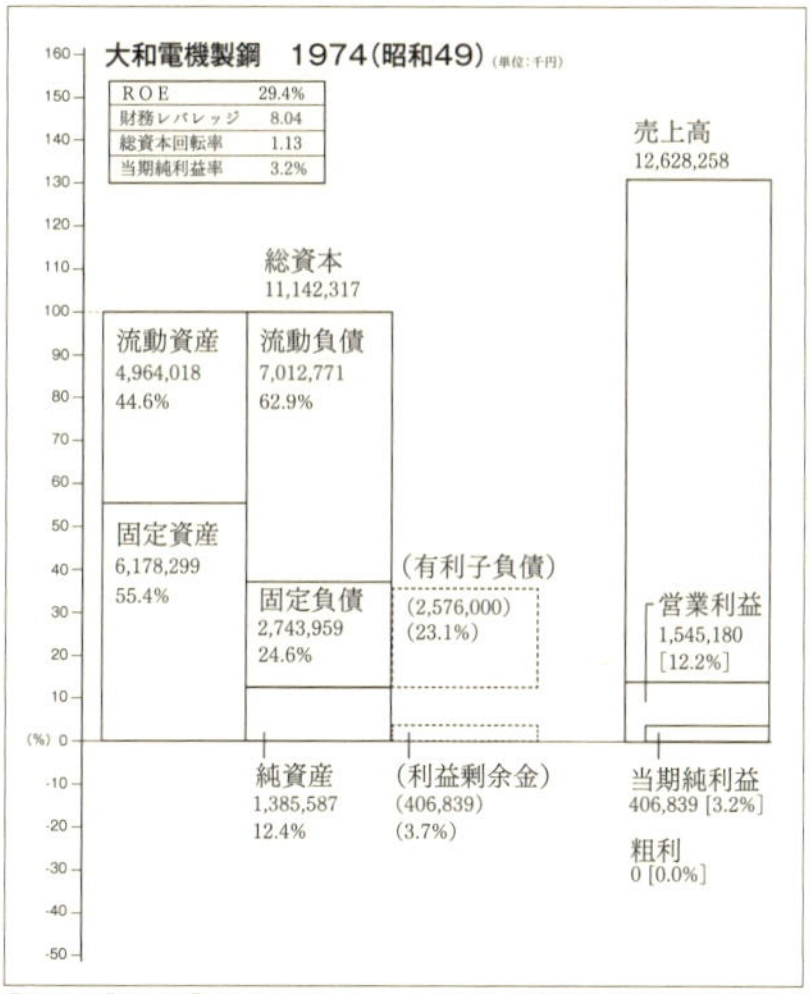

[図8-4]社史『ダイワスチール四十周年記念誌』に収録された1974～76年の貸借対照表と損益計算書を図に落とし込んだもの(右＝損益計算の[%]は売上高比)

大和電機製鋼は取扱商社との売買で、月間の枠契約時に九〇日の前払い手形で支払うことを条件としていた。手元に資金がないときには、受け取った手形を割引にまわし、その資金で原料を仕入れて注文に応えていた。資金繰りが厳しいと、そのように自転車操業になってしまう。資金に余裕があれば失わずにすむ割引分を損するのだ。

貸借対照表を見ると、製品在庫は一九七四(昭和四九)年の四億二三〇〇万円が三四億六〇〇〇万円に急増している。これをなんとか現金化しなければならない。

もちろん指をくわえて見ていたわけではない。打開策として、急遽販売先を海外に求めた。日商岩井や阪和興業、三井物産、三菱商事などの仲介で、中東への輸出を開始することとなったのである(製品は一二ミリが中心)。

第四次中東戦争後、日本政府は中東とりわけサウジアラビアへの無償資金供与を決定してい

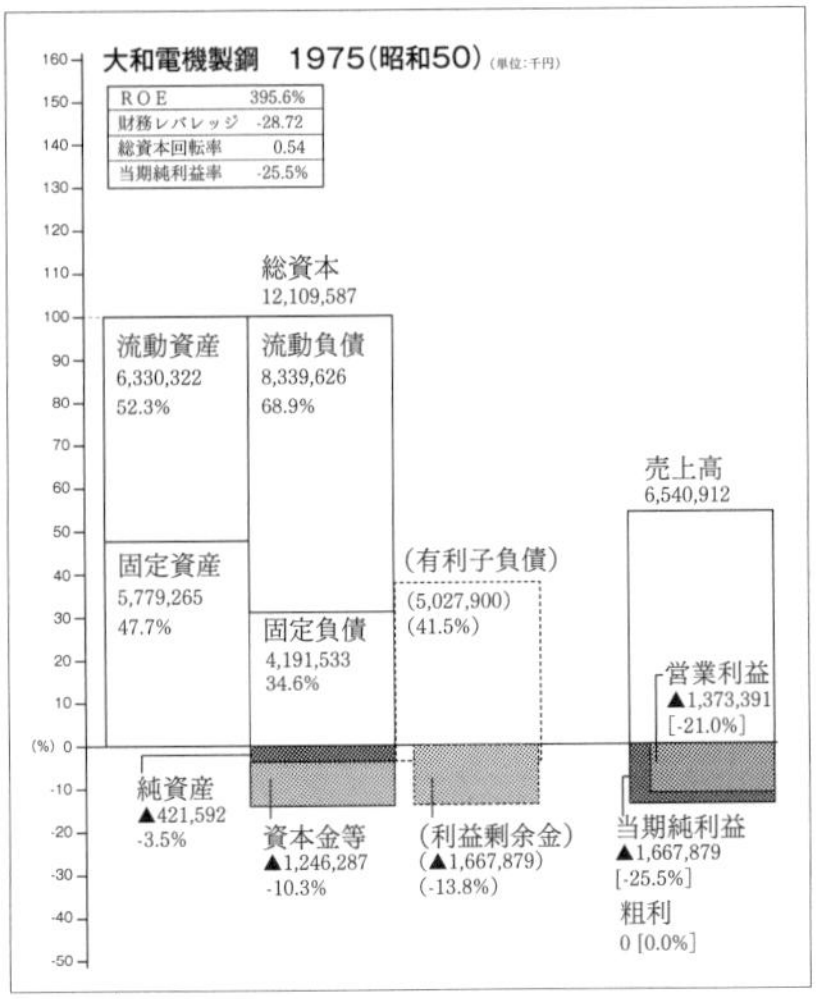

[図8-5]

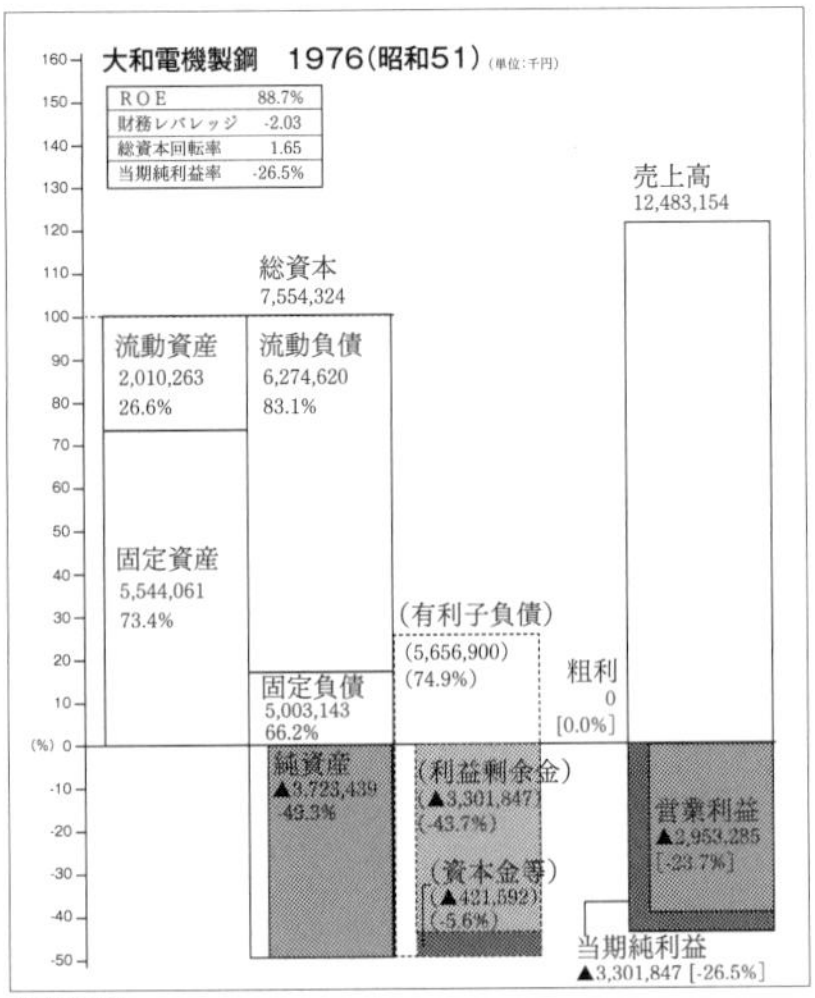

[図8-6]

た。現地では、高速道路や高層ビルが続々と建造された。鉄筋需要は急拡大していた。だがこの輸出には、麻薬性があった。資金繰りが急に楽になったかと思えたのである。というのも輸出では、契約と同時に六〇％のキャッシュが入る。残りの四〇％は現実の出荷で支払われるというルールである。

国内だと出荷しても、現実に製品が売れてからしかキャッシュは入らない。それとは大違いであった。けれどもそこに罠があった。キャッシュが入ってくるとはいえ、支払いが前倒しになっただけである。製品価格が損益分岐点を上回るまで上がらない限り、赤字からは脱しないのだ。一息ついたというのは、勘違いであった。棒鋼価格は下がり、鉄屑価格は上がっていた。

負債に対する月々の返済と利子支払いは、前受金・短期借入金と長期借入金で賄いはした。しかし一九七三(昭和四八)年の三年後の七六年に好機が来ないなら、資金ショートは現実のものとなってしまう。その日は眼前に迫っていた。

鉄鋼業界全体では、小棒の不況カルテルが一九七五(昭和五〇)年九月に発動された。翌一九七六年四月の四次でいったん終了したものの過剰設備は手つかずで、年末には次の不況カルテルが発動され、さらなる減産が余儀なくされた。鉄筋価格は低迷したままだった。頼介の命運は尽き果てようとしていた。

運命の一九七六(昭和五一)年六月決算。売上高こそ一二四億八三〇〇万円と回復したものの、売上原価は一四五億一六〇〇万円、営業利益は二九億五三〇〇万円の赤字。当期未処分利益は前年分を合わせて四九億四三〇〇万円の赤字。一年間で資本金の一六・五倍という途方もない数字へと膨れあがっていた。

写真は一九七六年八月六日付け「鉄鋼新聞」に掲載された広告である。大和電機製鋼は新年・暑中見舞い等、年に三回は同紙に広告を打っていた。これは最後の暑中見舞い。頼介と孜のため息が聞こえそうだ。

大和電機製鋼は、川崎製鉄・川鉄商事・三井銀行・津田鋼材からの資本参加はあったものの、松原家を中心に自主独立経営を貫いてきた。だが遂に資金調達の目途が立たなくなる時が訪れたのだ。一九七六年九月、会長であった頼介は、川崎製鉄に対し資本調達への支援を要請した。松原家で半数を保有していた株式のうち六割(のちに全部)を川鉄に譲渡、頼介は社宅として登記されていた青木の邸宅を離れ、魚崎北町・川井公園の南西に転居することとなった(退職金を得たのか否かは不明)。

［写真8-4］「鉄鋼新聞」掲載広告

頼みの藤本社長は渡米中であった。頼介が川崎製鉄と最後に交渉したのは、孜の資格についてであった。孜は社宅であった住居(私の実家)を会社から譲り受け、権限なしの常務取締役として会社に残ることとなった。それを私に告げる時、頼介は「外堀を埋められ、内堀を埋められ……」とうめき、絶句した。綱渡りのような持株維持に最後は失敗し、経営権を手放した無念さを吐き出したのであろう。私の東大入学を挟む二年間で、鉄鋼に賭けた頼介の戦後の夢はあえなく潰えてしまったのだ。東大では、専門での進学先は二年生の夏に決まる。私は冶金科に進むという運命から寸前で解放された。私は小学生時代より、家業を継ぐ以外の進路を考える素振りでも匂わせようものなら孜から「家から出ていけ」だの「仕送りを止める」だのと脅されてきた。一転、ここで初めて人生の自由を得ることとなったのである。自分の未来と信じ込まされてきた大和電機製鋼との別れは、胸に冷たい棒鋼を突き立てられたかのように感じられた。

第九章　起業家の死

一九七六(昭和五一)年九月。専門紙である『鉄鋼新聞』に採り上げられることもなく、松原頼介の大和電機製鋼は川崎製鉄の傘下に入った。それ以降も一九九二(平成四)年にダイワスチールへと社名変更(二〇一二年、JFE条鋼に統合)しつつ会社は存続したが、それは頼介が私に託そうとしたものではなかった。松原家による会社支配の破綻劇は、結局のところ何だったのだろうか。私は生前の頼介にそれを尋ねなかった。私自身が鉄鋼産業や企業経営、財務に詳《つまび》らかでなく、聞く能力や関心を持たなかったこともある。だがそれ以上に冶金へ進むはずの人生がいきなり将来展望を失い、軌道修正に専念したことが大きかった。私は一九七六年の夏学期に集中的に単位を取り、都市工学科に進学した。

社長であるにもかかわらず実質的な経営判断にかかわらなかった父の孜《つとむ》が、私が頼介から何か聞こうとすると不快感をあらわにしたこともある。自分が経営判断を下していなかったことを知られたくなかったのだろう。それでもあの夏に大和電機製鋼が私の運命から離れていった理由について納得したい気持ちは、澱《おり》のように私の胸に潜んできた。

一九七四～七六年における大和電機製鋼の状況を、費用曲線の図を用いて説明してみよう。図において縦軸は金銭を表し、製品の価格(P)や費用(C)を示している。横軸は製品の生産量(Y)である。MCは限界費用線で、製品の生産量を一単位だけ余分に(限界的に)生産するために必要となる費用である。可変費用ＶＣは生産の増大とともに増える費用で、原材料費や燃料費、短期契約の賃金などに当たる。ＡＶＣは平均可変費用で、製品一単位当たりの可変費用を示す。Ｙが増えるにつれＵ字型となる。固定費用ＦＣは機械設備や土地・建物の維持にかかる費用で、生産量にかかわりなく必要となるものである。

総費用Ｃは可変費用と固定費用の和である（$C=VC+FC$）。ＡＣは平均費用線で、製品一単位当たりの総費用を示す。前式の両辺を生産量Ｙで割ると$AC=AVC+AFC$であり、ＡＦＣ（平均固定費用）は図中に表れないがＡＣとＡＶＣの垂直方向の間隔に相当する。この企業の規模が市場全体からすれば無視できるほど小さければ生産量は市場価格に影響しない。製品の市場価格Ｐと限界費用ＭＣが一致するときに企業にとっての利潤は最大化し、たとえばP_1のときはY_1までこの企業は生産し、$P_1 \times Y_1$が売上高、$Y_1D \times Y_1$が平均費用×生産量で総費用だから、利潤は斜線部になる。

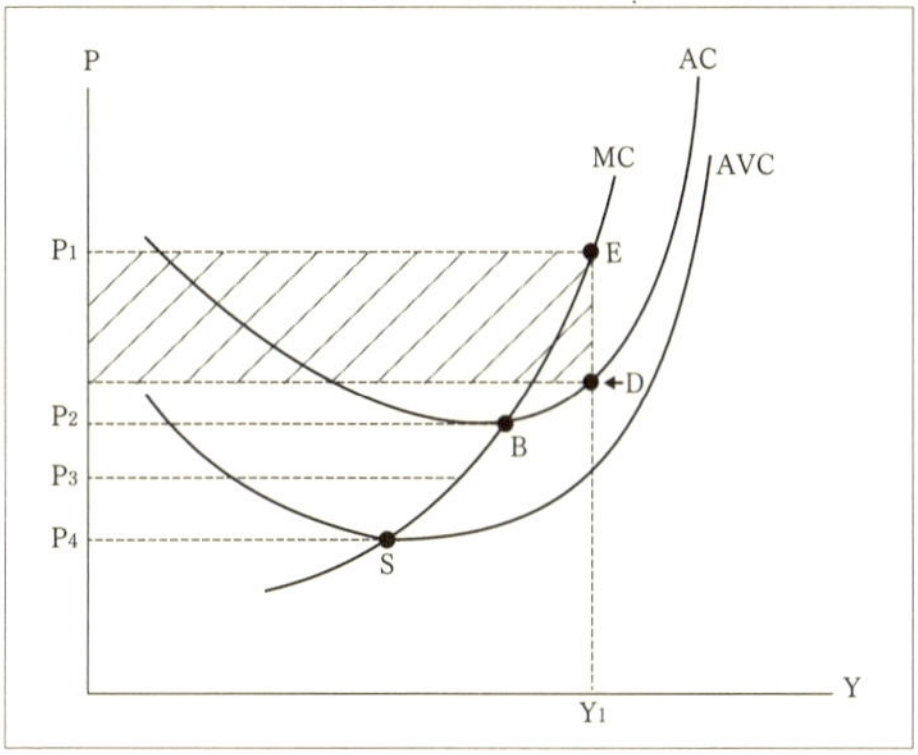

［図9-1］費用曲線と損益分岐点

この図において損益分岐点はＢである。Ｂ点はＵ字の最下点で、価格がP_2以下、たとえばP_3になると売り上げが総費用よりも小さくなるため、利潤はマイナスになる。ところがP_3はＡＶＣを上回っているから平均可変費用は賄えている。つまり赤字ではあるが操業は続けていける状態にある。図８－１からすれば、このP₂が約六万円だったのであろう。

この図でSは操業停止点である。製品の市場価格がP_4を下回ると、価格は製品を作るための原材料費や燃料費、短期契約の賃金をも下回り、操業すること自体が赤字を増やしてしまう。工場は存在しても稼働していないのはこの状態である。

以上からすれば、操業停止点Sは上回るが損益分岐点Bは下回るP_3は、製品を製造することで原材料費や燃料費を越える収入はあるが、それが日々の固定費用までは支払えていない価格である。一九七五(昭和五〇)年以降の決算で示された大和電機製鋼の経営状態はこれで、鉄筋価格が約六万円の損益分岐点を下回り、しかし操業停止点までは下がっていなかったために操業を続け、在庫を生み出していたのであろう。けれども売り上げが固定費、とりわけ有利子負債に対する利子を支払うまでの大きさではなかったために、二年目には固定費用に対する返済および利子支払で資金ショートを招き破綻してしまったのである。

この図で言えば頼介の経営戦略は、鉄筋価格がP_2を越えた時に得られる利潤により、P_2を下回ったときの赤字を帳消しにするということを、景気が反復する三年ごとに行うというものだった。そして一〇年に一度の巨大な設備投資には、AVCとMCを右下にシフトさせる狙いがあった。それによりACも右下シフトさせるのが最終的な狙いだが、しかし当面は設備投資にかかる有利子負債は増えるから、利子支払いという固定費用が増え、神戸工場のACは尼崎工場のそれとさほど変わらなかったであろう。ACは当面右方に平行移動し、利子支払いが順調に消化された数年後に下方にシフトするという目算だったと思われる。

好調だった一九七四年においても有利子負債は純資産の一・八六倍であり、前年の一九七三年に純利益を上げたにもかかわらず有利子負債は翌年にかけて増えているから、固定費を積極的に減らそうとしたとは見受けられない。そして固定費を減らしACを下方シフトさせる前に一九七四年からの不況すなわち鉄筋価格の下落が始まったのである。

一九七五年、売り上げが前年の一二六億円から六五億円に激減、当期純利益は一七億円近い赤字となった。それは固定負債の長期借入金を一六億円強増やすことで賄われ、有利子負債は五〇億円となり、四・二億円の債務超過(純資産の赤字)に陥った。借入金を返済するどころか増やさねばならない局面となったのだ。それでも即倒産とならなかったのは、メイン・バンク(どこかは不明)が猶予を与えたのだろう。川鉄の後ろ盾という信用も働いたのかもしれない。

その後鉄筋棒鋼価格はきりもみ状に急落、年末には四万円を割り込んでいる。年初には反転上昇したが、一九七六年を通して六万円台に復帰することはなく、それ以降一九七九年まで五万円台に落ち着いてしまった。一九七六年の決算では流動資産としての在庫を四三億円で処分したものの焼け石に水で、投げ売り状態である。当期純利益は三三億円の赤字に沈み、有利子負債は五七億円まで積み上がって、債務超過は三七億円と絶望的な水準に達した。最終的には資金ショートを起こし、川崎製鉄に支払を肩代わりしてもらったのだ。

経済学では操業停止点を価格が下回ると企業の閉鎖が検討されると論じられるが、現実に企業に破綻を告げるのは手形の不渡り(資金ショート)で、銀行からの借り入れを返済できない状況である。企業が保有する資産を赤字額が超えてしまっても、銀行なり他の会社なりが返済を肩代わりしてくれれば企業は存続する。ここで川鉄が肩代わりの条件として大和電機製鋼の所有権を松原家から譲り受けたのだろう。

設備投資の拡大で製鉄所が行き詰まり、大企業が負債を肩代わりして支配下に組み込むという大和電機製鋼の帰趨には、連想を誘う小説がある。山崎豊子の『華麗なる一族』（全三巻、新潮社。刊行は一九七三年）だ。小説中で破綻する阪神特殊鋼は、一九六五年に経営が行き詰まった山陽特殊製鋼がモデルだと言われる。オリンピック景気下での競争で過剰設備投資をしたものの景気が冷え込み、銀行融資を返済できなくなった製鉄所である。

作中で経理担当が言っている。《ここ一カ月の間に、……トン当り五、六千円も値下りしては、操短して生産を落としても人件費その他の固定費は変りませんから、その分の赤字、値下がり分の赤字、さらに金利負担をふくめて、とても現状のままで切り抜ける自信はありません》（文庫版中巻）。これはまさに一九七五年から翌年にかけて大和電機製鋼が置かれた状況で、頼介の心境をリアルに語ったセリフだろう。

万俵《まんぴょう》家が阪急岡本駅の山側に一万坪の土地を持ち、三〇〇〇坪の邸宅を構えたとか、主人公・大介の父が私の祖母・菊枝と同じ播州出身、第一次大戦で儲けたといった設定にも共通点が見て取れる。だがなんと言っても私が震撼するのは、倒産する阪神特殊鋼の専務・万俵鉄平に充てられた灘校・東大工学部冶金科卒業という経歴である。鉄平は一九五五年にマサチューセッツ工科大を経て阪神特殊鋼に入社、実質的な社長として無謀な設備投資である高炉設置に邁進し、夢破れて猟銃自殺を遂げるのである。「鉄平は二〇年早く生まれた俺だ！」という読後感に、私は打ちのめされた。そして破綻時期の微妙なズレにより、現在も生きている自分の運命に不思議を感じずにはいられない。

会社更生法申請を受け、帝国製鉄は阪神特殊鋼に人材を派遣してくる。それに対し工場長の息子は《従来の会社の社風、生産方式など無視したやり方を、すべて〝会社再建〟という大義名分で強いられ、管財人と現場の間に挟《はさ》まって、毎日が針の筵《むしろ》に坐《すわ》っている心境》（下巻）とつぶやいている。頼介の「外堀を埋められ、内堀を埋められ……」という言葉は、もし入社していたなら会社が自分の手から離れていった私のものでもあっただろう。従業員、たとえば前川俊治さんは、「これで普通のサラリーマンになれる」と開放感があったというのだが。

松原頼介とともに横田年光・常務取締役および谷口専博・専務取締役は解任され、川崎製鉄から経営陣が派遣された。孜は五〇歳になったばかりで社長から専務取締役へと降格になり、幹部としては唯一大和電機製鋼に残留した。川崎製鉄とのそうした人事にかかわる交渉は、頼介が最後の力を振り絞って遂行した。その間、孜は胸を患って自宅療養していた。思えば孜は大学も、「遊んでばかりいるから」と頼介に中退させられた。私はそれを最近になって山本竹治氏から聞いたが、当人は私に「大学が消滅したから卒業しなかった」等と言い繕っていた。

孜が経営の意思決定から自分の身の振り方まで主体的にタッチしなかったことは、むしろプラスに働いた。孜はそれから定年までの一〇年間、閑職に置かれたものの勤め上げ、退職後にはダイワスチールのOB会長であると誇って人生を終えた。私ならば、そんな屈辱には正気を保てなかったであろう。

現実の私は、理科系を離れて経済学部の大学院に進学する。両親は依然として「留学して博士号を取れ」だの「家柄の合った女性と結婚しろ」だのと体面に囚われていたが、私はそうした要求をはねのけるために塾教師で生計を立て、経済的に自立していた。冶金への道から解放された私は、自分にとっての書きたいこと、知りたいこと以外は関心を持てなくなっていた。大和電機製鋼は、当面は直視したくない思い出だった。それもあって、引退後に余生を送っていた頼介から人生の軌跡を直接には尋ねなかった。今となっては残念至極である。

『華麗なる一族』に戻ると、モデルとなった山陽特殊鋼が過剰投資で破綻したことは事実ではあるが、その破綻の一〇年後に危機を迎えた大和電機製鋼とは事情が異なっている。一九六五年の段階の鉄鋼業界には、時期さえ適当であれば設備投資によって生き延びる余地はまだ残されていた。同作において阪神特殊鋼が破綻したのは、阪神銀行頭取である万俵大介が、大蔵省・日銀が仕掛ける金融再編に直面し、より大なる大同銀行との合併において「小が大を食う」ために、大同銀行から息子の万俵鉄平率いる阪神特殊鋼へ貸し越させる策略を巡らせたからである。

ところが一〇年の歳月は、鉄鋼業界をめぐる情勢を一転させていた。次の図を見られたい。世界の鉄鋼界は一九七五年頃を境としてシェアの奪い合いをやめ、現状維持に向かった。日本の粗鋼生産量も世界におけるシェアも、ともに横這いに転じている。国内でも価格下落に対して「不況カルテル」を結ぶことを当時の通産省が容認しており、それは世界でも同様であった。各国は鉄鋼につき、輸出規制・輸入規制を敷いたのである。

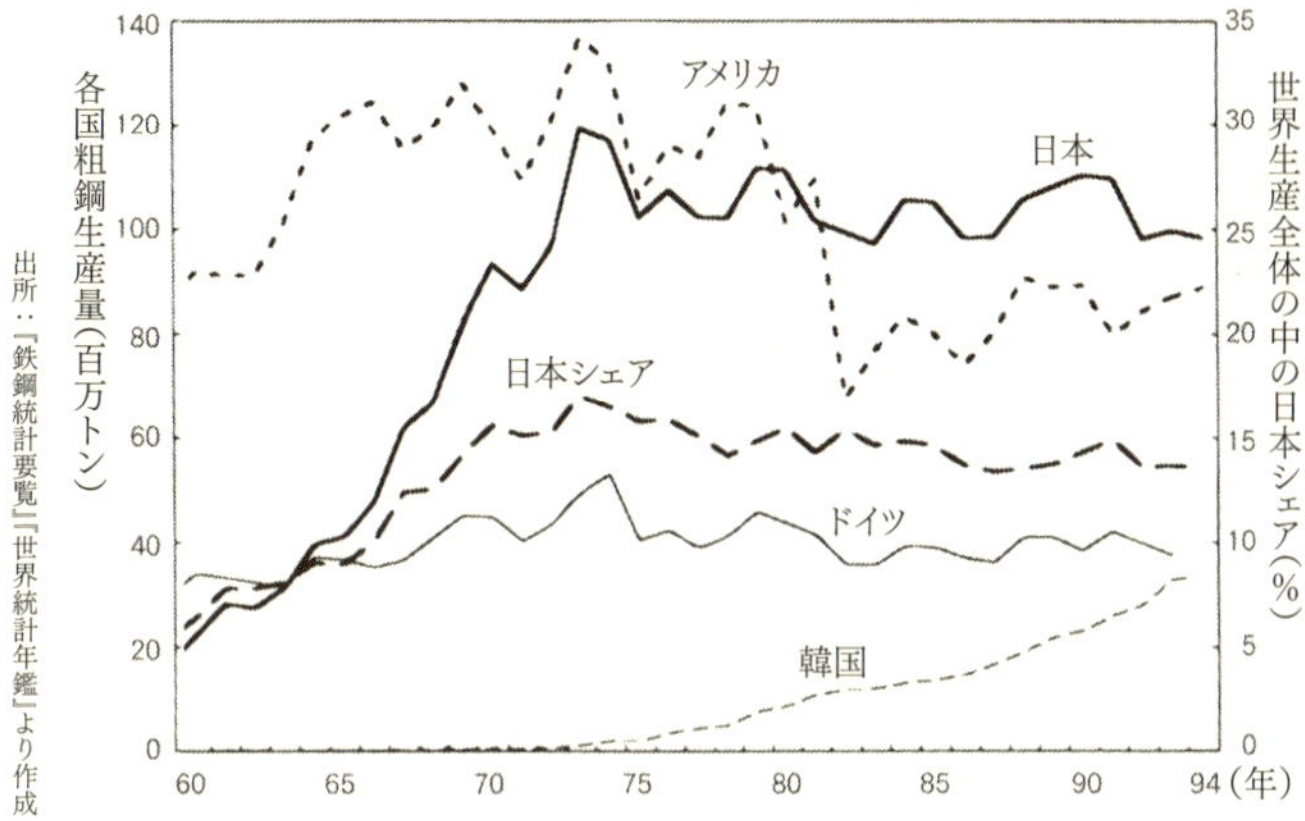

[図9-2]主要国の粗鋼生産量と日本の世界シェア(伊丹敬之、伊丹研究室『日本の鉄鋼業 なぜ、いまも世界一なのか』ＮＴＴ出版、1997、32頁より作成)

国内の大手鉄鋼メーカーはもっと露骨で、シェアは完全に現状維持を続けた。この図は、二つのことを示している。第一は、三年に一度は価格が高騰するという景気の波が日本の鉄鋼業界では失われたということである。第二に、設備投資を通じたコストダウンは平均費用曲線を右下シフトさせるが、それはより大量に生産することを意味している。そうした生産に見合った需要の成長が、アメリカを中心とする当時の世界市場においては失われていた。次の世界市場の拡大は、一九九〇年代に中国が発展するまで起きなかったのである。頼介も国内市場の飽和は予測していたようだが、ブラジルやオーストラリアに進出したとしても販売先は見出せなかったであろう。頼介の戦略は、一九七五年頃すでに効力を失っていたのである。

こうして、独立独歩で量的拡大の競争を好む頼介の時代は終わった。では、質的な競争を仕掛けるという戦略はありえなかったか。鉄鋼各社は日

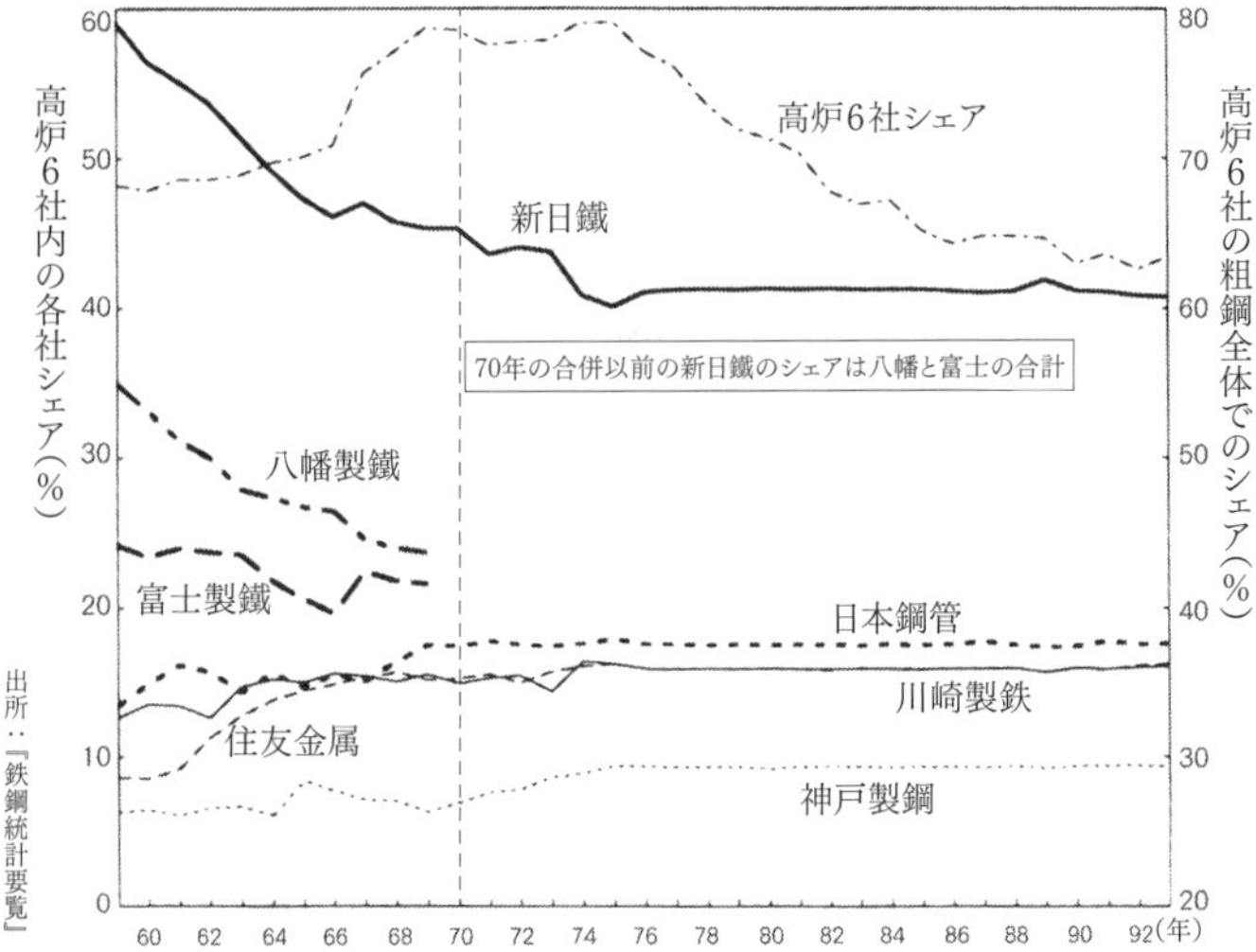

［図9-3］高炉６社内粗鋼生産シェア（伊丹前掲書86頁より作成）

本鉄鋼連盟に属し、電気炉メーカーは下部組織である普通鋼電炉工業会に加入している。一九七〇年代以降、長きにわたり互いを横目で見やりながら、鉄鋼業界では棲み分けが維持されてきた。鋼板や鋼管などの高級品種は高炉メーカー、棒鋼や形鋼など低級品種は電気炉メーカーが担当するといった具合にである。電気炉メーカーには、鋼板など高級品種を生産することは困難とみなされてきた。

だが現実には、そうした常識を吹き飛ばす会社が現れている。尼崎工場で電気炉に進出するに当たり頼介が注目した土佐電気製鋼所を一九七五年に吸収合併、翌七六年に東証・大証で一部上場を果たした「東京製鐵株式会社」である。同じ電気炉メーカーでありながら、この違いはどうしたことか。小泉俊一郎『鉄鋼業界大研究』（産学社、二〇〇七）に従って、同社の活動をまとめるとこうなる。

東京製鐵は一九三四年に設立されて以降、着実に業務拡張を続け、二〇一七年三月期には売上高で一二二七億円、従業員で九〇〇名を越える国内最大手の電気炉メーカーに成長している。その間、業界の常識を次々に打ち破ってきた。一九六九年には岡山の圧延工場でそれまで電気炉では作れないとされていたH形鋼の生産に成功、一九八〇年代には市場を支配していた鉄鋼界の巨人・新日鐵との間で「H形鋼戦争」を展開して、一九八六年以降は同部門でシェア一位となり、現在は国内で三〇〜四〇%を占めている。高炉メーカーとは規模が比較にならないほど小さい同社が、「大を食った」のである。

同社は業界団体を脱退してもいる。*1 これは頼介が目指す理想だったのではないか。けれども「鉄鋼業界の暴れん坊」と評される東京製鐵には、頼介とは、そして「財界のナポレオン」鈴木商店の金子直吉とも、際だって異なる特徴がある。それが反秘密主義とも形容すべき同社の特質である。

驚くべきことに東京製鐵は、製品価格そして原料である鉄スクラップの購入価格を、世界に向けて公表している。電気炉メーカーはスクラップと製品の価格差で利益を得ているのだから、それらはトップ・シークレットに属するはずだ。その双方を公表するなど常識ではありえないのだが、大半の電気炉メーカーが秘匿するからこそ同社の公開価格は世界の鉄スクラップ価格の指標と目され、購入価格を見た鉄スクラップディーラー側から納入を希望してくるという。

同社は社員間のコミュニケーションにも力を入れている。情報イントラネットをいち早く整備し、従業員が情報を本社・支社・工場の間で共有しうるようにしたのである。ホットコイル（圧延広幅帯鋼）も電気炉メーカーで初めて量産しているが、そうした技術における先進性を可能にするのはアイデアを出し合うことを通じた集団での創発性であろう。従業員が創造力を持ち寄ってこそ、組織は独立独歩で競争に挑める。頼介は自分の頭の中で起きる創発性しか信じなかったが、そこには根本的な限界があった。

一九七六年に魚崎の川井公園南に転居して以後、頼介と菊枝は姪である藤井よし子氏の世話になりながら、引退後の余生を送った。菊枝は六年、頼介は一二年をそこで過ごした。神戸工場に移転した頃、頼介がよし子氏の夫であるしげみ氏を招聘し住まわせていた家があり、そこに入居して藤井夫妻には隣の家に住んでもらったのである。

菊枝は医者に頼らない人で、手術どころか診察も嫌い、一九七〇年代後半には癌を患っていた。頼介と互いに注射を打ち合うような戦前的な医療感覚の持ち主ではあったが、輸血すると元気になると言うので、私は東京でせっせと献血に励んだ。一九八〇年代に入るとしばしば帰神して見舞っていたが、相当に弱ってきたという知らせを受けて新幹線で帰ると、床に伏していた菊枝は潤んだ目でじっと私を見つめた。布団から痩せた片手を出し、空中を彷徨わせ、そのまま引っ込めると向こうへ寝返りを打った。私はそのまま帰路につき、東京に到着すると神戸から「亡くなった」との電話が入った。菊枝は最後に手を握って欲しかったのだろう。瞬時に反応できなかった自分が悔やまれる。一九八二年三月一日のことであった。

菊枝は簡素に暮らし、美しいもの、楽しいこと、美味しいものを愛した人だった。美術品や和服を揃え、祇園祭や相撲の枡席に通い、瀬戸内の白身魚を煮付けにした。私がいまでもメバルやカサゴの煮付けが好きなのは、菊枝の教育による。一九〇〇(明治三三)年生まれ、享年八二であっ

［写真9-1］菊枝の葬儀にて。左から頼介、孜、著者（著者蔵）

た。

一九八七年、頼介の一歳上の岸信介が亡くなる。戦前は満洲の産業開発を手がけ、帰国後に衆議院議員となり反東條の立場にあって、終戦後はA級戦犯に指定された。釈放後は首相に登り詰め、一九六〇年に日米安保を改定、一九七九年に政界を引退していた。解釈ではなく改憲、片務条約ではなく対米独立を目指し、現在でも立ち返るべき人物ではある。有名・無名の違いこそあれ、戦後に二度目の大仕事をやってのけた二人は、見事なまでに同じ時期に人生の転機を迎えてきた（頼介は安保改定の一九六〇年、社名を大和電機製鋼に変更している）。

翌一九八八年一月一三日朝、頼介が亡くなった。菊枝亡き後の六年間も、藤井よし子氏が日々の食事を用意した。朝風呂に入り、朝食はパンとリンゴ、卵入りの味噌汁。毎日少し散歩する以外は部屋に閉じこもり、棋譜を見ながら独り碁を打った。私の母である照子が探してきたのだったか碁友達もいて、数人が集まると食事をし、碁に熱中した。喧嘩で訪問が途絶えることがあり、照子が仲を取りなし、復縁した。そのときは頼介が心から嬉しそうにしていたのが忘れられない。今回は、碁石を投げはしなかったのだ。経営から離れ、人当たりが丸くなっていたのだろう。前日も日常と変わらない様子だったが、亡くなっているのを藤井よし子氏が発見した。岸信介とは同じ長さの人生だった。

当時、私は前途が見えず、もがいていた。頼介は病気に罹《かか》ることもなく、私はあまり訪ねなかった。たまに顔を合わせると、「儂の人生は楽しかった。二度大きな事業をやった」「人の下には立たなかった」と述懐していた。同じ話ばかりだったから、私は聞き飽きていた。違った答えを引き出すだけの質問をする能力が私になかったのが悔やまれる。つねに会社の主だったというのは、考えてみれば凄いことではある。

鉄筋の相場が事業の成否を決めるのだから、頼介の仕事は相場を言い当てることだったといえる。そして今にして振り返ると、私がそうした仕事に向いていたとは思われない。「継いでくれ」との依頼を面と向かって断ることもなく祖父には申し訳ない気もするが、私にとってこの破綻は幸運だったと、四二年経った現在、本書を書きながら確認している。

死の一週間前、私は正月休みで帰郷していた。孜が「どうもならんわ。『いますぐ会社を興せ!』って怒鳴るんや。お迎えが近いんかな」と言った。川鉄に吸収された会社にぶら下がっていた孜は、「何を言うとんのや」と取り合わなかった。しかし「会社を興す」ことは間違いなく頼介の人生そのものであり、点滅する意識の中で自分の人生を要約してみせたのだろう。お祖母ちゃん子であった私には少し遠く感じられた祖父ではあったが、この伝記を書き通して、不確実性に耐え常に前進した人として尊敬の念を抱くようになった。

私は近年、過去に生じた事象の統計的な反復である「リスク」と、過去に事例がなく想像するしかない「不確実性」とを区別し、後者が我々の住む資本主義社会を動かしていると考えるようになった(『経済政策』放送大学教育振興会、二〇一七)。不確実性に挑むには社会に対する深い理解と瞬時の判断が必要であり、暗記力で得られるような学歴だけでは対応できない。

第一次大戦下のダバオ、川崎造船所近くの東出町、鈴木商店焼き討ちから労働争議、満鉄、住吉川沿いの阪神間モダニズム、戦時戦没船、西山弥太郎との出会い、そして戦後の鉄鋼業界と、頼介はつねに時代の最先端を行く場所に身を置いていた。それがなぜ可能だったのか私には分からないが、運命を想像する力量に長けていたのだろうと思う。運命の偶然を感知した人だけが、評価に値するのだ。

[写真9-2]松原頼介(1897～1988)『ダイワスチール四十周年記念誌』より

終章　神戸についての省察

以上が松原頼介の生涯である。外見からは、本書は伝記と見られるであろう。けれども社会科学の方法論に照らせば、それは「ライフ・ヒストリー」と呼ぶべきかと思われる。ライフ・ヒストリーとは「生い立ちや家族、学生生活、恋愛や仕事、信条や将来的なビジョンなど、その人の情報を幅広く収集して半生を描き出し、その人ないしその人が属する集団、あるいはその人に関係する何らかの社会的事象に対する理解を深める手法」[*1]である。私がそう考えるのは、執筆しながらいつも背景となる「社会的事象」に想像が及んだからだ。それは、私の故郷・神戸の成り立ちについてである。

神戸はひとことで言えば、外来者と人の移動が作り上げた町である。明治以降に多くの外来者が流入し、中心部を舞台に活躍し、さらに住居を得ようと拡散することで、神戸は神戸らしくなった。神戸は一般に、明治維新直後の開港をもって「ハイカラな街」になったと称される。「神戸テーラー」と呼ばれる洋服商が、明治初期には居留地周辺で開業している。増加する外国人居住者や住民の生活様式の洋風化から、洋風の商品を提供する仕事が定着した。また神戸は「貿易港として造船業で栄えた都市」とも言われる。一九一四(大正三)年には輸入額で全国の約二分の一、輸出額で約三分の一を占めるようになり、横浜を超えて日本一の貿易額となった。川崎・三菱の両造船所は修繕だけでなく新造船も手がけるようになる。逆の見方では、神戸は「明治初期からスラ

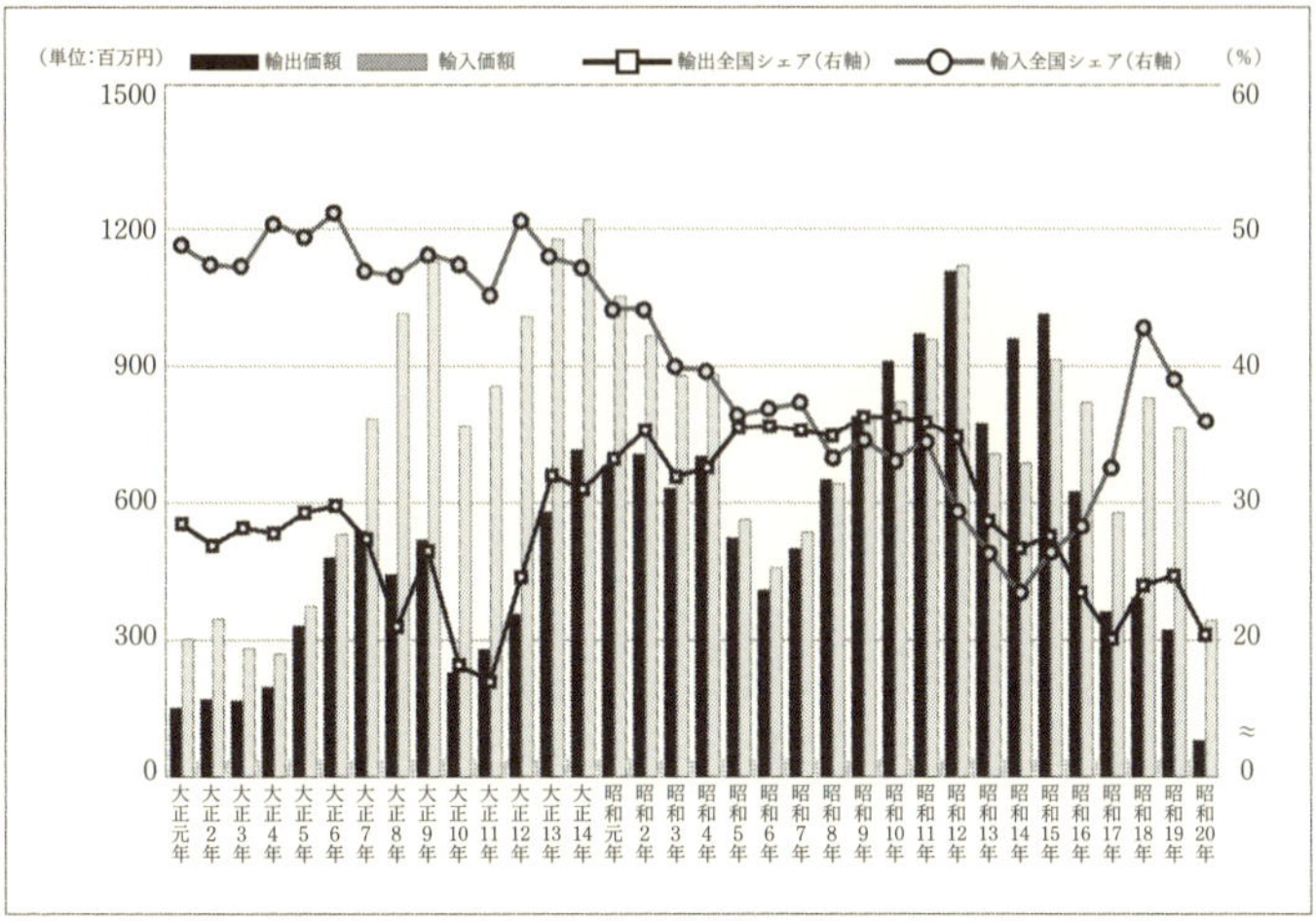

[図10-1]神戸港の貿易[大正〜昭和初期](神戸税関「神戸港150年の記録　貿易統計からみる貿易の変遷」9頁より作成)

ムが広がり、労働争議とともに社会福祉運動がいち早く盛んになった町」でもある。双方の表現が、部分を言い当ててはいる。だがそれらの表現は、神戸っ子であり頼介伝を書き終えた自分にとっては隔靴掻痒の感がある。

それは、説明の背後にある経済理論が明示されず、時により使い分けられているからだろう。新古典派経済学の市場観では、交換する人は双方が必ず満足を高める。したがって地域の住民は国際貿易、現在ならばグローバリズムから利益と友好を得ているとされる。けれども居留地は必ずしも友好的な経済関係の象徴ではなかった。それはむしろ軍事力の格差を背景に不平等な条約のもと列強が日本を植民地化しようとした不当な経済関係の表れであった。金子直吉ら出入りの商人は、侮蔑的な扱いを体験している。

一方、マルクス主義的な資本主義観においては、利潤は労働からしか発生せず、資本家は労働者から利潤を搾取している。労働者がスラムにしか住めないのも不当な搾取ゆえで、労働争議や社会運動が必然的に生じるのだとされる。

けれども私には、それもまた神戸の見方として正当ではないと思う。人は市場交換に際し、得られる成果については何かしらの不確実性を負っている。景気が変動する市場において、利潤や満足を得ようとしても、成果には不確実性が伴う。逆に言えば、不確実性に賭けた者だけが利潤や満足を得ることができる。資本家はそのことを明確に意識し自己資金を投じるのだから、世間一般の平均的利潤(正常利潤)以上の超過利潤を手にする権利を有する。不確実性にさらされない正規労働者が超過利潤までも要求するならば、逆に不当である。

明治維新後、神戸のスラムに続々と労働者が流入したが、そこには仕事や暮らしに不確実性や危険が待ち受けていた。それでも故郷でくすぶるよりもマシと思えた人々が神戸を目指したのだ。頼介も含むそうした次男以下の若年男性が、神戸が発展する原動力となった。

江戸期までの日本では、図式的に言って商品のみが移動し、人は動かなかった。明治維新以降の日本では、労働商品としての人もまた移動するようになった。神戸はその対比がもっとも鮮やかな場所だった。それを確認しておこう。

江戸時代の日本経済では、幕府や大名が関西を中心とする年貢米を堂島米会所に集中させ、入札で値付けし、問屋に払い下げて換金した。そうした形で市場が機能していた。そのことを指して江戸期の経済は市場化が進んでいたといわれることがある。商品だけが流通機構を移動し市場で相場が決まって交換されることは、前近代においても稀ではない。江戸期日本ではそれが大がかりに整備され、洗練されていたのである。けれどもそれだけでは市場社会として完全ではない。労働や土地、資金の市場が完備されていないからだ。封建制の定義は土地や労働、資本といった生産要素が身分制という慣習や権力で縛られていることである。それに対し生産された商品は活発に移動していた。

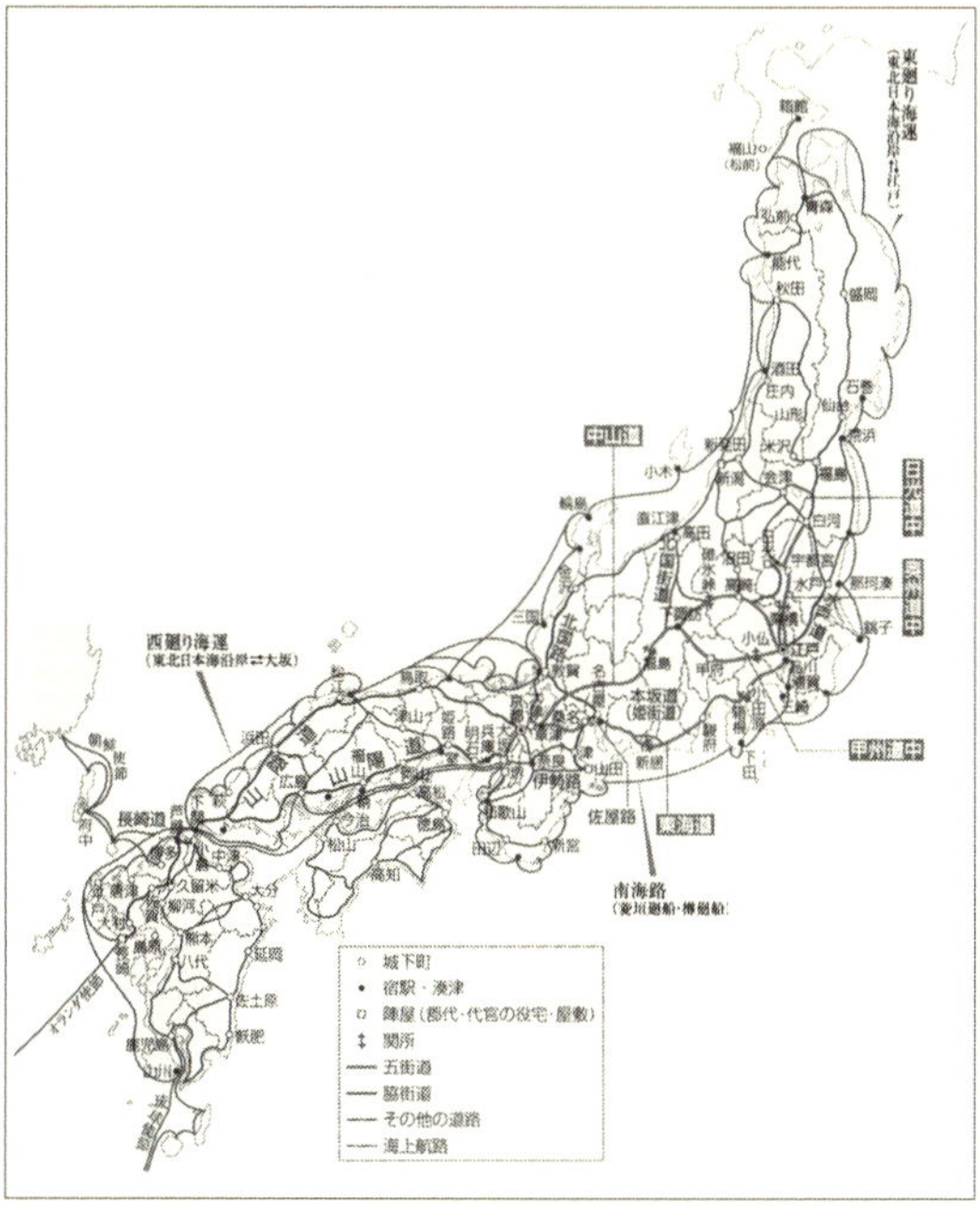

［図10-2］近世の交通網（外園豊基編『最新日本史図表』第一学習社、2004、177頁より）

では商品としての米は、どのように大坂へと移動したのか。これについても図を掲げよう。

物資の大量輸送には、水運が使われた。河村瑞賢《ずいけん》は日本海側から年貢米を運ぶ東廻り航路・西廻り航路を整備した。大坂と江戸を結ぶ南海路では、菱垣廻船や樽廻船が京・大坂など上方の物資を江戸に運んだ。

元禄時代（一六八八〜一七〇四）の「兵庫津《ひょうごのつ》」を描いた図を見てみる。兵庫津とは平安時代に平清盛が日宋貿易の拠点として活用

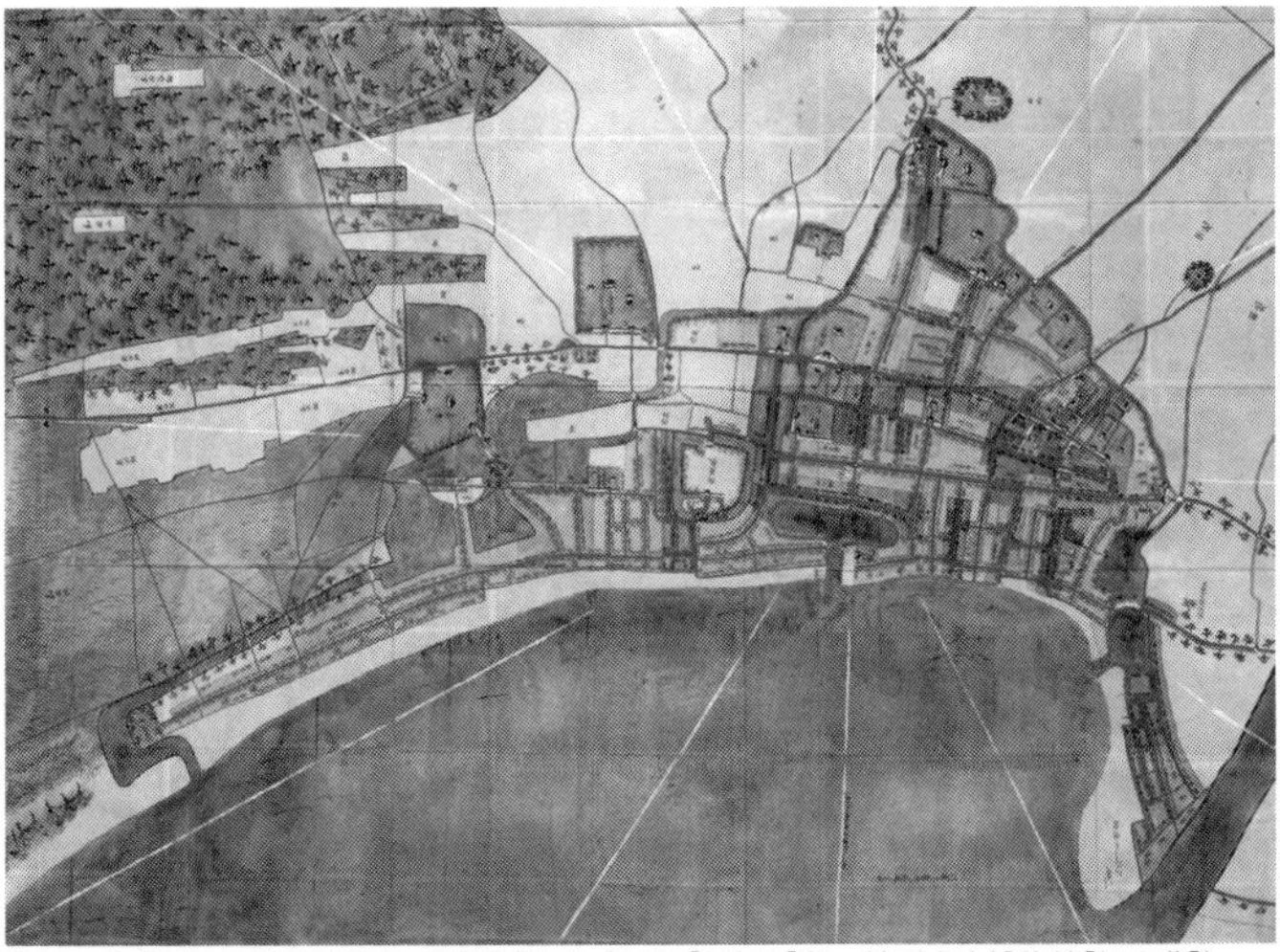

［図10-3］「摂州八部郡福原庄・兵庫津絵図」（1696［元禄9］年。神戸市立博物館［個人蔵］）

すべく整備した場所であり、山の土を海に運び人工島も造成している。江戸時代には奥羽・北陸・西国と大坂とを海路で結ぶ瀬戸内海海運の要衝であった。下り航路では大坂・兵庫で米・塩・木綿を積み、下関経由で日本海に回り蝦夷地（北海道）を終着点とした。上り航路ではいわゆる「北前船」がニシンや昆布を積んでまた大坂に戻ってくる。「西廻り航路」とも称され、兵庫津はその最後の寄港地で、寛政の改革が行われた田沼意次の時代、一七八七年には四四六四戸を擁し、大半は問屋仲買商で七八二艘の船を所有していた。[*2]

この図で兵庫津は、左に和田岬、右の湊川河口付近にある東出町に挟まれた湾を指している。江戸時代以前の「兵庫津」は東出町を東端とする問屋街であって、地図では湊川以東には田畑が拡がっている。明治維新後、兵庫津が兵庫港となり、東の浜が神戸港となって、田畑が元

［図10-4］北前船問屋・川西善右衛門「淡路屋」（大国正美・楠本利夫編／神戸史談会企画『明治の商店　開港・神戸のにぎわい』神戸新聞総合出版センター、2017、93頁）

町や三宮など神戸の中心地となっていくのである。

図10－4は一八八二（明治一五）年に出版された『豪商神兵 湊の魁』より、東出町《ひがしでまち》の砂糖・昆布などを扱う問屋の賑わいを描いた銅版画である。[*3] 書名の「魁」は「他に先んじる」の意で、神戸および兵庫という二つの港周辺に位置した当時の「先端企業名鑑」である。神戸側には洋食屋や貿易商等国際貿易関係、兵庫側（兵庫津）には米商会所・造船所・問屋等が散見される。掲載は有料だった。

序文には《兵庫の津はその昔　平清盛の築給ひし処にしていと古き土地なり　人家自ら稠密し　名に聞へし商家軒を並ふ且大坂入船の枢要たれは　諸船つどひて昼夜の分ちもなし（以下略）》とあり、明治維新なって一五年の当時も、東出町には船場《せんば》を思わせるほどの栄華が残っていたことが分かる。

では市場と商品の関係はどのようなものだったか。江戸時代になって開かれたばかりの江戸は、生産が行われない消費偏向の土地柄であった。ところが後期になると江戸でも生産が活発になり、市場と流通は複雑化する。図10－5をご覧いただきたい。これは江戸後期の財の流れを模式化したもので、米をはじめとする農産物にかんしては地方領国から大坂・江戸へ、手工業品にかんしては大坂・江戸などから地方領国へと流れるのを基本としつつ、その逆も芽生えていることが双方向の矢印で示されている。

宮本・上村は述べる。《江戸時代ではこうした生産要素と要素所得の流れの主要部分は地方領国内および周辺部を含む都市内で行われていた。商品市場に比して、生産要素の国内市場の成立は遅れたといわねばならない》。商品は流通機構を通じて活発に移動したが、労働や資金・土地の市場は不活発だったというのである。その意味では、前近代とは「生産要素が移動しない、市場で売買されない」ことであり、近代化とは「生産要素が移動する」ことである。最近は「江戸時代の農民は土地に縛り付けられていた」という考え方には修正が施されているが[*4]、それでも出稼ぎが所得をもたらさないなら労働者の移動は生じない。江戸時代の農業や手工業には、農民を移動させるほどの生産性の差は存在しなかった。

そして維新後の開港。神戸には、この意味での近代化がいち早く生じた。一八五八年、「日米修

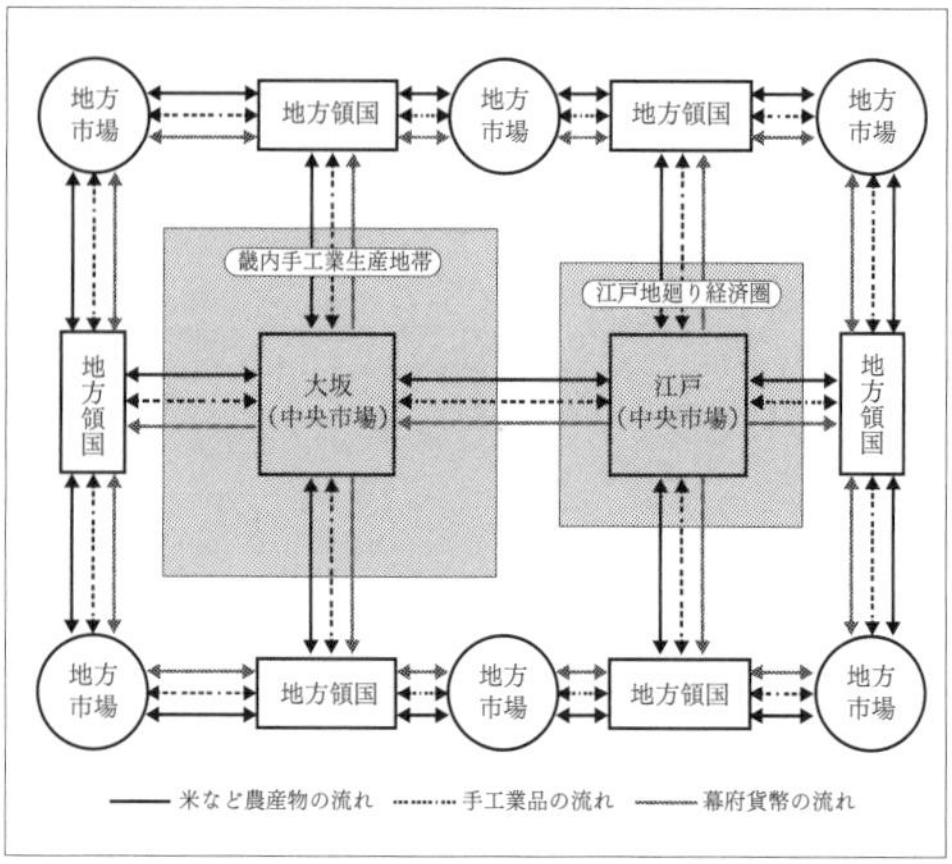

［図10-5］徳川経済の地域間循環構造（宮本又郎・上村雅洋『日本経済史１　経済社会の成立』岩波書店、1988、285頁、図6-4より作成）

[図10-6]栗田福三郎「兵神市街之圖 全」1880(明治13)年発行。描かれているのは前年(1879年)の兵庫と神戸(神戸市立中央図書館蔵)

好通商条約」によって神奈川・長崎・新潟・兵庫の四港を開港することが合意され、それぞれの港に永代借地権と領事裁判権を持つ外国人居留地が設けられた。

ところが兵庫津は、すでに人口二万の港町であった。*5 そうした市街地に外国人自治区を作れば日本人とのトラブルが予想された(『新修神戸市史　産業経済編II』)。そこで湊川の東岸側にあり、人口希薄な神戸に居留地を置き、そこを開港することとなったのである。

神戸居留地は一八六八(明治元)年、湊川東岸に設けられ、一八九九(明治三二)年に日英通商航海条約によって返還された。その三一年間、日本人は外国商館を通じて外国と貿易を行った。茶・生糸・米・伝統工芸品等を輸出し、外貨を得たのである。その外貨は日本人が西欧から機械設備や資材を買うのに投じられた。それが神戸を工業化するための足がかりとなった。

ここで「神戸へ行けば食える」が合い言葉となる。農村からは次・三男坊が奔流のように神戸を目指した。一八七〇（明治三）年の凶作が、それに拍車をかけた。周辺農村から逃げてきた農民、それに窮乏士族や手工業者が続々と神戸に流入してきた。「細民は四方より遠きを厭はず老も幼も男も女も、波濤の如く群入」（『神戸開港三十年史』）というありさまで、流れ込んだ先は新川や二百軒長屋といったスラムだった。県としてはそうした窮民が巷に溢れるのを見過ごすことはできず、現在の県会議事堂あたりに収容施設として「人足屯所百人部屋」を設け、元相撲取りの関浦清次郎に命じて、頭取・肝煎・書役・部屋頭・小頭から成る組織を統率させた。*6

地図（図10－6）からは、一〇年足らずで湊川以東が開かれたことが見て取れる。そして一八八九（明治二二）年の市町村制発足で、神戸市が誕生した。当初は右の湾のみが神戸港と呼ばれたが、一八九二（明治二五）年の勅令により、兵庫港・神戸港を併せて「神戸港」と一括されるようになった。その後、兵庫港は輸入青果物の専用埠頭を有する兵庫突堤となった。

流入民については、生活環境こそ「蟻地獄」ではあっても、悲惨さのみを強調するのは正しくない。自由がなく飢えるだけの故郷よりも、神戸には働き口にありつくチャンスがあったのだ。では彼ら流民は、何の仕事にありついたのか。ひとつは肉体的にはきついが誰にでも就ける「沖仲仕」である。江戸時代までの西廻り航路は、沿岸航路に限定されていた。鎖国していたのだから、外洋で航海する必要はなかった。木造の帆船では大規模な港湾施設は不要で、「浜仲仕」が接岸した船舶と埠頭の間で荷の積み降ろしを行った。これは熟練を要する仕事であった。浜仲仕は排他的な組合で組織され、浜頭が仕事を請け負い、人足に配分して歩合を取った。さらに荷役以外にも、組は消防や貧民救済に当たるという性格を有した。それに対し沖仲仕は、明治の開港以降に発生した仕事であった。関浦清次郎も人足屯所百人部屋から一部を沖仲仕として使い、人口流入対策に一役買った。

一八九九（明治三二）年に警察が報告した「神戸築港調査書」によると仲仕は計一万三〇〇〇人で、うち沖仲仕が七五〇〇人、残りが浜仲仕と陸仲仕であった。当時の神戸の人口が二三万五〇〇〇人だったことを思えば、相当の人数が仲仕に従事していたことが分かる。[*7] 流民がありついたもうひとつの仕事が、土木工事である。貿易が拡大するにつれ、神戸港では継続的になんらかの土木工事が行われていた。一八七五（明治八）年には兵庫港で一〇〇〇メートルの開削工事が行われ、船溜・荷揚場を持つ新川運河となった。和田岬では一八九六（明治二九）年から一九〇五（明治三八）年まで大規模な埋め立てが行われ、兵庫地区に造船や倉庫業の素地ができた。

そうした土木工事が本格化するのは、日清戦争以降である。開港初期の神戸港には、東西の運上所、波止場四箇所、倉庫三棟があっただけであった。海岸は砂浜であったため、外国船がどこでも勝手に荷を下ろし、自宅前に桟橋を造る者もいた。それでは関税も徴収できない。そこで初代の港長ジョン・マーシャルは築港計画を提案したが、経費不足から実現しなかった。

しかし日清戦争を経てライバル港である横浜港との差がいよいよ目立つようになり、一九〇六（明治三九）年に築港市長と呼ばれた水上浩躬《みなかみひろみ》が大神戸港の築港計画を立て、翌年から一九二二（大正一一）年までに第一から第三突堤までと第四突堤の半分、および防波堤を竣工させた。工事はさらに継続され、第四突堤の残りと第五、第六突堤、中突堤、兵庫一、二突堤が一九三九（昭和一四）年

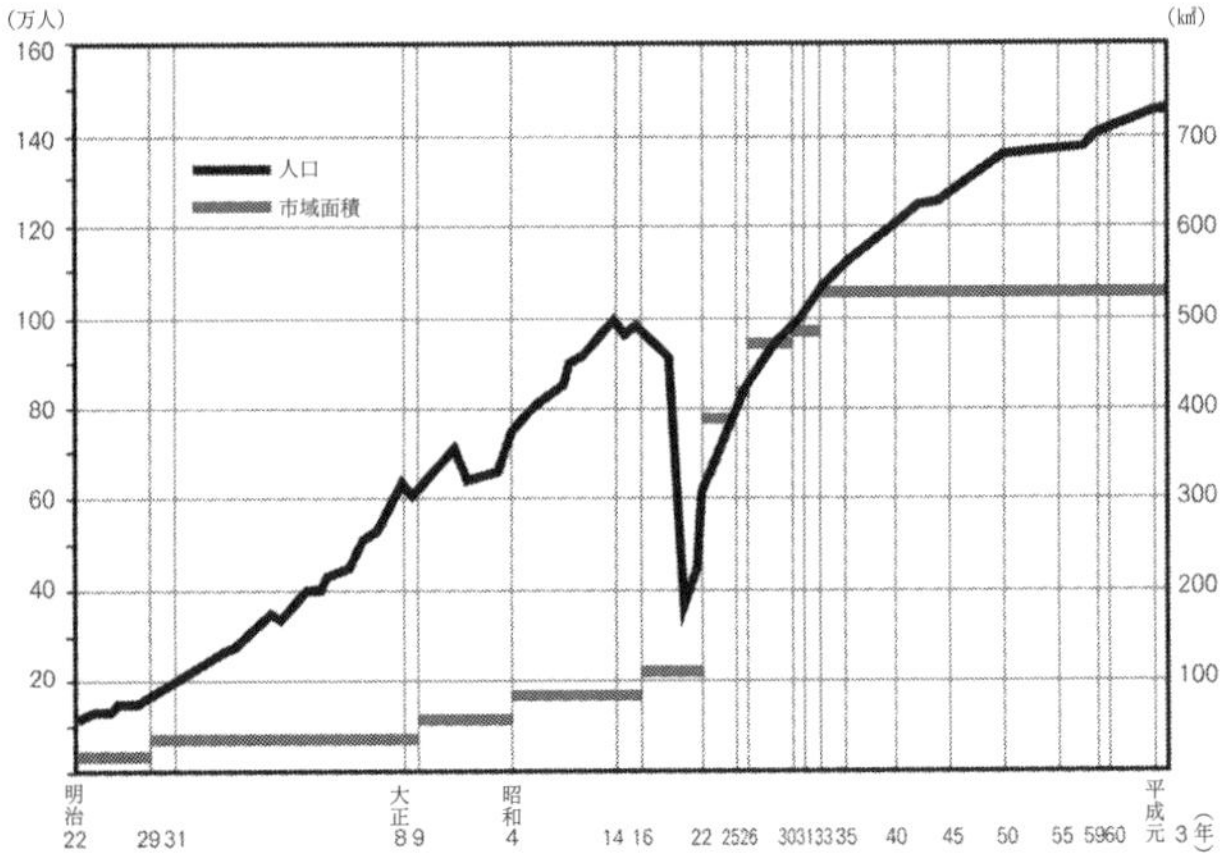

[図10-7]神戸市ウエブページ「人口及び市域面積の推移」より作成
(http://www.city.kobe.lg.jp/information/about/energy/rekishi/index.html)

に完成して、「東洋一の威容」を整えた。*8

流入民には「カネになるなら命懸けの沖仲仕にでもなろう」という単純労働志望者から、「他人の下には立ちたくない、一旗揚げたい」と考える起業家までもが入り混じっていた。一九一七(大正六)年にダバオへ向い、同年もしくは翌年に神戸へとたどりついた頼介は、後者の一員であった。

グラフ(図10－7)をご覧いただきたい。これは神戸市の人口と面積を図示したものである。一八九七(明治三〇)年の一九万三〇〇一人は九年後の一九〇六(明治三九)年には三四万五九五二人へと一・八倍に急増し、その趨勢は太平洋戦争勃発直前の一九四〇年まで維持されている。

ただし一般によく使われるこうした図では、神戸市の絶対的な人口が増えたことは分かっても、その内部でどんな動きがあったのかは分からない。というのも神戸市は年を追うごとに西へ北へ東へと合併で面積を増やしたからである。神戸駅や三宮・元町を「神戸」とみなすならば、西区や北区は雰囲気も環境も広さにおいても、相当に異なっている。

ただこのグラフは、残酷な一事だけは明確に示してはいる。それは太平洋戦争の影響で、一九四〇(昭和一五)年に九六・七万人だった人口は空襲を受けた一九四五(昭和二〇)年には三七・八万人まで激減している。六〇%減というから凄まじい。当時の葺合《ふきあい》区の被害が甚大であったことからして、神戸は軍需都市として米軍に狙われたことが分かる。もちろん疎開や出征による減少もあり、一九四七(昭和二二)年には六〇・七万人と急回復してはいるが、同時に現在の西区や北区に当たる地域が合併され面積も急増しており、実情をイメージしにくい。そこで区ごとの人口密度を示してみよう。

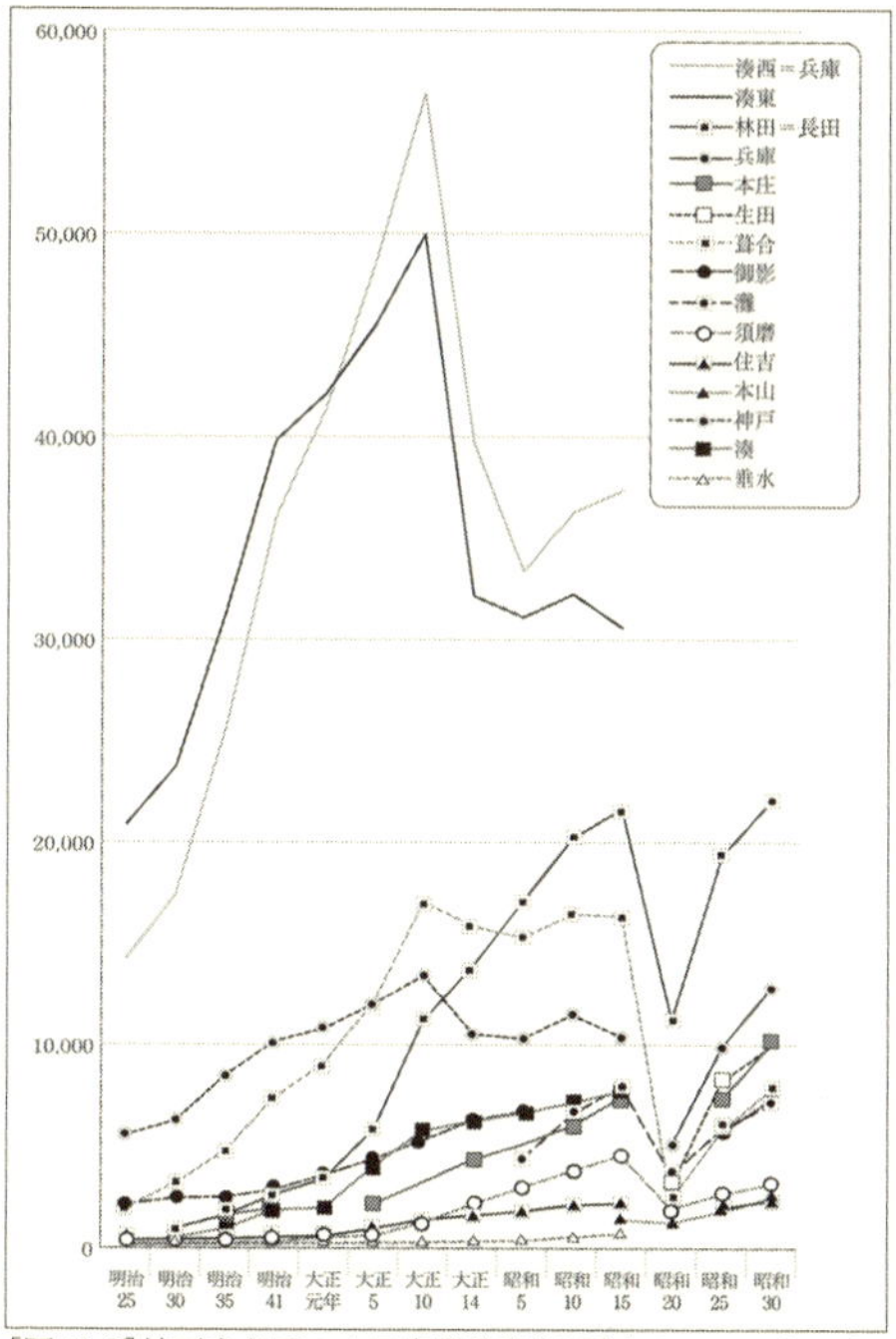

[図10-8]神戸市各区の人口密度推移(１平方キロメートルあたり。筆者作成。人口および面積データは神戸市統計書及び各区町村誌[神戸市文書館所蔵]による)

ここで明瞭なのは、明治から大正にかけての湊東《そうとう》区・湊西《そうさい》区の凄まじいまでの過密ぶりである。まるで別尺度のグラフであるかのように上空にある二本の線が湊東区と湊西区の人口密度推移である。湊東区は横溝正史が描いた東川崎町から北上して新開地周辺、湊西区に当たるのは東出・西出町を含む現在の兵庫区、かつての兵庫津周辺である。頼介はダバオから帰還後の一九一九(大正七)年頃、高密度時代の東出町に住み着いている。

湊東区と湊西区の間には明治時代には一九〇一(明治三四)年の付け替え工事完了まで湊川が流れ、河口あたりには一八八六(明治一九)年に川崎造船所が官業貸し下げで創始された。一九〇五(明治三八)年にはその西の和田岬あたりに三菱合資会社が神戸造船所を設置した。湊東区の東隣は神戸区で、居留地はそこにあった。第三章の地図(七一頁、図3－3)では、□が居留地、○が川崎造船所、△が三菱造船所である。この○と△の間に、人口が集中したのだ。『神戸市史　行政編第三集』(神戸市、一九二二)第二章「人口」によれば、神戸区と湊東区は青年人口(一五～二九歳)のウェイトが圧倒的に大きい。これは若年労働者が急激にこの地域に流入したことを物語っている。

［図10-9］1931(昭和6)年創設の行政区(兵庫区役所総務課『兵庫区制80周年記念誌』13頁)

流入してきた人々が目にしたのは、必ずしも外国人商人との友好関係や利益機会ばかりではなかった。大正初期まで、流入民の沖仲仕たちは中国人請負や外国商館によって低賃金で酷使された。[*9] 巨大な経済力が一方にあるとき、砂のように組織されない個々人は支払いを要求する力を持ちえない。外国人の請負業者に対抗するには、沖仲仕が組織されジョン・K・ガルブレイスの言う「拮抗力」を得ることが必要である。それを実現したのが炭鉱の用心棒である富永亀吉だった。彼は筑豊の大親分である吉田磯吉の指示で送り込まれ、「納屋制度」を導入して、無秩序な状態にあった沖仲仕を管理した。土建労働・港湾労働が整備されることにより、賃金は適正な額に近づいた（その分、失業リスクは未組織の「買人足」へ集中した）と思われる。

沖仲仕のような単純労働に限らない。居留地には整然とした西欧風の街並みが残るが、同時にそこは治外法権の地でもあり、日本人は関税の自主権も奪われていた。居留地は、日本がいわば半植民地状態にあったことの象徴で、外国人商人が相場より高値で売りつけたり、買うときも値引きを押しつけたり、不払いすら日常茶飯事であった。日本人が商品を納めても後日他に有利な取引口があったと知るや契約を取り消すなど、やりたい放題が罷り通っていた。海運や金融といった大きな儲け口は欧米列強が独占し、国内には綿製品や毛織物が奔流となって流れ込んで、農村の手工業は疲弊の色を濃くしていた。

だが神戸っ子は黙って耐えていたわけではない。そこでは次第に「輸入代替」が実現されていく。輸入代替とは当時の言葉では「輸入防遏《ぼうあつ》」で、「国内産業を育てて外国企業を駆逐」することである。[*10] もちろんそれには超えるべき壁がある。技術も含め、海外企業に対抗するだけの生産条件が整わなければならなかった。明治政府はそれを明確に意識し、「お雇い外国人」を招聘したり、日本人技術者の国費留学に予算を傾注したりした。

その甲斐あって明治初期には、イギリスの対日輸出品は最終製品である衣料や機械から次第に中間財である綿糸、原料である綿花へとシフトしていった。日本企業は最終製品を自前で製造するようになり、結局イギリスの繊維製品は、アジアの市場からも駆逐されていった。

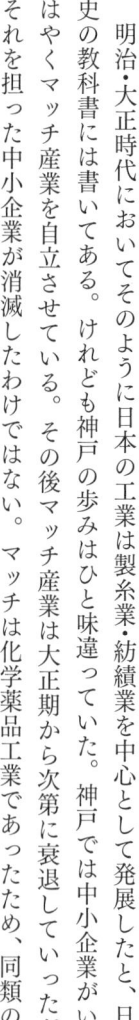

明治・大正時代においてそのように日本の工業は製糸業・紡績業を中心として発展したと、日本史の教科書には書いてある。けれども神戸の歩みはひと味違っていた。神戸では中小企業がいちはやくマッチ産業を自立させている。その後マッチ産業は大正期から次第に衰退していったが、それを担った中小企業が消滅したわけではない。マッチは化学薬品工業であったため、同類の技術を転用できるゴム工業に転業した。これが後に神戸の長田区に拡がるゴム靴産業の始まりであり、林田区＝長田区の人口密度が高まっていった理由でもあって、第二次大戦後には鬼塚商会(現・アシックス)など世界にも知られる運動靴メーカーが設立されてゆく。

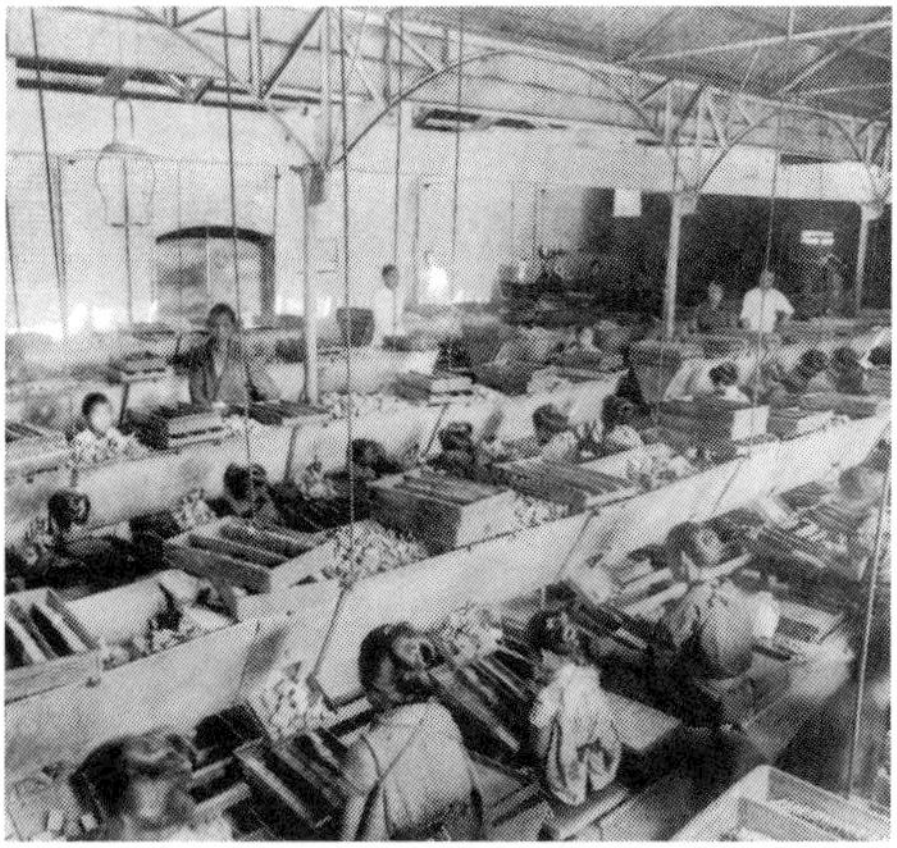

［写真10-1］明治末、マッチ製造の作業場。(神戸市『写真集神戸一〇〇年』(1989, 36頁、神戸市立博物館蔵)

写真は一九一一(明治四四)年の日本紙軸燐寸製造。製造されたマッチはインドや中国へと輸出された。女子労働者(日本髪の女工)の手作業に依存したとされるが、写真には少女や少年らしき姿も見える。

明治末の職工数では、造船の九九五三名に対しマッチ産業は七二五三名を数えるほどであった。*11 明治時代の神戸経済においては中小企業がマッチ、大企業が造船を手がけたのである。とはいえ明治の中期までの造船業は、製造にまでは乗り出せていなかった。気船を建造する力を持たず、最大の海運会社である日本郵船にしても新造船は海外へ発注していた。川崎造船所、三菱神戸造船所が湊東区・湊西区に労働者を引きつけたのは、外国から輸入した船を整備・修繕するためであった。

さらに、居留地との取引で苦渋を舐めつつもそこから知恵を得て仕事を奪い返す者も現れた。輸入代替を体現するようなその一人が鈴木商店の大番頭、金子直吉である。鈴木商店は一八七四(明治七)年に鈴木岩治郎が弁天浜に創業、洋糖の販売カルテルを結成するなどして基盤を築いた。岩次郎の死(一八九四)後に経営を引き継いだのが金子で、彼が目指したのが、輸入代替であった。

金子は樟脳を外国商館に売り込みに行ったものの門前払いされた。それでも食い下がって下働きの者に何だったら買うのかと訊ねると、薄荷に興味があると答える。そこで薄荷工場を雲井通・磯上通に建設、やがて鈴木の薄荷は世界の市場を席巻するまでに育っていった。さらに金子は樟脳を輸出するとそれを原材料とした合成樹脂のセルロイドや人造絹糸が海外で製品となり、輸入されてくることに気がついた。それならば樟脳を輸出せず国内に留め、セルロイドや人造絹糸を国産化しよう。こうして金子は鈴木商店を、利鞘を稼ぐだけの商社からものづくりの企業へと変貌させた。

一方、日清戦争(一八九四)を機に造船会社に船舶修繕の注文が殺到、これを受けた川崎正蔵は個人経営で創業していた川崎造船所を株式会社へと改組した。その初代社長に抜擢されたのが松方

［写真10-2］貨客船「伊豫丸」（株式会社川崎造船所第一番船）（『写真集 神戸一〇〇年』38頁、川崎重工業提供）

幸次郎であった。新生なった川崎造船所は一八九七年には貨客船「伊豫丸」（一六一〇総トン）を第一番船として建造した。こうして川崎造船所は修繕から造船へと経営の視野を移してゆく。松方は金子と知り合い昵懇の仲となって、大正時代いっぱい神戸経済を強力に引率するのである。

一九〇二年、川崎造船所は水中コンクリート打設によって乾式の巨大ドック（船舶修繕第一ドック）を竣工させた。日露戦争では日本の造船所はエンジンを提供したが、大型艦までは建造できなかった。松方は「いつまでもイギリスに注文していてはどうする。川崎がやる」と宣言、一九〇八（明治四一）年には民間造船所としては初めて一二五〇トン超の軍艦「淀」を建造する。そして七年後には二・七五万トンの巡洋艦「榛名」を竣工させた。

［写真10-3］川崎造船所ガントリークレーン（『写真集 神戸一〇〇年』50頁、神戸市文書館提供［レファート写真コレクション］）

造船業が自立を果たすきっかけとなったのは第一次大戦の勃発である。川崎造船所は受注以前にストックボート(標準貨物船)を見込み生産し、欧州に大量に販売することに成功した。これが当たり、川崎造船所に勤務することは職人たちの夢となった。湊東区・湊西区はこうして一九二一(大正一〇)年頃に人口密度のピークを迎えたのだ。

写真はレール上を移動可能な大型クレーンである「ガントリークレーン」の威容で、川崎造船所が一九一二(大正元)年に竣工させたものである。これは一九六二(昭和三七)年に解体されるまで、長らく神戸の造船業発展の象徴とされた。

一九一四(大正三)年にヨーロッパで始まった第一次大戦は一九一八(大正七)年に終結、阪神間の経済は「反動恐慌」を迎えながらも翌一九一九(大正八)年には一転して復興需要から地価・株価・物価が連鎖的に上がる「大正バブル」に沸いている。さらに一九二一(大正一〇)年には「三菱・川崎大争議」が勃発、湊東区・湊西区の人口は過密の度を上げていたのだが、一九二一年頃から一転して緩和に向かっている。

図10－8からは、それとともに別の現象も読み取れる。一九〇二(明治三五)年頃から御影・住吉といった超高級住宅地の人口密度が上がっているのである。住吉川の山側西部にある観音林などは急坂にあり、神戸湾が一望できる絶景とはいえ歩行には向かない。それは自家用車、それも運転手付を前提した大邸宅で、運転手も屋敷の一角に住まわせたのであろう。それほどの金持ちが、阪神間だけではなく神戸市にも生まれていた。湊東区・湊西区に集中していた人口のうち成金となった頼介のような起業家たちは、御影や住吉といった高級住宅地へと転出していったのである。

けれども転出となると、もう一つの流れを見落とせない。林田区(のち長田区)および灘区の人口密度も大正半ばから急増している点だ。その背景として、製造業が細胞分裂するようにして別の製造業を生み、湊東区・湊西区から西へ東へと立地を移動させていったことが考えられる。

以上のような神戸市の発展を、その東の外れである東灘区から見てみよう。私は高校三年生まで、つまり一八歳までを神戸市東灘区魚崎町で過ごした。三歳まで青木の工場で過ごしたから正味は一五年間だけだったが、それでも地元の市立魚崎小学校と灘中学・高校に通った一九六〇年代から一九七〇年までの魚崎町が自分にとっての故郷と意識されている。

市立の魚崎小学校は六学年で二一〇〇人も生徒が在籍するというマンモス校であった。ひとクラス四五人で八クラスもあったのだから、当時にあっても巨大であった。小学校にしてプールが五〇メートルもあるほどである。

それほどの大きさゆえに、それは一つの宇宙のごとく感じられた。あらゆる階層の同級生が含まれ、およそ世の中なるもののひな形がそこにあると思われた。ノンフィクション作家となった故・井田真木子や麻丘めぐみと同期で歌謡界にデビューした森田由美恵もいたし、私を含め東京大学へ進学した者もいた。逆に地元に根を張り、魚屋を継いだ親友もいる。

けれどもその「階層」性は、私には独特のものと感じられた。それぞれの家族が異なる水準の所得を得るのは資本主義社会の必然としても、私にはそれぞれの階層の特徴が所得の差だけに由来するとは思われなかった。

私が感じたのは、方言も含め個々人の背負う文化や社会が、所得差以上に乗り越えがたい相違として横たわっていたということである。田舎であれば方言は地元で共通しているし、祭礼に代表されるような文化伝統もコミュニティで共有されるだろう。ところが我が町・魚崎においては、担っている文化や社会の背景が、個人や家族ごとに相当に異なっていると感じられたのだ。

身近なところでは、私は幼少期より、家族との間でも言葉が通じないと感じていた。家族の不和などありふれたことと思われるかもしれないが、私がいいたいのは考え方や個性の差異ではない。たとえば、喋り言葉にしてからが違っていた。祖父の頼介は「四人」を「よったり」と発音した。大和言葉である。「隆一郎は儂のご自慢じゃ」とも言っていたが、「わし」も「じゃ」も、魚崎では使われない。それは頼介が山口県鋳銭司村出身だからだろう。

その点、父の孜は小学校から魚崎在住であったし、名古屋出身の母を除くと二人の妹たちも魚崎育ちで、言葉は私と同じはずであった。けれども彼らは六甲中学や甲南女子に通うお坊ちゃんお嬢さんであり、東京に上京してからは居酒屋に馴染み、神戸でも東出町のような下町に懐かしさを感じる私とは半ば以上話が合わなかった。消費に価値を置き地味な仕事に関心を寄せない「阪神間モダニズム」に対する私の違和感ということだが、言葉遣いにすらズレは生じていた。

それは谷崎潤一郎の『細雪』をどうとらえるかにも関係する。『細雪』という日本文学史上の傑作が町内の住吉川沿いで書かれたというのに、同級生も大人たちも、誰も郷土の誇りとしては触れなかった。それには「船場《せんば》言葉」で書かれていたことが大きいと思われる。この作品には魚崎町の風景が常時登場するというのに、私は作中で反復される「こいさん」などという呼び方を町内では一度も聞いたことがなかったのだ。

「阪神間モダニズム」は大阪の船場あたりで職を持つ主《あるじ》が避暑地のような六甲山麓に家族を住まわせたことから西宮・芦屋・住吉あたりに普及した文化で、言語的な背景としては船場言葉がある。ＪＲ住吉駅と阪急電車に挟まれた「日本一の金持ち村・観音林」はそうした文化を担う代表的な地域であり、そこまで歩いて行ける距離にもかかわらず、阪神沿線に駅を持つ魚崎は、文化の基層が土着的であった。

魚崎は古くからの漁村で、伝承にもその名が残っている。かつては「五百崎《いおさき》」であったが不漁が続いて「魚崎」と改称したとされ、『摂津名所図会』第七巻(一七九六)には神功《じんぐう》皇后が三韓出兵の際に船を五百隻、沖合に集めたと書かれている。一七七一(明和八)年の村明細帳には、船は五〇艘(廻船を五艘含む)、一七二軒の家があり、江戸に酒や物資を運んでいたと記されている。*[12]

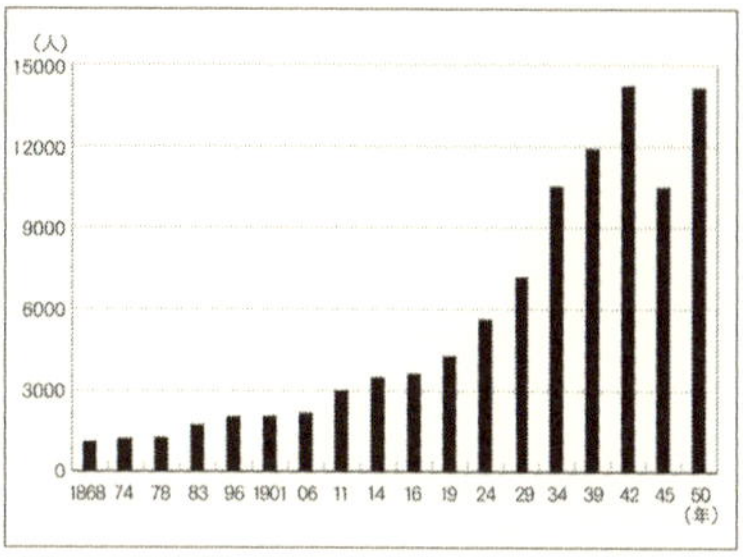

［図10-10］魚崎の人口推移(魚崎町誌編纂委員会『魚崎町誌』［1957］「附表(六)魚崎町人口表」をもとに作成)

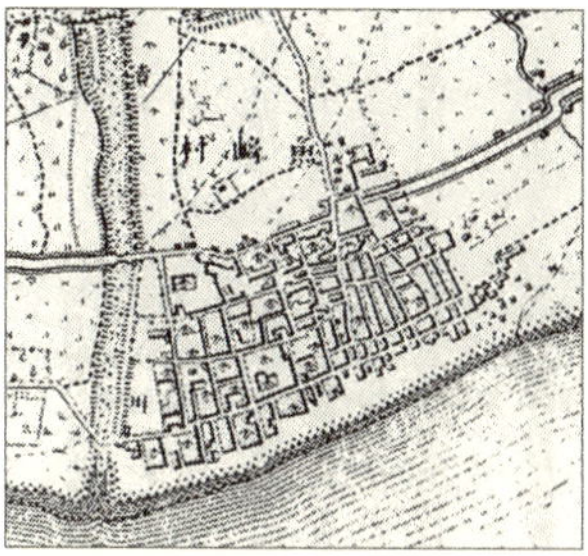

［図10-11］1885(明治18)年頃の魚崎村周辺(陸軍参謀本部陸地測量部「仮製地形図 兵庫15号」より)

また現在も菊正宗を中心として酒蔵が浜寄りに点在するのが灘五郷のひとつに数えられる「魚崎郷」で、柔道の創始者である嘉納治五郎は菊正宗の醸造元である本嘉納《ほんかのう》家の一族である。江戸時代から続く酒蔵の名家としては他に櫻正宗の山邑《やまむら》家、白鶴の白嘉納《はくかのう》家がある。

魚崎町の人口の推移は、グラフの通りである。このグラフにおいて、一八〇〇年代にはさほど急激な人口増は見られない。一八八五(明治一八)年ころの「仮製地形図」によれば、集落は住吉川東岸の浜寄りに固まっていた。つまり江戸から近代初頭の魚崎は中世における醸造元や廻船元を上層とする漁民と農民の村であり、魚崎八幡神社を中心に家屋が集積していた。

一八八一(明治一四)～八三(明治一六)年の職業分布は、農業が四割、商業が三割である。ところが一九〇六(明治三九)年から一九一一(明治四四)年にかけて人口が急増し、二一八五人から三〇一二人へと四〇%も増えている。これは魚崎村に産業が生まれたというのではなく、一九〇五(明治三八)年に阪神電気鉄道が三宮—出入橋(大阪)間で開通し、魚崎駅が開業したことによる。この頃から魚崎は農漁村から住宅地へと急速に変貌を遂げていく。

ことに一九一九(大正八)年頃から一九四二(昭和一七)年までの急増は目覚ましい。一九三〇(昭和五)年の出生地にかんする調査では、魚崎町生まれが二八・一%、県内他地域生まれは三一・三%、他府県生まれは三九・〇%であり、この急増は外部からの流入(社会増)によるものであることが分かる。[*13] 頼介と菊枝(兵庫県揖保郡川内村・現たつの市出身)、孜(兵庫区東出町生まれ)もまた一九三六(昭和一一)年に住吉川沿いに引っ越している。これは戦後において半分近くが町内生まれとなるのとは対照的で、大正半ばから終戦までの魚崎町は町外の文化の侵入にさらされていた、つまり外来文化が従来の古層に積み重なったのである。

[写真10-4]住吉川河畔

町誌によれば大正の終わりから昭和の初めにかけて魚崎町の七割程度が住宅化し、住吉川両岸の松林には高級住宅が建ち並んだ。阪神電鉄以北には普通住宅、東部には菜園を持つ住宅、南部には軽金属工場と普通住宅が次々に建ち、酒蔵や精米所・樽工場の間を埋めていった。

ではそうした魚崎への人口流入は、何がもたらしたのだろうか。人口移動の原因は多様であり網羅的に分析するには紙数が足りないので、ここでは湊東区・湊西区から人口が流出する要因となった企業の創業を、本書に登場した鈴木商店と川崎造船所の周辺に限って見ておこう。*14 金子直吉と松方幸次郎は肝胆相照らす仲であり、互いに情報交換しながら起業と分社化、工場建設を進めていった。それは外国産の化学・機械・重工業製品を国産品に置き換える作業であり、彼らは凄まじい勢いで輸入代替の種子を日本中に播いていった。神戸市内に限って、川崎造船所（のちの川崎重工）と鈴木商店、そして川崎とはライバル関係にあった神戸三菱造船所（三菱重工）が工場や会社を開業していった痕跡を地図上にプロットしてみよう。

一九〇〇年前後にライバルの三菱が神戸三菱造船所や付属病院を創業、川崎造船所は負けずと兵庫工場を開設し、兵庫工場ではのちに鉄道車両や飛行機を製造していく。ここで三菱・川崎の両造船所が湊東区・湊西区で操業しているのは注目に値する。輸入代替が定着してからは両社が求心力を発揮して両区に若年労働者を吸収、両区は凄まじい人口密度となったのである。

一方、鈴木商店は、居留地の北に樟脳・薄荷の工場を建設したのち、市内ではより東に向けて工場を開業していく。なかでも大きいのが、買収していた製鉄所を一九〇五（明治三八）年に神戸製鋼所として脇浜《わきのはま》に創業したことである。鈴木商店はさらに一九一六（大正五）年には相生市で播磨造船（のちの石川島播磨重工業、IHI）を買収、これにより製鉄と造船という重工業部門にも進出することとなって、第一次大戦の造船ブームで巨利を得た。

鈴木商店は一九二七（昭和二）年に金融恐慌の煽りを受け破綻する。とはいえ、金子は輸入代替による産業化を日本中に根付かせた。鈴木商店が創業にかかわったのが双日（日商岩井）、サッポロビール、帝人、神戸製鋼所、IHI、商船三井といった現在の大会社であるから凄まじい。川崎・三菱の両造船所も、細胞分裂するかのように造船から車輌・飛行機・製鉄と重工業化を展開した。

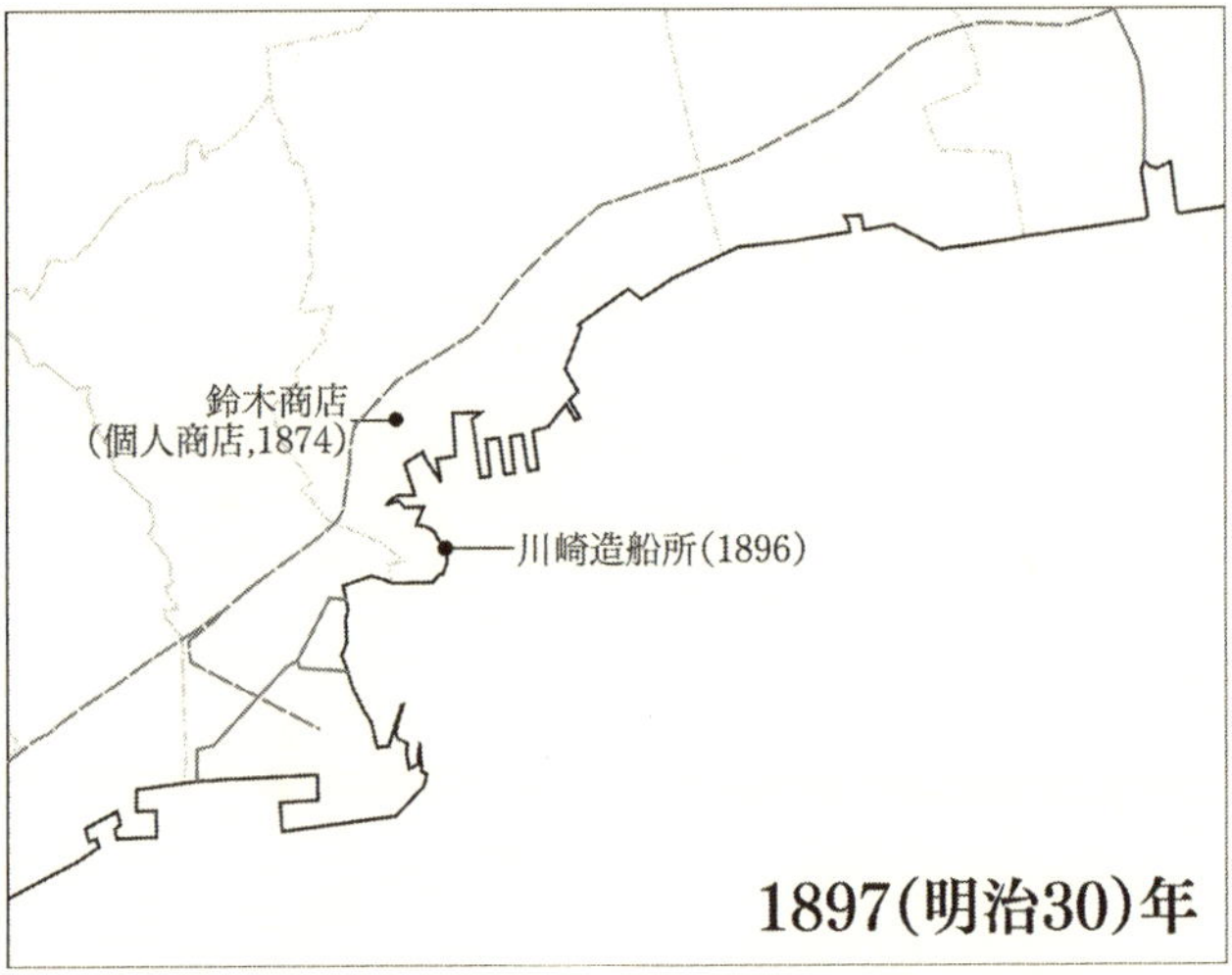

［図10-12］神戸の企業分布略図（著者作成。行政区域は現在のもの。以下同）

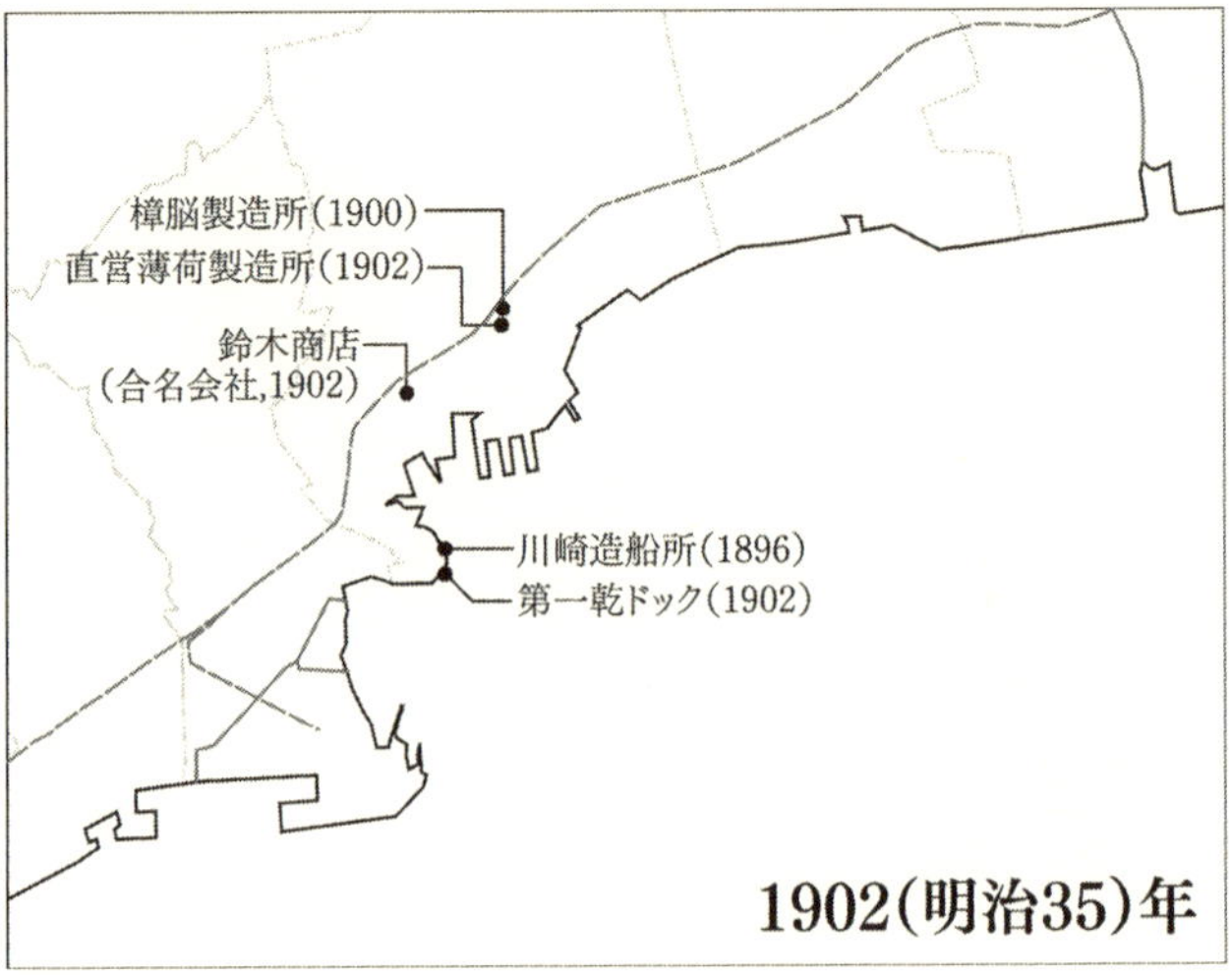

［図10-13］

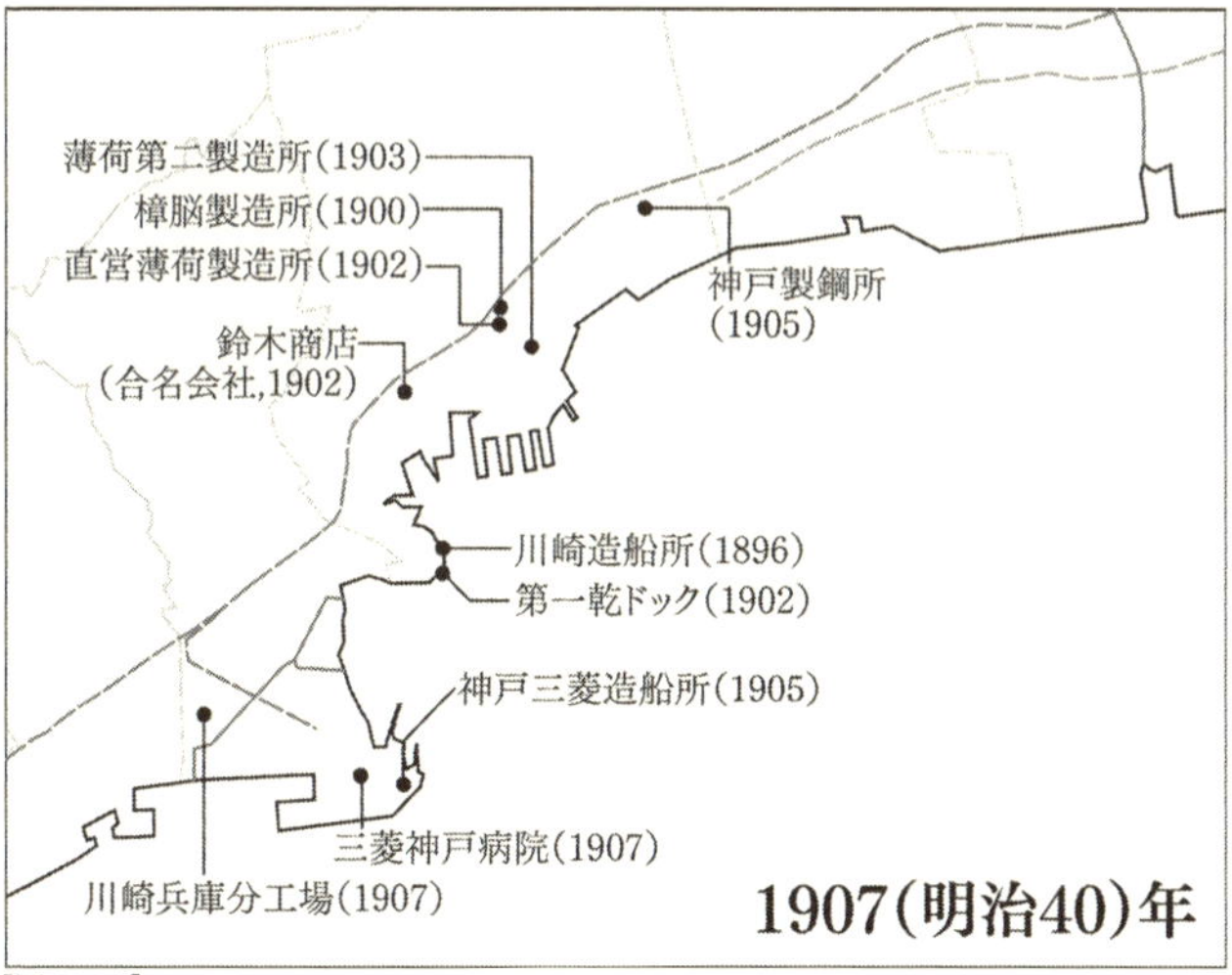

[図10-14]

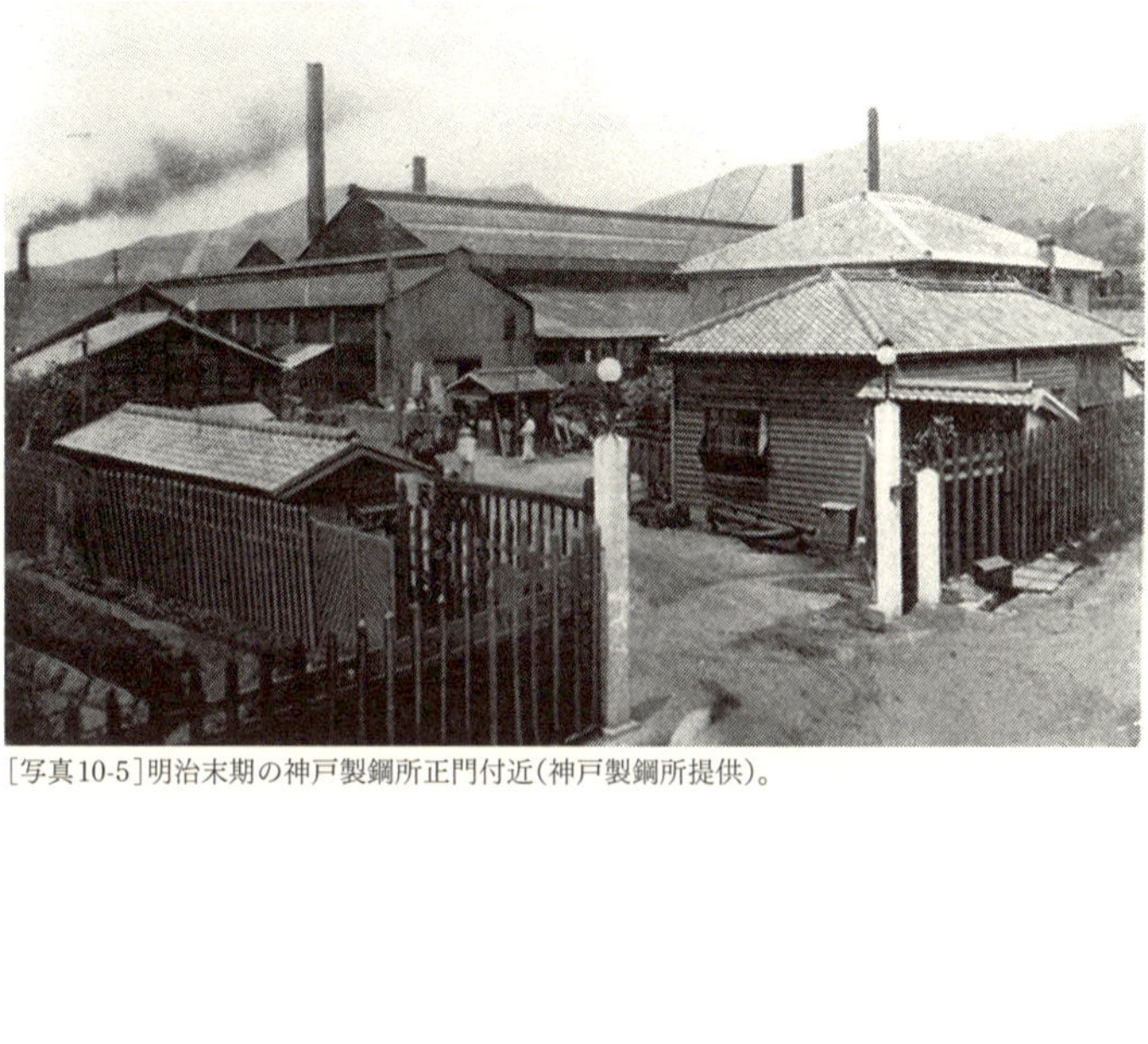

[写真10-5]明治末期の神戸製鋼所正門付近(神戸製鋼所提供)。

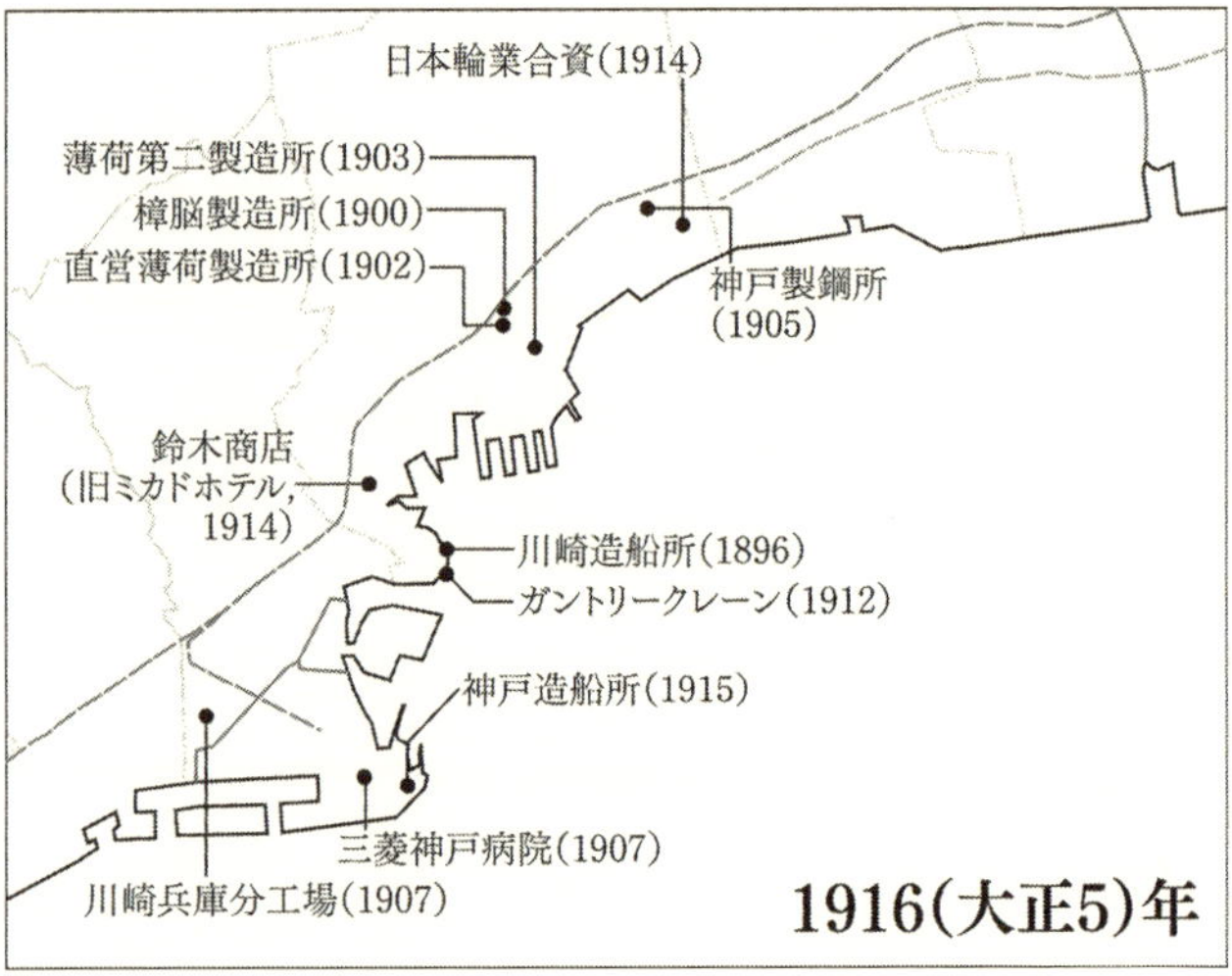
日本輪業合資(1914)
薄荷第二製造所(1903)
樟脳製造所(1900)
直営薄荷製造所(1902)
神戸製鋼所
(1905)
鈴木商店
(旧ミカドホテル,
1914)
川崎造船所(1896)
ガントリークレーン(1912)
神戸造船所(1915)
三菱神戸病院(1907)
川崎兵庫分工場(1907)
1916(大正5)年

[図10-15]

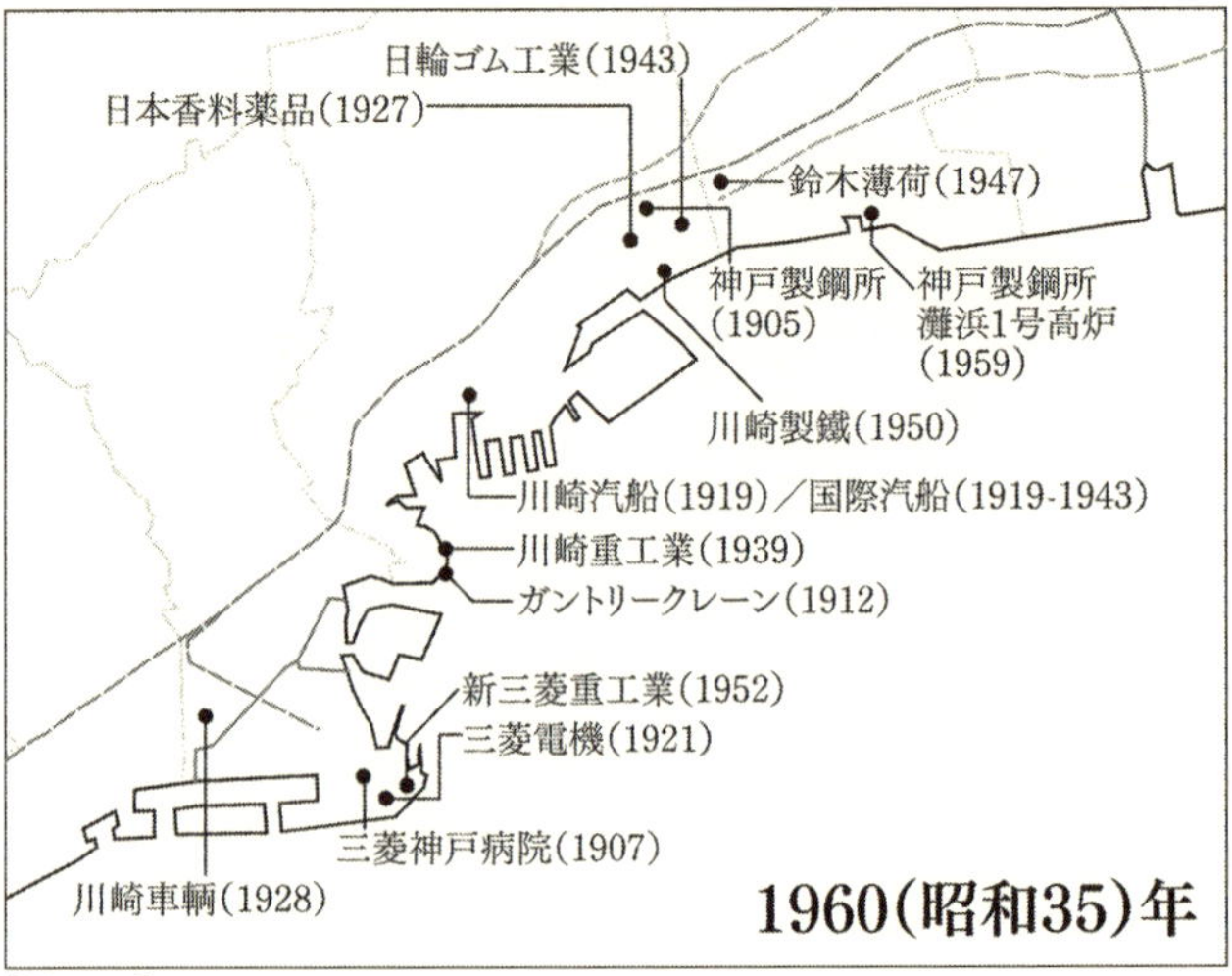
日輪ゴム工業(1943)
日本香料薬品(1927)
鈴木薄荷(1947)
神戸製鋼所
(1905)
神戸製鋼所
灘浜1号高炉
(1959)
川崎製鐵(1950)
川崎汽船(1919)／国際汽船(1919-1943)
川崎重工業(1939)
ガントリークレーン(1912)
新三菱重工業(1952)
三菱電機(1921)
三菱神戸病院(1907)
川崎車輛(1928)
1960(昭和35)年

[図10-16]

湊東区・湊西区周辺への鈴木商店と川崎造船所、神戸三菱造船所の集積は、その後の人口拡散をもたらしたのだ。

川崎重工からは一九五〇年に川崎製鉄が独立、千葉に埒外の生産量を誇る高炉を建設する。ライバルである神戸製鋼所は戦後の一九五九年になるとより東側、御影の西の海浜部に当たる灘浜に工場を移転させて銑鋼一貫体制を確立し、我が国有数の高炉メーカーとして高度成長期の神戸を牽引する。そうした展開に海浜部の埋め立て事業も重なり、多くの工場や事業所が神戸駅南部から東へと進出していったのである（そうした市域の拡大は、西部や北部にも及んでいく）。概略を述べたまででではあるが、こうした工場の展開に導かれ、湊東区・湊西区に集中した人口が住宅を求めて拡散していったのだ。

話を戻そう。こうした趨勢があったために、私の魚崎小学校の同窓には、神戸製鋼所の社宅に住む者、親が三菱関係の従業員である者、そして頼介のように川崎関係の仕事をする者が少なくなかった。もちろん商店や飲食店も多かったが、それは社宅住まいの人々の需要に支えられていた、つまり派生した業態であった。

湊東区・湊西区、すなわち現在の神戸駅周辺に蝟集した人々が鈴木・川崎・三菱の業務展開にのって東遷していった人口移動の圧力は、戦前期において魚崎町にまで及んだ。その結果、農漁村・酒造業という文化の古層の上に、西側からは鈴木・川崎・三菱関連の工場労働者文化が重ねられた。すでに船場由来の「阪神間モダニズム」も東から押し寄せていた。農民・漁民・工場労働者、ホワイトカラー、頼介のような成金、酒蔵オーナーに船場の金持ち。彼らが背負ってきた文化は、必ずしも融和しなかった。私が親しみを感じたのは頼介とともに東出町からやってきた工場労働者や地元の漁民文化であったのだが、孜や妹たちは阪神間モダニズムを生きていた。そのことが私に違和感をもたらしたのであろう。

長らく続けてきた松原頼介をめぐる旅の終わりに、言語学者・鎌田良二の研究を紹介しておこう。

神戸一帯で使われる敬語表現に、「テヤ敬語」がある。「書キヨッテヤ」(書いていらっしゃる)、「コレ知ットッテカ」(知っていらっしゃいますか)のように動作態のヨル・トルの下に付くものである。「明日行ッテデスカ」(行かれますか)のように、動詞に直接付く場合もある。これがテヤ敬語だが、「ヤ」は指定・断定の助動詞であるから、敬意は「テ」が表している。

大阪弁の敬語でこの「テ」に相当するのが「ハル敬語」、「シテハル」のたぐいである。これは阪神間に拡がっている。鎌田はこの「テ」と「ハル」の境界を探ろうと、一九六二(昭和三七)年に神戸市灘区・東灘区御影町・東灘区本山町・芦屋市・西宮市で調査を実施した。御影は市立御影中学校、本山は市立本山中学校の各一クラスにおける調査である。結果は表の通り。

	灘区	御影町	本山町	芦屋市	西宮市
テヤ敬語	82%	72%	20%	0%	2%
ハル敬語	6%	19%	80%	86%	98%
その他	12%	9%	0%	14%	0%

(←西)　(東→)

[表10-1]阪神間の敬語の分布(出典:『兵庫県の方言』兵庫県教育委員会、1989)

ここで明瞭なのが、御影町と本山町の間における「テヤ敬語」と「ハル敬語」の比率の逆転である。御影町は「テヤ敬語」が七二%、「ハル敬語」が一九%であるのに、本山町ではそれぞれが二〇%、八〇%となっている。神戸の中心部から灘区までは神戸型の「テヤ敬語」、大阪から芦屋市までは大阪型の「ハル敬語」が支配し、両者の境界が神戸市東灘区の御影町と本山町の間にあるらしいのだ。御影と本山を分けるのは住吉川である。とするならば、阪神間モダニズム文化とともに西遷してきたのが『細雪』に代表される大阪弁の「ハル敬語」、頼介や菊枝、湊東・湊西の職人たちとともに東遷してきたのが神戸(以西)弁の「テヤ敬語」ということになろう。[*15] 両文化がぶつかりせめぎ合うのが住吉川の両岸なのである。

方言や文化は移動しない人に支えられてこそ持続する。ところが魚崎における階層や文化は内発的に発生し分化したものではなく、外部から挿入されたものであった。「経営者と従業員」「蔵元と職人」「船場のご寮人さんと丁稚」であれば、対立はしても同業関係にある。それに対し「テヤとハル」、「船場の金持ちと成金」、「工場労働者と漁民」は、共通項を欠いている。そうしたモザイク状の混雑文化が、魚崎町の特徴なのであった。

金子直吉は質素を旨とし、渾名である「東洋のナポレオン」に面会を求めた人は薄荷工場の四畳半と二畳間に直吉が住んでいるのを見て仰天したという。頼介もまた散歩する以外はほとんど出歩くこともなく囲碁を打つばかりの質素な晩年を送った。そうした消費欲望を持たない質素な起業家が凄まじいエネルギーをもって人々を駆り立て、言語さえも移動させた。それが頼介を追う旅から私が見て取った神戸の歴史なのである。

あとがき

祖父・松原頼介の足跡を詳細まで調べ始めてから、かれこれ六年ほどが経過した。きっかけとしては、およそ祖父の遺産と言ってよい実家の売却益で書庫を建てる決断をした際に、遺産の出所である祖父の仕事歴をたどり返したことがある。それは二〇一四年に出版した堀部安嗣さんとの共著『書庫を建てる』(新潮社)に記したが、その後も調べは続き、すべての造船場所やフィリピン渡航の時期と目的、神戸市兵庫区東出町での居住場所、戦後における製鉄所の経営状況、神戸市各区人口密度の推移等が明らかになった。残る不明点はダバオでの農場の場所と満鉄との取引データとなり、独力で可能な調査はほぼ終えて、本書の内容を二〇一六年春から連載の形で書き進めた。一年半の連載が完結、書籍化のための整理を終えることができて、感無量である。連載の場を提供して下さった『水道橋博士のメルマ旬報』関係者には、心より御礼申し上げたい。

当初は、頼介の人となりを知る人も大半が物故され、今しかないと始めた調査であった。実際、前川俊治氏、山田吉弘さんは完成した本書をお届けする前に亡くなられた。自分の遅筆を恥じるとともに、ご冥福をお祈りする。東出町も稲荷商店街の大部分が取り壊しとなり、ワンルームマンションが建設されるとのことである。今後は兵庫津や大正時代どころか高度成長期の賑わいさえも想像がつかなくなるかもしれない。

それでも第七喜久丸の進水式を撮影した場所を特定できたり、その土地を奪った人物の氏名が判明したり、祖父の出航記録が外務省外交史料館で見つかったり、大正時代における湊東区・湊西区の人口密度が異様に高いことが判明したりと、次々に興奮させられる出来事と出合った。私事の調べに快くおつきあい下さったすべての方に感謝申し上げたい。

なかでも神戸市文書館の松本正三館長には、無尽蔵の知識をもとに貴重な資料をご提供いただいた。東出町・六條商店の六條進さんには町内で関係のありそうな方や写真・動画をご紹介いただいた。ダバオにおける日本人社会の栄光と崩壊を描いた『椰子の血』（原書房）の作者でありミステリー作家の司凍季さんからは一〇〇年前のダバオにつき貴重な情報と写真をご提供いただいた。怒和島の田中政利さん、元満鉄会の天野博之さん、「戦没した船と海員の資料館」の大井田孝スタッフ、鉄鋼新聞社、鋳銭司小学校にも時間をさいていただき貴重な情報を賜った。親戚ではあるが、山本竹治さん、藤井よし子さん、横田家・平野家から貴重な証言と写真を頂戴した。記してお礼申し上げる。本文中、断言して論拠が示されない箇所は、私の記憶および証言にもとづく推論によっている。これらの方々のご厚意により、私は生前は語り合う機会もさほど持たなかった松原頼介と再会することができたのである。

頼介は満鉄との取引で財をなしながらも国策で戦前の松原商会を売却せざるをえなくなり、造船した八隻も大半が軍に徴用されて帰らなかった。執念で戦後に興した大和電機製鋼も、製鉄業界全体の拡大が一九七六年頃にストップしたことにより経営破綻した。それでも「二度の大きな仕事ができて満足じゃった」と言い残して死ねた頼介は良い人生を送ったものだと思う。

本書の執筆を通じて、私は人生最大ともいえる転換点であり、ずっと目を背けてきた大和電機製鋼株式会社の経営権の譲渡について、そのときに何が起き、頼介がどんな心境だったのか納得することができた。「三年に一度の好機を逃さず儲けるという信念があった」という前川俊治氏の証言により、経営破綻の理由が飲み込めたのである。私個人にとっては、それが最大の成果と言える。いまにして思えば、もし仮にその時点で破綻せず川崎製鉄に経営権を譲渡しなかったとしても、私が入社して父である孜と一緒に経営することは絶対に不可能であったし、ひたすらに拡大路線を歩もうとする頼介にもついてはいけなかったであろう。これ以外にはないタイミングで経営が破綻したせいで、私は会社を継がせるという頼介の夢から解放され、現在の仕事に向かえたのである。譲渡先の川崎製鉄に対して私は複雑な気持ちを抱いてきたが、やはり救ってもらったのだと腑に落ちた。運命の不思議を感じずにはいられない。

伝記といっても当人の回顧はほとんどが自分の現在を納得するための物語であるから、未来に何が待ち受けているか分からないそれぞれの時点での想像や決断とは別物であることが少なくない。伝記は主人公への共感を軸に書かれるものではあるが、私はあとづけの物語ではなく、将来が不確実である中での決断こそが共感の対象となるものだと考える。虎の子の松原商会を売却することとなり、再起を賭けた造船事業の進水式で、その船も何年も経たないうちに軍に徴用されるのを知らず船上で帽子を振る頼介にこそ、私は共感したのだ。

松原頼介は一般にはまったく無名の企業家であり、会社も消滅している。一般の読者には共感するための接点がないかに思われよう。けれども日本の歴史はそうした無名の人間たちが日々下す無数の決断の集積によって編み上げられている。本書で私は、頼介という無名の人間の足跡から日本と神戸の歴史を見直してみた。もし頼介とは一面識もない読者が頼介の人生に少しでも面白みを見いだしてくれるとするならば、それは大人物たちだけが登場する歴史書や可能な限り多くの事象を取り上げざるをえない公的文書とは異なって、たとえば戦時戦没船から戦争を、製鉄業界から戦後経済をというふうに、無名の人物が直面した一局面だけから歴史を切り取ることにも意義があるからであろう。終章で付け加えた「長男以外と移動が作った街」という神戸史についての仮説も、頼介の人生から私が連想したものである。

本書の版元である苦楽堂は、出版社の大半が東京に集中する今日、石井伸介氏が一人で神戸市の乙仲通で創業した出版社である。ダバオから帰国した後の頼介が独力で道を切り開いたことを思い、同じような立場と東出町にほど近い仕事場で孤軍奮闘しておられる石井氏に出版をお願いするのが適切と考えた。校閲過程で投げかけて下さった膨大な疑問のおかげで、本書は格段に読みやすいものとなった。石井氏にも感謝申し上げる。

松原隆一郎

付記。貴重な証言をして下さった山本竹治氏が、二〇一八年四月一日に逝去された。最期まで頭脳明晰であり、一刻も早く本書をお見せしたかったが間に合わなかった。さらに遅筆を恥じ、ご冥福をお祈り致します。

脚注

序章

＊1――岡山県戦時船舶と徴用船・戦没船（20-299総トン）
http://www.ric.hi-ho.ne.jp/senbotusen/siryo-deta/okayama.pdf

第一部

第二章

＊1――ダバオにおける日本向けバナナ・プランテーションが一九六〇年代以降にデルモンテ他の多国籍企業により開発されたことについては、古典的名著である鶴見良行『バナナと日本人　フィリピン農園と食卓のあいだ』（岩波新書、一九八二）に詳しい。

＊2――鈴木邦夫『歴史学　国際化とその相互理解のために』（東京電機大学出版局、一九九七）

＊3――早瀬晋三『「ベンゲット移民」の虚像と実像―近代日本・東南アジア関係史の一考察』（同文館出版、一九八九）によれば、「五〇〇〇人が海を渡り」「日本人によって完成されたベンゲット道路」「七〇〇人が」「死亡」といった誇張された「ベンゲット移民像」は、日本でのみ流通している。それは国策としての「南進論」が猛威を得て、日本人の優秀さを強調すべく一九四三（昭和一八）年の国定修身教科書に登場して以降、独り歩きするようになった。

＊4――柴田賢一『ダバオ戦記』（大陸出版、一九七九）

＊5――二〇一五年三月、写真に写ったバゴボ族か誰であるのかを調べるため筆者はダバオを訪ね、戦前の日本人の係累である日系人協会やバゴボ族の方々に面会したが、「松原組」にかんする情報は得ることができなかった。

第三章

＊1——長崎市・編『我国移植民の現況と長崎移民収容所の将来』(一九三二)

＊2——「なつかしい日本の汽船」http://jpnships.g.dgdg.jp/　「めき志こ丸」については、戦没船を記録する会、ゲン・クリエイティブ編『知られざる戦没船の記録(下)断末魔の海上輸送』(柘植書房、一九九五)

＊3——流通科学大学編『中内㓛　回想録』(中内学園流通科学大学、二〇〇六)

＊4——争議の生々しい様子は武田芳一《ほういち》『熱い港——大正十年・川崎三菱大争議』(太陽出版、一九七九)に描かれている。また兵庫県労仂運動史編纂委員会「灯をともした人々 大正十年・川崎・三菱大争議の記録」(京都映画)のフィルムで、デモ隊とともに川崎造船所の威容をかいま見ることができる。

＊5——ただし神戸又新《ゆうしん》日報社『兵庫縣銘鑑』(昭和二年)によれば、合資會社松原商會は大正一四年二月設立で所在地が東出町二丁目四五番地となっている。

＊6——流通科学大学編(二〇〇六)前掲同書

第二部

第四章

＊1——大和紡績株式会社『ダイワボウ60年史』(二〇〇一、四五〜四六頁)

＊2——松方の収集は一九一六年から一八年(大正五〜七年)、一九二一年から二二年(大正一〇〜一一年)、一九二六年から二七年(大正一五年〜昭和二年)の三度にわたり膨大で、全貌は明らかではない。二〇一六年に松方と取引のあった画商が残したリストが発見され、分析が進められている。

＊3——一部がブリジストン美術館・大原美術館に収蔵され、浮世絵は皇室献上を経て現在は東京国立博物館に移管されている。

＊4——神戸新聞社編『遙かな海路　巨大商社・鈴木商店が残したもの』(神戸新聞総合出版センター、二〇一七)

＊5――原田勝正『満鉄』（岩波新書、一九八一）や加藤聖文『満鉄全史』（講談社メチエ、二〇〇六）、天野博之『満鉄を知るための十二章』（吉川弘文館、二〇〇九）が満鉄と満洲の歴史をコンパクトに解説している。

＊6――原田前掲書第三章。

＊7――天野前掲書。

＊8――ただし満鉄の多角経営が成功したかとなると疑問がある。内地の大資本を排するという満鉄の重化学工業経営は評判が悪く民間資金ははかばかしくは入らなかった。岸が手がけた「満洲産業開発五カ年計画」の時点では満鉄はすでに直接には各国策会社の経営から手を引いており、それらは新興財閥日産の鮎川義介《あいかわよしすけ》が創業した「満洲重工業開発株式会社」の傘下に置かれた。しかし中村隆英は「満業は結局失敗に終わ」ったと総括している（『日本の経済統制』二七頁）。一九四五年、満鉄は三九年の歴史をもって消滅した。

＊9――新修神戸市史編集委員会編『新修神戸市史 産業経済編Ⅳ 総論』（以下「Ⅳ」、神戸市、二〇一四、一一八頁）

＊10――以上については「阪神間モダニズム」展実行委員会編著『阪神間モダニズム――六甲山麓に花開いた文化、明治末期―昭和15年の軌跡』（淡交社、一九九七）参照。

＊11――『細雪』上（新潮文庫、二〇一一、一七八頁）

＊12――『細雪』中（新潮文庫、二〇一一、一一一頁）

＊13――『細雪』中（新潮文庫、二〇一一、一九六頁）

＊14――もちろん谷崎の言う「秩序」は、一般の世の中で公認される明朗なそれではない。デビュー作『刺青《しせい》』の冒頭にはこう書かれている。「其れはまだ人々が『愚《おろか》』と云う貴い徳を持って居て、世の中が今のように激しく軋《きし》み合わない時分であった」。刺青を入れる愚かさは貴い徳でもあるというのが、谷崎にとっての文化である。

＊15――「昭和ベル・エポックのファッション」（『阪神間モダニズム』所収）

第五章

＊1――大井田孝氏は、「戦時中の船舶は全て船舶運営会が管理しており、その中から陸軍が傭船した船を陸軍徴傭船、海軍が傭船したのを海軍徴傭船と分類している。したがって陸海軍に傭船されなかった船は徴用船となる」（「戦中・戦後における喪失商船」）としている。「傭船」とは契約を結んだということである。

＊2――神奈川新聞「漁師たちの戦争」シリーズ「徴用船の悲劇（1）」二〇一四年八月六日

＊3――保阪正康『陸軍良識派の研究』（光人社NF文庫、二〇一三）

＊4――岩間敏《さとし》「戦争と石油（1）太平洋戦争編」（独立行政法人石油天然ガス・金属鉱物資源機構「石油・天然ガスレビュー」二〇〇六年一月号、四五～六四頁　https://oilgas-info.jogmec.go.jp/_res/projects/default_project/_project_/pdf/0/652/200601_045a.pdf）

＊5――戦後になると欧米は明確に帝国主義を脱し、植民地を手放していく。歴史学者のクリストファー・ソーンは『太平洋戦争とは何だったのか』（草思社、一九八九）で「日本は敗北したとはいえ、アジアにおける西欧帝国の終焉を早めた。帝国主義の衰退が容赦なく早められていったことは、当時は苦痛に満ちた衝撃的なものだったが、結局はヨーロッパ各国にとって利益だと考えられるようになった」（四四三頁）と述べている。

＊6――岩間前掲論文、四七頁

＊7――岩間前掲論文に要約がある、五七頁

＊8――岩間前掲論文、五七頁

＊9――NHK取材班編『太平洋戦争　日本の敗因1　日米開戦　勝算なし』（角川文庫、一九九五）、三七頁

＊10――NHK取材班編前掲書、三九頁

＊11――NHK取材班編前掲書、四一頁

＊12――公益財団法人日本殉職船員顕彰会のサイトにおける「わが国船舶（商船・漁船・機帆船）の被害と戦没船員」（http://www.kenshoukai.jp/taiheiyo/taiheiyou01.htm）の項参照。なおこの会は「海運・水産関係団体、船員団体、主要大手海運会社の代表によって理事会が構成され」ており、理事の多くは企業や団体の会長である。

＊13――大井田孝「戦中・戦後における喪失商船」『海事交通研究』56,103-113,2007を元に大井田孝氏が作成、提供。

＊14――岩間前掲論文、六三頁

＊15――公益財団法人日本殉職船員顕彰会「わが国船舶（商船・漁船・機帆船）の被害と戦没船員」http://www.kenshoukai.jp/taiheiyo/taiheiyou01.htmから抜粋して作成。

＊16――大井田前掲論文

＊17――海軍といえば薩摩藩の流れを汲むとされるが、その精神は剣術の示現流にあると言われる。裂帛の気合いに勝負をかけ、防御は後回しとする発想だが、攻撃力のみに注目して防御を疎かにするという海軍の発想には似通ったものを感じる。

*18——保阪前掲書、一一四頁

*19——土井全二郎『撃沈された船員たちの記録　戦争の底辺で働いた輸送船の戦い』(光人社NF文庫、二〇〇八)、六八〜六九頁

*20——土井前掲書、九二頁

*21——大井篤『海上護衛戦』(角川文庫、二〇一四)、一六六頁。大井篤は戦後のインタビューで、太平洋戦争の敗北の理由として、戦艦大和や武蔵に資源を傾注しシーレーン確保や通商破壊(輸送船破壊)を軽視したことを挙げている。同書は一九五三年に初出版された。商船に対する海上護衛が軽視されたことについての当事者の告発として一級の資料であり、版元を五回替えてなお刊行されている。

*22——http://www.kenshoukai.jp/taiheiyo/taiheiyou01.htm

*23——ウエブサイト『戦没した船と海員の資料館』内「戦時中米国が撮影した日本商船」http://www.jsu.or.jp/siryo/sunk/sentyu.html

*24——財団法人日本殉職船員顕彰会「わが国船舶(商船・漁船・機帆船)の被害と戦没船員」http://www.kenshoukai.jp/taiheiyo/taiheiyou01.htm

第三部

第六章

*1——日本郵船編『日本郵船戦時船史　太平洋戦争下の社船挽歌』(上下、一九七一)

*2——橋本寿朗《じゅろう》『戦後の日本経済』(岩波新書、一九九五)

*3——『ダイワスチール四十周年記念誌』(ダイワスチール株式会社、一九九三)。以後、特に断りのない記述は同書による。

*4——中村豪《つよし》『戦後日本における技術導入と普及 鉄鋼業におけるBOFの受容』(『東京経大学会誌』、二〇〇七、二五三号)

*5——中村前掲論文、一九三頁

*6——『ダイワスチール四十周年記念誌』、七頁

第九章

＊1――東京製鐵は一九八七年に日本鉄鋼連盟、二〇〇一年に普通鋼電炉工業会を脱退した。

終章

＊1――野村康《こう》『社会科学の考え方』（名古屋大学出版会、二〇一七）

＊2――『新修神戸市史　産業経済編Ⅱ　第二次産業』（以下「Ⅱ」、神戸市、二〇〇〇）、三頁

＊3――大国正美《まさみ》・楠本利夫編／神戸史談会企画『明治の商店　開港・神戸のにぎわい』（神戸新聞総合出版センター、二〇一七）、九三頁

＊4――髙橋美由紀「近世在郷町の労働市場と労働移動」『社会経済史学』2000.3, 65-6

＊5――落合重信『神戸の歴史』（後藤書店、一九七五）、一三一頁

＊6――落合前掲書、一五八頁

＊7――宮崎学『近代ヤクザ肯定論』（ちくま文庫、二〇一〇）、二一頁

＊8――和田克巳編著『むかしの神戸』（神戸新聞総合出版センター、一九九七）、八三～八四頁

＊9――宮崎前掲書、二九頁

＊10――大野健一『途上国ニッポンの歩み』（有斐閣、二〇〇五）、四六頁

＊11――Ⅳ、六〇頁表

＊12――大国正美『古地図で見る神戸』（神戸新聞総合出版センター、二〇一三）、一一〇～一一一頁

＊13――魚崎町誌編纂委員会『魚崎町誌』（一九五七）、八三頁

＊14――詳しくは「神戸市内従業員数上位三〇社」をごらんいただきたい。Ⅳ四八〇頁（明治三七）、四八二頁（明治四四）、四八七頁（大正一二）、四九二頁（昭和一一、以上Ⅳ）、二八二頁（昭和九、Ⅱ）。

＊15――なお『細雪』における方言の分析については、安井寿枝《かずえ》「谷崎潤一郎の作品における関西方言の変遷」（甲南大学紀要　文学編153」、二〇〇八年三月一五日）参照。正確な船場言葉が用いられ、「はる」敬語が多用されることが指摘されている。

関連年表

年	月	松原頼介と神戸関連	その頃の日本と世界
1868（明治元）	6月	神戸居留地が湊川東岸に開かれる	戊辰戦争
1874（明治7）		鈴木岩治郎、海岸通に鈴井商店創業	台湾出兵
1881（明治14）		山口春吉生まれる	
1886（明治19）	5月	官業貸し下げを受け川崎造船所が発足	日布渡航条約締結
1887（明治20）	10月	**4日、松原知一（頼介の兄）生まれる**	
1889（明治22）		神戸市発足	大日本帝国憲法発布
1892（明治25）		勅令により、兵庫津と神戸港を併せ「神戸港」に	
1893（明治26）	8月	5日、西山弥太郎生まれる	
1894（明治27）		鈴木岩治郎没	日清戦争
1896（明治29）	11月	13日、岸信介生まれる	三国干渉
1897（明治30）	5月	湊川付け替え工事起工	
	10月	**4日、松原頼介、山口県鋳銭司村の松原家に次男として生まれる**	
1899（明治32）		神戸の外国人居留地返還	治外法権解消
		神戸港のニッケル商会ら計六社、元請け業として認可を受ける	
1900（明治33）		**石堂（のちの松原）菊枝生まれる**	
1901（明治34）	2月	湊川付け替え工事完了	官営八幡製鉄所、操業開始
1902（明治35）	11月	川崎造船所、第一乾ドック竣工	米比戦争終結
1904（明治37）		**頼介、黒山尋常小学校入学**	日露戦争開戦
1905（明治38）	4月	阪神電気鉄道、三宮－出入橋（大阪）開通	ポーツマス条約締結
	7月	三菱合資会社、和田岬に神戸造船所を設立	東清鉄道南部支線譲渡
	9月	鈴木商店、神戸製鋼所を脇浜に創業	

1906(明治39)	11月	湊川新開地の誕生	
	9月	川崎造船所、和田山通に「運河分工場」を設ける	鉄道国有法公布
	11月	南満洲鉄道(満鉄)設立	
1907(明治40)	3月	大神戸港計画着港(第一～第三突堤、第四突堤の半分、防波堤)	
	6月	川崎造船所「運河分工場」が鉄道部と鋳鋼部(のちの川崎製鉄)からなる「兵庫分工場」に改組	
1911(明治44)	11月	湊川公園開園	
1912(大正元)	11月	川崎造船所、ガントリークレーン竣工	中華民国成立
1913(大正2)	8月	新開地に聚落館開館	
	11月	川崎造船所、兵庫分工場を兵庫工場に改称	
1914(大正3)	9月	岸信介、上京し旧制一高に入学	第一次世界大戦開戦
1915(大正4)		この頃、山口春吉、西出町で山口組を興す	対華二一カ条要求
1916(大正5)	4月	鈴木商店、播磨造船所を設立	
1917(大正6)	3月	19日、**頼介、長崎よりフィリピンのダバオに出航**	ロシア革命勃発
	4月	3日、**松原知一、長崎よりフィリピンのダバオに出航**	
		岸信介、東京帝国大学法科大学入学	
1918(大正7)		鈴木商店、売上額が三井物産の一・五倍に	
	8月	12日、鈴木商店焼き討ち	第一次世界大戦終戦
		この頃、頼介帰国、神戸に上陸	
1919(大正8)	9月	川崎大争議(八時間労働制導入)	関東軍創設
1920(大正9)	7月	阪神急行電鉄(現・阪急電鉄)十三～六甲間開通	国際連盟設立
1921(大正10)	6月	28日、三菱・川崎大争議(～8月12日)	ワシントン軍縮会議
		山本竹治、山口県・陶に生まれる	
1922(大正11)	2月	1日、**頼介、合資会社松原商會設立**	
	8月	2日、中内㓛生まれる	

1923（大正12）	3月	14日、鈴木商店、合名会社を貿易部門の株式会社鈴木商店と持株会社の鈴木合名会社に分離	関東大震災
1924（大正13）		**藤井よし子生まれる**	
1925（大正14）		山口組初代・山口春吉、山口組合資会社社長に就任	治安維持法公布
	10月	30日、**頼介、本籍を山口県鋳銭司の実家から神戸の東出町に移す**	
1926（大正15）	1月	14日、**頼介、菊枝と結婚**	
		石堂軍司、亀峯丸を所有	
		合資会社松原商會解散	
		中内㓛の父・秀雄、鈴木商店を退職し東出町にサカエ薬局を開業	
1927（昭和2）	4月	2日、鈴木商店破綻	昭和恐慌
		松原孜、東出町に生まれる	
1928（昭和3）	3月	神戸に国立移民収容所開設	張作霖爆殺
		石堂軍司、第二双喜丸を所有	
1929（昭和4）	4月	神戸市、六甲村・西灘村・西郷町を編入し灘区を設置	ウォール街株価大暴落
1930（昭和5）		山口組、西出町から切戸町に移る	金解禁
		松原弥造（頼介の父）没	
1931（昭和6）	5月	**頼介、青木に松原商会の紡績工場・加工場を設立**	満洲事変
	9月	神戸市、区制施行（葺合、神戸、湊東、湊、湊西、林田、須磨区を設置）	
1932（昭和7）		**頼介、飾磨郡荒川村土山に帝國帆布株式会社を創業**	満洲国建国
1933（昭和8）	1月	神戸市、湊西区を兵庫区に改称	日本、国際連盟を脱退
	5月	**松原商会、伊勢の二見浦で「春季運動会」開催**	
1936（昭和11）	10月	岸信介、満洲国実業部総務司長に就任	2・26事件
		頼介、灘校の南隣に自宅（松原御殿）を建設、転居	
	4月	**松原孜、宮本小学校から、魚崎小学校に転校**	
	11月	谷崎潤一郎「反高林の家」に住む（物語としての『細雪』の起点）	

1937(昭和12)	春	**藤井よし子、甲子園球場でセンバツ下関商業戦を観戦**	日中戦争勃発
		山本竹治、松原商会入社	
1938(昭和13)	6月	**第壱喜久丸、第弐喜久丸建造(怒和島造船所)、進水式(カバー写真)**	国家総動員法公布
	7月	5日、阪神大水害	
	10月	**第五喜久丸建造**	
	12月	**第六喜久丸建造**	
1939(昭和14)	2月	27日、**頼介、自宅(松原御殿)の土地を取得**	国民徴用令公布
	3月	29日、**頼介、松原商会加工場を日出紡績に売却**	
	4月	30日、**頼介、木下鐵工所と船舶エンジン販売契約**	
	5月	18日、**頼介、御津町苅屋の土地を取得**	
	8月	28日、**灘区S中町のM某、御津町苅屋の頼介の土地を取得**	
	11月	**第七喜久丸建造**	
	12月	31日、**頼介、帝國帆布を日出紡績に売却**	
	12月	川崎造船所、「川崎重工業」に社名変更	
		神戸港第二期修築工事完成	
1940(昭和15)	5月	**第十一號喜久丸建造(頼介、船上からハトを放ち帽子を振る)**	船員徴用令公布
	9月	**第十二號喜久丸建造**	
	11月	**日出紡績、出雲製織・和歌出紡績・錦華紡績と合併(翌4月、大和紡績発足)**	
1941(昭和16)	7月	神戸市、明石郡垂水町を須磨区に編入。人口一〇〇万人に	太平洋戦争始まる
	10月	18日、岸信介、東條英機内閣の商工大臣に就任	
1942(昭和17)	4月	30日、岸信介、翼賛政治体制協議会の推薦候補として山口二区から立候補し当選、衆議院議員となる	戦時海運管理令公布
1943(昭和18)	10月	8日、岸信介、商工大臣を辞任	海上護衛総司令部発足
	11月	1日、軍需省発足。岸信介は国務大臣兼任の同省次官に就任	
1944(昭和19)	7月	22日、東條内閣総辞職	サイパン陥落

1945(昭和20)	9月	20日、**第七喜久丸、セブ島で二人の船員と共に沈没**	敗戦
	3月	17日、神戸大空襲(神戸市西部壊滅)	
	5月	1日、神戸市、区制再編成、灘、葺合、生田、兵庫、長田、須磨の6区に	
		11日、神戸大空襲(神戸市東部壊滅)	
	6月	5日、神戸大空襲(神戸市全域壊滅)	
	12月	8日、岸信介、A級戦犯として巣鴨拘置所に入る	
1946(昭和21)	2月	占領軍、神戸・芦屋・西宮に西日本最大の基地を設置開始	傾斜生産方式始まる
	11月	1日、神戸市、垂水区を須磨区から分区	
		山本竹治、中国戦線から収容所を経て帰国	
1947(昭和22)	3月	**頼介、この頃、青木での製塩や北海道相手の商売を行う**	臨時石炭鉱業管理法公布
		1日、神戸市、西北神10か町村を編入	
	12月	2日、**頼介、御津町苅屋の土地を農林省に売却**	
1948(昭和23)	12月	24日、岸信介釈放	
1949(昭和24)		**山本竹治、頼介の末妹・ちとせの娘・光子と結婚、頼介の義理の甥となる**	ドッジライン
		頼介、この頃、セメント瓦製造を行う	
		孜、この頃、大学を二年次で中退させられる	
1950(昭和25)	3月	28日、**頼介、住吉川沿いの土地(魚崎町横屋)と家屋を最高裁に売却**	朝鮮戦争勃発
	4月	1日、神戸市、東灘区発足(御影町、魚崎町、住吉村。同年10月10日に本庄村、本山村を編入)	
	8月	7日、川崎製鉄設立、西山弥太郎が初代社長に就任	
		松原クニ(頼介の母)没、92歳	
1951(昭和26)	2月	1日、川崎製鉄、千葉市に千葉製鉄所設置	
	7月	1日、神戸市、道場村、八多村、大沢村を兵庫区に編入	日米安保条約調印
	10月	日銀一万田尚登総裁「ぺんぺん草」発言	
1952(昭和27)	3月	神戸港の接収解除	保安隊発足

1953（昭和28）	7月	**頼介、大和伸鉄株式会社を設立**（資本金300万円）**、ここまでの間に青木の伸鉄工場を「甲南産業株式会社」「太陽実業株式会社」「太陽製鉄株式会社」と名乗る**	
		頼介、大和伸鉄工場敷地内に独身寮と風呂、食堂を新設	
	4月	19日、岸信介、衆議院議員に返り咲く	朝鮮戦争停戦
	6月	17日、川崎製鉄、千葉製鉄所第一高炉火入れ（この年、銑鋼一貫体制に）	
1954（昭和29）		**頼介、大和伸鉄工場近くに社宅建造**	
		松原孜、平野貞次郎とていの娘・照子と結婚	自衛隊発足
1955（昭和30）	9月	新開地の南半分を占めていた神戸のウエストキャンプが接収解除	保守合同
	10月	15日、神戸市、長尾村を兵庫区に編入	
1956（昭和31）	9月	1日、神戸市、政令指定都市に（人口100万人を突破）	日本、国連加盟
		5日、松原隆一郎、青木に生まれる	
	12月	20日、川崎製鉄、世界銀行と第一次借款（2000万ドル）調印	
1957（昭和32）	2月	25日、岸信介首相就任	ソ連、初の人工衛星打ち上げ
	4月	26日、神戸市役所移転（新開地近くの松本通から三ノ宮駅近くの加納町へ）	
1958（昭和33）	2月	1日、神戸市、淡河村を兵庫区に編入	東京タワー完工
		前川俊治、明治大学を卒業し、初の大卒社員として大和伸鉄入社	
1959（昭和34）	1月	神戸製鋼所（灘浜）、銑鋼一貫体制に	岩戸景気
	4月	**13日、松原弘子（隆一郎妹、長女）誕生**	
		頼介、魚崎に二軒の旧家を社宅として購入、孜一家が住む（著者・隆一郎の「魚崎の実家」）	
		この頃、頼介、尼崎工場の土地を確保	
1960（昭和35）	10月	**大和伸鉄、商号を「大和電機製鋼」に変更**	安保改定
1961（昭和36）	4月	**大和電機製鋼、尼崎工場完成**	ベルリンの壁構築
	6月	7日、川崎製鉄、岡山県、倉敷市と水島工業地帯進出調印	

	12月	大和電機製鋼、尼崎工場から丸棒を初出荷	
1962(昭和37)	1月	大和電機製鋼、鉄筋用鋼塊の自社生産開始	キューバ危機
	5月	13日、松原裕美子(隆一郎妹、次女)誕生	
	11月	川崎造船所、ガントリークレーン解体	
		前川俊治・智子、生田神社で結婚式を挙げる(媒酌人は松原孜と照子)	
		横田年光(菊枝の姉こふえ次男。神戸銀行)、大和電機製鋼入社、経理部長に	
1963(昭和38)	12月	大和電機製鋼、製鋼建屋を増設、スクラップヤードを新設、	ケネディ大統領暗殺
		リフティングマグネット導入	
1964(昭和39)	4月	大和電機製鋼、15トンの2号電気炉を新設	東京オリンピック
		大和電機製鋼、川崎製鉄から4人の出向社員を受け入れ	
	6月	大和電機製鋼、1号電気炉を15トンに改造	
1965(昭和40)	3月	6日、山陽特殊製鋼、経営破綻	いざなぎ景気
		大和電機製鋼、分析課を設置	
1966(昭和41)	4月	大和電機製鋼、集塵装置設置	中国文化大革命
	8月	大和電機製鋼、50トン万能試験機を導入	
		10日、西山弥太郎没	
1967(昭和42)	4月	大和電機製鋼に川崎製鉄から技師5人(製鉄、圧延、分析、工程、検査)派遣	公害対策基本法公布
		14日、大和電機製鋼、JIS G3112取得認証	
		頼介、青木の工場跡八〇〇坪に邸宅を建設	
1968(昭和43)	8月	大和電機製鋼、本社を尼崎に移す	日本のGNPが世界第二位に
1969(昭和44)	4月	隆一郎、灘中学入学	アポロ11号月面着陸
1970(昭和45)	3月	31日、八幡製鐵と富士製鐵が合併、新日本製鐵発足	日本万国博覧会開催
		小型棒鋼メーカーによる「小棒組合」、共販制度を構築	
1971(昭和46)	8月	31日、川崎製鉄水島製鉄所(現JFEスチール西日本製鉄所倉敷地区)稼働、	ニクソンショック
		兵庫工場廃止	

		大和電機製鋼、川崎製鉄兵庫工場跡地に工場建設開始	
	12月	**頼介、平野貞次郎との囲碁で碁石を投げつけ碁盤をひっくり返す**	
1972（昭和47）	3月	平電炉メーカー53社、不況カルテル結成	日中国交回復
	4月	**大和電機製鋼、兵庫区和田山通に本社社屋と神戸工場完成**	
	6月	**平野貞次郎没**	
1973（昭和48）	6月	**大和電機製鋼株主総会、孜が社長就任、頼介は会長に**	第一次オイルショック
	8月	1日、神戸市、兵庫区から北区を分区	
	9月	**大和電機製鋼、二号電気炉増設**	
1974（昭和49）	6月	**隆一郎、灘高柔道部引退**	戦後初のマイナス成長
1975（昭和50）	4月	**隆一郎、東京大学理科一類入学**	ベトナム戦争終わる
	9月	小棒不況カルテル発動	
1976（昭和51）	9月	東京製鐵、東証・大証一部上場	ロッキード事件
	6月	**大和電機製鋼決算、49億4300万円の赤字**	
	9月	**頼介、川崎製鉄に大和電機製鋼への支援要請。松原家保有株式を川崎製鉄に譲渡、頼介は魚崎の川井公園南に転居**	
1977（昭和52）	4月	**隆一郎、東京大学工学部都市工学科に進学**	日本人の平均寿命が世界一に
1978（昭和53）	10月	27日、新開地の聚落館が閉館	成田国際空港開港
1979（昭和54）	4月	**隆一郎、東京大学大学院経済学研究科博士課程に進む**	第二次オイルショック
	10月	岸信介、衆議院総選挙に立候補せず政界現役を引退	
1980（昭和55）	12月	1日、神戸市、葺合区と生田区が合併し中央区発足	韓国光州事件
1981（昭和56）	3月	神戸でポートピア'81開幕	
		大阪高裁、頼介旧宅（魚崎町横屋）を解体、公務員宿舎に	
1982（昭和57）	3月	1日、**松原菊枝没**	フォークランド紛争
	8月	1日、神戸市、垂水区から西区を分区	
1985（昭和60）		**隆一郎、東大教養学部に職を得る**	プラザ合意

1987（昭和62）	8月	7日、岸信介没	朝日新聞阪神支局襲撃事件
1988（昭和63）	1月	13日、**松原頼介没**	
1992（平成4）	7月	大和電機製鋼、「ダイワスチール」に社名変更	
1993（平成5）	7月	『ダイワスチール四十周年記念誌』刊行	非自民連立政権発足
1995（平成7）	1月	17日、阪神淡路大震災	オウム真理教サリン事件
2002（平成14）	9月	川崎製鉄と日本鋼管、JFEホールディングスを設立	
2005（平成17）	9月	19日、中内㓛没	JR福知山線脱線事故
2008（平成20）	9月	29日、**松原孜没**	リーマンショック
2010（平成22）	8月	**隆一郎、魚崎の実家を売却**	
2011（平成23）	7月	28日、**隆一郎、東京・阿佐谷に書庫用の土地を購入**	東日本大震災
2012（平成24）	4月	ダイワスチール、JFE条鋼に統合	第二次安倍晋三内閣発足
2013（平成25）	2月	**隆一郎、《阿佐ヶ谷の書庫》完成。頼介の仏壇を納める**	

事項

組織・団体

地名・施設名

索引

人名

※松原頼介は全編に渡るため割愛

本文仕様

章扉	FOT-筑紫明朝 Pro E
本文	FOT-筑紫明朝 Pro M

装幀仕様

カバー	OKトップコートS ／ホワイト／四六判Y目110kg
オビ	OKトップコートS ／ホワイト／四六判Y目110kg
本表紙	サガンGA ／サックスブルー／四六Y目100kg
見返し	NTラシャ／カシミヤ／四六判Y目100kg
別丁扉	白夜 65g/m^2
花布	ITO 19（黒）
スピン	ITO 21（銀）
本文	OKライトクリーム／ 68g/m^2

松原隆一郎(まつばら・りゅういちろう)

社会経済学者、放送大学教授。1956年、神戸市生まれ。東京大学工学部都市工学科卒、同大学院経済学研究科博士課程単位取得退学。東京大学大学院総合文化研究科教授を経て現職。著書に『経済思想入門』(ちくま学芸文庫)、『ケインズとハイエク』(講談社現代新書)、『日本経済論』(NHK新書)など。故郷・神戸を採りあげた著書に『失われた景観』(PHP新書)、祖父・頼介に触れた著書に『書庫を建てる』(堀部安嗣との共著、新潮社)がある。

頼介伝(らいすけでん)

無名の起業家が生きた 知られざる日本現代史

2018年7月5日　初版第1刷発行

装幀　原 拓郎
図版作成　池之上真由(株式会社神戸デザインセンター)、苦楽堂編集部

発行者　石井伸介
発行所　株式会社苦楽堂
http://www.kurakudo.jp
〒650-0024　神戸市中央区海岸通2-3-11昭和ビル101
Tel & Fax:078-392-2535

印刷・製本　中央精版印刷株式会社

ISBN 978-4-908087-08-0

本書収録図版中、権利関係を確認できなかったものがあります(62頁[写真]3-2, 269頁[写真]10-4)。著作権継承者の方は苦楽堂までご連絡戴ければ幸いです。